रामविलास शर्मा का लोकपक्ष

रामविलास शर्मा का लोकपक्ष

विष्णुचन्द्र शर्मा

वाणी प्रकाशन

वाणी प्रकाशन

'लोगो' वाणी प्रकाशन : मक़बूल फ़िदा हुसेन

वाणी प्रकाशन, 4695, 21-ए, दरियागंज, नयी दिल्ली-110002
वाणी प्रकाशन, अशोक राजपथ (पटना कॉलेज के सामने), पटना (बिहार)

RAMVILAS SHARMA KA LOKPAKSHA

by Vishnuchandra Sharma

Criticism

ISBN : 978-93-5000-491-3

प्रथम संस्करण

मूल्य : 350/-

वाणी प्रकाशन

फोन : 0091#11#23273167, फोन व फैक्स 23275710

वेबसाइट : www.vaniprakashan.in

ई-मेल : vaniprakashan@gmail.com

आर.टेक ऑफसेट द्वारा दिल्ली-110095 में मुद्रित

जनयुग और सचेतक की सक्रिय भूमिका के रूप में
कॉमरेड रामशरण शर्मा मुंशी को

अनुक्रम

भूमिका

पक्षधरता के सवाल

हमें पक्षधर आलोचकों और रचनाकारों की पहचान करनी है। डॉ. रामविलास शर्मा की किसान पक्षधरता के दो सूत्र रहे हैं : एक, किसान दूसरा गरीबी। उनके पक्षधरता का दार्शनिक आधार मार्क्सवाद है। मार्क्स ने जैसे बालज़ाक की ह्यूमन ट्रेजेडी को साहित्य में यथार्थवाद से परखा, लेनिन ने टालस्टाय को। रामविलास शर्मा ने ऋग्वेद से टालस्टाय की अलोचना यथार्थवादी दृष्टिकोण से की है। देवेन्द्र से बातचीत में डॉ. शर्मा बताते हैं : 'टालस्टाय ने सक्रिय प्रतिरोध पर दुनिया का प्रसिद्ध उपन्यास लिखा है। 'वार एंड पीस' में लड़ाई, उपवास या धरना देकर नहीं होती। उसमें किसान लड़ रहे हैं। 'टालस्टाय ने लिखा है कि छापेमार किसान की लाठी उठी और नेपोलियन की फौज की पीठ पर गिरी। और उसने नेपोलियन की फौज की कमर तोड़ दी। वे मूलतः एक कलाकार थे और जब जीवन का चित्र देते थे तो धर्म और अहिंसा को भूल जाते थे। छापेमार लड़ाई पर इतनी बढ़िया किताब रूसी क्रांति से पहले किसी ने नहीं लिखी। वह सशस्त्र प्रतिरोध की पुस्तक है और गाँधी जी सशस्त्र प्रतिरोध वाले नहीं थे। वे टालस्टाय से बहुत पीछे थे।' (जनसंस्कृति अंक 11, 1988, पृष्ठ 92)

प्रेमचन्द ने किसान आंदोलन में हिस्सा नहीं लिया पर वह इस देश के बहुसंख्यक किसान और गरीबों के कलाकार थे। उनकी कहानी और उपन्यास जीवन का विश्वसनीय चित्र देते हैं। प्रतिरोध या छापेमार युद्ध की कहानी डॉ. शर्मा ने अपनी कविता और आज़ादी के आंदोलन में दी है। 1857 की पहली आजादी की कहानी, उन्होंने ठीक, सौ साल बाद, लिखी है। वह आज़ादी की लड़ाई का नायक अवध के किसानों को मानते हैं। यह इतिहास दृष्टि मार्क्सवाद की है। मुझे '1857' पढ़ते समय हरवर्ड रीड की पुस्तक 'दस दिन में दुनिया हिल गई' की याद आई थी। मैंने डॉ. शर्मा को एक पत्र में यही बात लिखी थी कि 'यह आँखों देखा इतिहास है।' पक्षधर इतिहासकार ही यह लिख सकता है।

'सन् सत्तावन की राज्य क्रांति', डॉ. राम विलास शर्मा की पुस्तक दिसम्बर में छपी थी। प्रकाशक थे विनोद पुस्तक मंदिर, आगरा।

'भूमिका' में लिखा है डॉ. शर्मा ने 'सन् सत्तावन की राज्य क्रांति भारतीय इतिहास की अत्यन्त महत्वपूर्ण घटना है।' पक्षधर इतिहासकार जानता है यहाँ वैज्ञानिकों में गहरा मतभेद है। एक मार्क्सवादी के नाते डॉ. शर्मा ने लिखा है: 'इसके इतिहास के अध्ययन के सिलसिले में सामाजिक विकास की अनेक समस्याएँ सामने आती हैं जिनके बारे में वैज्ञानिक दृष्टिकोण रखनेवाले भी एकमत नहीं हैं।'

'गदर के फूल' की स्रोत-यात्रा में अमृतलाल नागर ने अवध के किसानों का इसी दृष्टिकोण से अध्ययन किया है। डॉ. शर्मा और अमृतलाल नागर के पत्रों में इसकी व्यापक जानकारी मिलती है। पक्षधर इतिहासकार है 'अत्र कुशलं त्रस्तातु' के लेखक (प्रथम संस्करण 2004--सम्पादक डॉ. मोहन शर्मा, डॉ. शरद नागर, प्रकाशक किताब घर, नई दिल्ली।)

पक्षधरता, मार्क्सवाद और यथार्थवाद पर भारत का प्रगतिशील लेखक और विचारक सोवियत क्रांति से सीखता रहा है। पर जब हिटलर ने सोवियत संघ पर दूसरे महायुद्ध में हमला किया उसे मुँह की खानी पड़ी। भारत के कम्यूनिस्ट मार्शल स्टालिन से सीखते थे। पर एक दिन स्टालिन को इतिहास के बाहर फेंक दिया। डॉ. शर्मा ने सितम्बर 1999 के नवभारत टाइम्स में लिखा था : 'इतिहास की भूल' कौन सुधार रहा है।'

डॉ. शर्मा ने लिखा है, 'पिछले कुछ दिनों से सोवियत संघ में जो कुछ हुआ, उसमें दो बातें मुख्य हैं, (1) सोवियत संघ का विघटन, (2) कम्यूनिस्ट पार्टी का भंग किया जाना।' इसका असर दुनिया के कम्यूनिस्ट प्रदेशों पर भी पड़ा। युगोस्लाविया ने कम्यूनिस्ट पार्टी भंग की। भारत में कम्यूनिस्ट पार्टियाँ दो धड़े में बँट गई। डॉ. शर्मा ने पोलैण्ड और रुमानिया में कर्ज लेने का सवाल उठाया। लिखा : कर्ज की भारी रकम एक ही पार्टी के जरिए सर्व की जाती थीं। इसके दो परिणाम हुए : (1) कम्यूनिस्ट नेताओं की जीवन पद्धति बदल गई। कष्ट सहने के दिन गए, आराम से जिंदगी वसर करने के दिन आए। इनके और मजदूरों के बीच फासला बढ़ता गया। (2) सत्ता कम्यूनिस्ट पार्टियों की ऊँची कमेटियों में केन्द्रित हो गई, जनता की प्रतिनिधि संस्थाएँ निष्क्रिय हो गयीं।

भारत के पक्षधर लेखकों और यथार्थवाद पर इसका असर पड़ा। ऋग्वेद से तुलसीदास की खोज करते समय डॉ. शर्मा ने पक्षधर विचारक की ही भूमिकाएँ पूरी की। मैंने इस पुस्तक में उसका हवाला दिया है। न मैंने प्रामाणिक मार्क्सवाद और

अवसरवादी विचारकों का अकादमिक इतिहास खोजा है। न मेरा यह काम रहा है। मैंने सिर्फ रामविलास शर्मा की पक्षधर भूमिकाएँ पाठकों के सामने रख दी है।

अमृतलाल नागर को 26.8.62 के पत्र में डॉ. रामविलास शर्मा ने लिखा था:

प्रिय अमृत,

तुम्हारी पुस्तक पढ़ते समय कई जगह नाक दाबी, कई जगह आँखें पोछी, कई जगह किताब के अक्षरों पर तुम्हारी शक्ल देखी, मुस्कराया, हँसा, तुम्हें प्यार किया। बधाई मिलने पर।

इस समय भारत के प्राचीन भाषा परिवार और हिंदी की आखिरी मंजिल पार कर रहा हूँ।

सप्रेम

रामविलास शर्मा

(अत्रकुशलं तत्रास्तु, पृ. 226 पत्र 262)

मैंने भी ज्यादातर पुस्तकें पढ़कर डॉ. शर्मा से बातें की हैं या बिना मिले थका-हारा सादतपुर लौट आया हूँ। उनसे मिलने पर सादतपुर से विकासपुरी तक थकता तो था—पर हारता नहीं था। इस पुस्तक को पढ़ कर कुछ लोगों को इन अक्षरों पर रामविलास शर्मा की शक्ल नजर आएगी—मुस्कराती, हँसती हुई।

माँ बीमार थी। मैं उनके पास बैठकर 'भारत के प्राचीन भाषा परिवार और हिंदी' पुस्तक पढ़ रहा था। एक नई ऊर्जा मिली थी और मैंने अपने अक्षरों में उन्हें एक पत्र भी लिखा जिसे अपने चश्में से वह पढ़ नहीं सके थे।

अब यह पुस्तक वाणी प्रकाशन के अरुण माहेश्वरी छाप रहे हैं। कब भारतीय क्रांति का पुनर्गठन होगा। कब परिवार में जनतांत्रिक चेतना बढ़ेगी। अपनी हर पुस्तकों से डॉ. शर्मा हिंदी पाठकों को एकता का स्वप्न दिखाते रहे हैं। हिंदी की चार-पाँच पीढ़ियों से डॉ. शर्मा लगातार संवाद भी करते रहे हैं। मैंने उनसे लगातार सवाल पूछे हैं और यह पुस्तक भी एक सवाल ही है।

विष्णुचंद्र शर्मा

लिलिपुट वासी आलोचकों का कद

उसी दौर का एक पत्र देखें प्रो. चन्द्रबली सिंह का, जिस पर तारीख डाली है 18.12.2002 को भेजा है अशोक पाठक ने (मुझेः विष्णुचन्द्र शर्मा) 2 जनवरी, 2003 को–

प्रिय,

अभी तुम्हारी एक माँग बाकी है–वह भी याद है। उम्मीद करो कि निकट भविष्य में वह भी पूरी हो जाएगी। वैसे मेरे पास न तो वक्त है न ताक़त और न तो इच्छा है कि डॉ. शर्मा पर होने वाले हमलों का जवाब दूँ। याद करो, स्विफ्ट की 'गुलिवर की यात्राएँ' जब गुलिवर लिलिपुट के समुद्र तट पर बेहोश पड़ा है, लिलिपुट वासी इतने विशालकाय व्यक्ति को देखकर स्तंभित है और वे स्वयं इतने छोटे हैं कि उसके सीने पर चढ़ने के लिए उन्हें सीढ़ियाँ लगानी पड़ती हैं। लिलिपुटवासी आलोचकों का कद बढ़ाने की जरूरत नहीं है। डॉ. शर्मा से मतभेद हो सकते हैं–याद करो वह लेख जो मैंने उन पर लिखा था, जब नामवर उसके सम्पादक थे–लगभग 50 वर्ष पहले। इन सब चीज़ों के बारे में आगे लिखूँगा। बस इतना समझकर सन्तोष कर लो कि इतिहास की पीठ इतनी मज़बूत नहीं कि जो भी कूड़ा-करकट उस पर लाद दिया जाए, उसे वह ढोता चले। डॉ. शर्मा की मृत्यु के बाद उनके विरुद्ध जो बहुत सारा लिखा और उछाला जा रहा है, वह कूड़ा-करकट नहीं तो और क्या है? मेरी चिन्ताएँ कुछ दूसरी है, लेखक, बुद्धिजीवियों, संस्कृतकर्मियों को उसके विरुद्ध लामबन्द करने की जरूरत है–और ये लोग हैं अपना सरा ध्यान डॉ. शर्मा के विरुद्ध केन्द्रित किए हुए हैं। ब्रेख़्त और नेरूदा की कविताओं ने मेरी चिन्ताओं को और भी गहरा बनाया है और मुझमें लड़ने की शक्ति भी बढ़ाई है। मैं उनकी कविताओं के अनुवाद के माध्यम से ही बोलने की कोशिश कर रहा हूँ–मैं गूँगा नहीं रहा हूँ और न हूँ–उन कवियों की लोक दृष्टि से अपनी लोकदृष्टि को पैनापन देने की कोशिश कर रहा हूँ। '(कुछ विरोधीकण समूह' के संस्मरण 'चन्द्रबली सिंह या गूँगा लोकन्तत्र' से)।

कवि डॉ. रामविलास शर्मा की दास्तान

आलोचक डॉ. शर्मा की दास्तान कहीं; उनके कवि के बनने की कहानी सुनाती है, कहीं निकट से अपनी गँवई मानसिकता के बिम्ब का वह निर्माण करती है। कहीं डॉ. शर्मा की कविता का जादुई यथार्थवाद का परिवेश इससे हमारे सामने खुलता है।

आलोचक डॉ. शर्मा की दास्तान का दूसरा हिस्सा है उनके आलोचक बनने की कथा का। यहाँ निराला उनके चरित्र नायक हैं, और उनकी जीवनी के पक्ष और प्रतिपक्ष से बनती है आलोचक डॉ. शर्मा की कहानी का इतिहास, भाषा वैज्ञानिक और मार्क्सवादी बनाता है।

यह विडम्बना ही है कि रामविलास शर्मा की आत्मकथा का नाम है 'अपनी धरती अपने लोग'। विडम्बना भरे यहाँ दो दायरे हैं। एक, गाँव की धरती के लोगों का दायरा हैं, दूसरा लखनऊ, आगरा और दिल्ली के लेखक के अपने लोगों का दायरा है। दोनों दायरों में न अपनी धरती की राजनीतिक टकराहट है न सांस्कृतिक द्वन्द्व। शर्मा जी की आत्मकथा के पहले खण्ड का नाम हैः मुन्डेरे पर सूरज! मुन्डेरे पर सूरज एक युवा कवि की जिज्ञासा और आकांक्षा का बिम्ब है। बचपन के बाद झाँसी की राजनीतिक कहानी इस बिम्ब से कुछ खुलती है, कुछ कवि की युवा आकांक्षाओं में दबी-छिपी रहती है। शर्मा जी के मार्क्सवादी लेखक बनने का इसे एक कलात्मक बिम्ब भी कह सकते हैं।

आज़ादी की लड़ाई के बीच में, आलोचक और शोध-छात्र कम्यूनिस्ट कैसे बना? कैसे होते थे, उस समय कम्यूनिस्ट? उनके बनने की इसी प्रक्रिया का ज़िक्र आया है दूसरे खण्ड में। दूसरे खण्ड में गाँव पीछे छूट जाता है। वर्णन कवि और आलोचक के द्वन्द्व में है। भूली बिसरी यादें कहीं-कहीं आपस में टकराती हैं। कहीं बिसर भी जाती है। कोई मनोवैज्ञानिक या दार्शनिक संकट या द्वन्द्व लेखक व्यक्तित्व का 'देर सबेर' खण्ड में उभरता नहीं है। कुछ स्केच की शैली में कम्यूनिस्ट नेता पूरन चन्द जोशी, अधिकारी, रणदिवे और देसाई के संस्मरण आए हैं। कुछ निराला, अमृतलाल नागर आदि के प्रसंग-दर-प्रसंगों का रेखाचित्र पाठक के सामने आता है।

डॉ. शर्मा का कवि और विचारक मूलतः एक घरेलू इन्सान हैं। घर के संस्कार उनमें गहरे हैं। फिर भी वह खुलते या कहीं टकराते हैं अपने बड़े भाई से। 'घर की बात' पुस्तक भी आत्मकथात्मक है। इसमें लेखकों ने घर के सौ साल का जनवादी नाता लिखा है। यहाँ घर का हर सदस्य लेखक है। 'बड़े भाई' पुस्तक हँसी से जुड़ा एक दूसरा खजाना है, जहाँ बड़े भाई के साथ लेखक के दार्शनिक, आलोचक, यात्री, इतिहासकार बनने के दिलचस्प प्रसंग आए हैं। अच्छा गद्य कहाँ दिलचस्पी के बावजूद, कलात्मक गद्य नहीं बन पाता, यह देखने के लिए–'बड़े भाई; के खतों का संग्रह 'मेरे बड़े भाई तथा एक घराने के कलात्मक गद्य के स्रोत 'घर की बात' के बाद आलोचक शर्मा के बड़े भाई के नाम लिखे पत्रों का गद्य–'आपस की बात' के तीसरे खण्ड को पढ़ना चाहिए। इस 'आपस की बात' खण्ड में कोई कहानी नहीं है। फिर भी कवि के पति, पिता और दोस्त बनने के कई अन्तरंग सूत्रों का नाता उससे पकड़ में आता है। अमृतलाल नागर बात करते थे और उस वार्ता से इतिहास की कहानी पाठक को याद रह जाती थी। यहाँ आलोचक डॉ. शर्मा के व्यक्तित्व को खोलने के ऐसे ही कई सूत्रवत प्रसंग हैं।

अमृतलाल नागर की आत्मकथा का नाम है–'टुकड़े-टुकड़े दास्तान'। यहाँ शैली एक कथाकार की है जो खुद को खोलता और उधेड़ता चलता है। समरसेट मॉम ने 'समिंग अप' में अपने लेखक बनने की खोज-खबर ली है। उसके एक बेजोड़ लेखक बनने की दास्तान भी कह सकते हैं। डॉ. शर्मा, बेहद अनुशासित और आत्मसजग लेखक हैं। वह अपने आत्ममन्थन में इस आत्मकथा में अपने व्यक्तित्व का कुछ ढीलापन आने नहीं देते हैं। हैमिंग्वे ने जो लन्दन के संस्मरण लिखे हैं। उनसे पूँजीवादी और समाजवादी दुनिया से जुड़ने का एक समानान्तर संसार खुलता है। हैमिंग्वे की कहानी से उनके समाजवादी विकास की कहानी लिखी जा सकती है। 'अपनी खबर' लिखते समय पाण्डेय बेचन शर्मा 'उग्र' का व्यक्तित्व भी यही काम करता है। डॉ. शर्मा घर और बाहर के अपने मार्क्सवाद का कोई हिस्सा छिपाते नहीं हैं, फिर भी यह बच्चन की तरह अपनी मध्यवर्ग की ही पटकथा लिखते हैं।

हरिवंशराय बच्चन की आत्मकथा फिर भी सिलसिलेवार एक आदमी की कहानी कहती है। उनकी मध्यवर्ग की नियति है नेहरू परिवार में खुद का विलोप। इसके विपरीत अपनी आत्मकथा का नाम मुजफ्फर अहमद ने दिया था 'माई सेल्फ एण्ड कम्यूनिस्ट पार्टी' (मैं और कम्यूनिस्ट पार्टी)। वह 1920 से अपने कम्यूनिस्ट बनने की एक खतरनाक दुनिया की एक दास्तान को पढ़कर हमारे सामने लाते हैं। इस परम्परा में राहुल सांकृत्यायन की 'मेरी जीवन यात्रा' और गोपालन, नम्बूदरीपाद, पूरन चन्द जोशी (न्यू बेब में छपे लेख) की आत्मकथाओं के साथ डॉ. शर्मा की आत्मकथा के दूसरे खण्ड 'देर सबेर में' न आज़ादी का संघर्ष आया है, न

खतरा उठाने की छटपटाहट नज़र आती है।

आत्मकथा में डॉ. शर्मा का जीवन—एक सपाट मैदान है। कहीं लेखक की इच्छा-शक्ति और अध्ययन के कुछ सूत्र जरूर नजर आते हैं। जिसके जरिए उस दौर को समझना नामुमकिन है। इससे भिन्न दो आत्मकथाएँ मुझे याद आ रही हैं। एक वृन्दावन लाल वर्मा की 'मेरी कहानी' दूसरी बनारसी दास चतुर्वेदी की 'नब्बे वर्ष'। यदि शर्मा जी के कवि बनने की पटकथा को उनकी आत्मकथा से हटा दें तो कहीं वृन्दावन लाल वर्मा के लेखकीय स्वभाव और स्वाभिमानी इन्सान बनने के एक दिलचस्प ब्यौरे से मेल खाती है। डॉ. शर्मा जैसे हिन्दी आलोचना के केन्द्र में लगातार बने रहे वैसे ही पत्रकार जीवन की जद्दोजहद के केन्द्र में बनारसी दास चतुर्वेदी भी रहे। दोनों की आत्मकथाएँ जिन्दादिली और अन्तर्विरोधों का किस्सा-दर-किस्सा हमारे सामने रखती है।

मैंने कुछ समय बनारसी दास चतुर्वेदी के साथ शहीद ग्रन्थों का सम्पादन का कार्य किया है। संस्मरणों का अपार खजाना उनके पास था। उससे अधिक आज़ाद भारत यानि क्रान्तिकारी भारत की अद्भुत सामग्री उनके पास सत्तर सन्दूकों में बन्द थी। वह अपनी आत्मकथा में फिर भी विशाल भारत में प्रचारित की हुई अपनी भयानक भूलों जैसे 'घासलेटी साहित्य और 'उग्र' पर कोई सफाई नहीं देते है। मैंने उनसे जब निराला और 'उग्र' की रचनाओं पर बातचीत की थी तो वह यही कहते थे—'आप लिखें। एक आदमी भूलों का पुतला होता है। वही मैं भी हूँ।'

डॉ. शर्मा की आलोचनात्मक भूलों का कोई पक्ष उनकी आत्मकथा 'देर सबेर' में नहीं उभरता हैं।

अभी शिवदान सिंह चौहान ('कहानीकार में) उस दौर यानी हंस (1940-42) और कम्यूनिस्ट पार्टी में लेखकों की हिस्सेदारी का संस्मरण लिख रहे हैं। उसे पढ़कर लगता है, डॉ. शर्मा को कई बार कटघरे में खड़ा होना पड़ेगा। वह कब कम्यूनिस्ट बने? कैसे प्रगतिशील लेखक संघ के वह महामन्त्री बने? डॉ. शर्मा ने अपनी पुस्तकों या आत्मकथा में इन सवालों का कोई ठोस अनुभव नहीं लिखा है।

'इतिहास दर्शन' पुस्तक में डॉ. शर्मा विचारक सुकरात की दार्शनिक बनावट और सामाजिक संघर्ष की कहानी लिखते हैं। फिर भी डॉ. शर्मा का जीवन सुकरात-सा नहीं रहा। क्रोंचे की आत्मकथा में उनका कोई दिलचस्प जीवन प्रसंग नहीं आया है। फिर भी उसे पढ़कर उनके दार्शनिक बनने की एक दास्तान हमारे सामने खुलती है। उससे हम क्रोंचे के दर्शन के अन्तर्विरोधों की भी छानबीन कर सकते हैं। सार्त्र की आत्मकथा 'वर्डस' भी जीवन के सूत्रों—प्रसंग-दर-प्रसंग खोलते हुए उनके व्यक्तित्व से हमारा अटूट नाता जोड़ती है।

निराला की जीवनी है 'निराला की साहित्य साधना' खण्ड एक। लेखक का इस जीवनी से एक नाता हिन्दी पाठक से बनता है कि वह निराला के पक्षधर

आलोचक रहे हैं। निराला के पारखी होने के बावजूद वह पन्त की उत्तर कविताओं के हार्दिक समीक्षक अपनी आत्मकथा में नहीं हैं। केदारनाथ अग्रवाल और डॉ. रामविलास शर्मा के पत्रों की पुस्तक का नाम है 'मित्र संवाद'। यहाँ संवाद की दो बातें हैं—एक है कलात्मक गद्य दूसरा मित्र से संवाद की अभिन्नता।

निर्मल वर्मा विचार में आध्यात्मवादी हैं। पर उनका गद्य रचनात्मक है। डॉ. शर्मा की आत्मकथा के दो खण्डों में रचनात्मक गद्य की खोज विचार और रचना के स्तर पर की जा सकती है। मेरी दृष्टि में 'मुंडेर पर सूरज' के तीन अध्याय (पृष्ठ तेरह से तैंतालीस तक) ललित गद्य का अच्छा अंग है। यह बार-बार पढ़ा जाने पर भी याद रह जाता है यह अंश। यह ललित गद्य है। यहाँ 'पंचरत्न' पुस्तक के संस्मरण और स्केच की जीवन्त शैलियाँ हैं।

स्केच की शैली का एक प्रसंग देखें: "मैं जब रैली गया, उन्हें वहाँ से लिवा लाया। स्टेशन से उतरकर बैलगाड़ी में बैठे हुए पहली बार मैंने उनका मुँह देखा। गाँव में कोई त्योहार था। घर की पोताई हो रही थी; सीढ़ी लगाए, लंगोट की तरह धोती बाँधे पोतना हाथ में लिए मालकिन दीवाल पोत रही थीं मैं बाहर से आया था।" (पृष्ठ 48)

दूसरा संस्मरण है मास्टर चक्रवर्ती साहब के क्लास का। "मन मारकर मैं उन्हीं के सेक्शन में बैठता था मेरे साथ रुस्तम सैटिन थे। कम्यूनिस्ट कार्यकर्ता के रूप में वह काफी प्रसिद्ध हुए। उस समय वह खाकी पैन्ट, खाकी कमीज पहनते थे। कभी-कभी गले में 'बो' लगा लेते थे। वह भी सीपरी बाजार में रहते थे। उनके पिता किसी पेट्रोलियम कम्पनी में काम करते थे। रुस्तम और हम दोनों ही एक साथ बैठते थे और चक्रवर्ती मास्टर साहब का विरोध करते थे। पता नहीं कब चक्रवर्ती साहब ने 'मैकिन टोश' शब्द का व्यवहार किया था। रुस्तम ने उनका अपभ्रंश रूप मखनचू बनाया और यह नाम चक्रवर्ती मास्टर साहब पर चिपका दिया। वह कहीं दूर पर दिखाई दें तो रुस्तम चिल्लाते थे 'मखनचू'। हम लोग क्लास में उन्हें बहुत तंग करते थे। लेकिन वह सब सह लेते थे; ज्यादा डाँटते फटकारते नहीं थे। एक बार छमाही इम्तहान में मेरी कॉपी पर उन्होंने मार्क लिखा—लर्न मोर; रीड मोर; थिंक मोर। नीचे हस्ताक्षर कर दिये थे। रुस्तम ने कॉपी देखी और वह उनकी नकल करने लगे। मेरी तरफ उँगली उठाकर कहते थे 'लर्न मोर; रीड मोर, थिंक मोर।' रुस्तम भाषण करने में चतुर थे। एकाध ही बार स्कूल में हड़ताल हुई उसमें भाषण भी किया। उस समय स्कूलों में हड़तालें होने लगी थी। 1928 में मैंने हाई स्कूल किया। रुस्तम अटेन्डेन्स कम होने से परीक्षा में न बैठ पाए, हाई स्कूल में रह गए। मैं इण्टरमीडिएट कॉलेज में चला गया। उनसे दोस्ती बनी रही। एक बार इण्टरमीडिएट कॉलेज में हड़ताल हुई। लड़के कॉलेज के फाटक पर इकट्ठा हुए, रुस्तम ने भाषण किया। मैकडनल स्कूल में लहरी नाम के

मास्टर बहुत सख्त थे। मैंने सुना उन्होंने बेंतों से रुस्तम को मारा भी था; स्कूल में हड़ताल कराने के लिए।' (वही पृष्ठ 50/1)

यहाँ रुस्तम सैटिन की अटेन्डेन्स कम होने की बात गलत है। पर आलोचक ने अपनी भूल को जानना या सुधारना जरूरी नहीं समझा। मैंने कभी लम्बी बातचीत कामरेड रुस्तम सैटिन से की थी। वह बातचीत 18 कैसेटों में अभी तक बन्द है। उस बातचीत से आज़ादी की लड़ाई में एक कम्यूनिस्ट की कहानी मैंने तैयार करनी चाही थी। रुस्तम सैटिन ने राँची, अमृतसर, झाँसी में खतरा उठाकर साम्राज्यवादी सरकार का विरोध ही नहीं किया था, वह जनता में घुलमिल भी जाते थे। झाँसी में रेलवे की जो हड़ताल उन्होंने संगठित और संचालित की थी। उसके बाद पूरणचन्द जोशी (पी.सी.) उनके करीब आए थे। दूसरे नेहरू ने उन्हें अपने साथ कांग्रेस दल में काम करने की दावत दी थी। रुस्तम सैटिन आज अपनी जीवनी खुद लिख रहे हैं। उससे भारत में कम्यूनिस्ट संगठन की भूमिका और अन्तर्विरोध दोनों उभरकर आ सकते हैं। कहीं सोवियत संघ के विघटन या सोवियत लाइन के दबाव में आकर भारत की कम्यूनिस्ट पार्टियाँ क्यों अपना नेतृत्व खोती गई—इस पर डॉ. रामविलास शर्मा के विचार; रुस्तम सैटिन के व्यावहारिक संघर्ष से अधिक काम के हो सकते हैं।

डॉ. शर्मा की आत्मकथा उनके घर में 'जनवादी' लगाव के अलावा उनके आलोचना के मानदण्डों के बनने और डिफेंस की कहानी भी कहती है। यह घर और बाहर का डॉ. रामविलास शर्मा का मार्क्सवाद का विषय है। उसे अभी छोड़ रहा हूँ। यहाँ मैं फिर 'कवि रामविलास शर्मा की दास्तान' पर आता हूँ। कविता का परिवेश कैसे बनता है? कवि का लगाव उस परिवेश से कितना अटूट होता है? यह दो सवाल मेरी तरह आपके सामने भी होने चाहिए। कवि रामविलास शर्मा की 'मूर्तियाँ' कविता आपने पढ़ी होगी। अब देखें कविता लिखने से पहले अपने लगाव और उस परिवेश पर वह क्या लिखते हैं। 'देर सबेर' का अध्याय—8 शुरू होता है।

गाँव में हमारे घर से पूरब की तरफ जिस नीम के ऊपर सूरज को निकलते बचपन में देखा करता था, उसी के पास से बराय देवी के मन्दिर जाने का रास्ता था।

बायें हाथ को आगे भीत है, दायें हाथ को निचाई में ताल है। गाँव के आस-पास बहुत जगह भीत है। एक क्षेत्र का नाम भी नितवाढ़ी है। जहाँ भीत है, वहाँ खाली जगह भी होती है। उसमें ताल बन जाते हैं। बराय देवी के मन्दिर जाते हुए जो ताल पड़ता था उसका नाम ही 'खलवा' था। खलवा से कुछ दूर आगे चलकर मन्दिर था। मन्दिर के बायें हाथ नाला था और दाहिने हाथ बहुत बड़ा भीत था जिसे हम लोग आट कहते थे। उसी आट के सामने देवी का मन्दिर था।

खूब ऊँची पीठ पर बनाया गया था। बहुत पुराना मन्दिर था। मैंने बचपन में देखा था मेरे बाबा ने भी उसे बचपन में देखा होगा। मन्दिर के भीतर काली-काली अनेक मूर्तियाँ थीं। बाहर पीछे की दीवार पर गदा उठाये हुए महावीर की मूर्ति थी, जो सिन्दूर से रंगी रहती थीं। लड़कियाँ गीत गाते हुए यहाँ आती थीं। गीत की आवाज दूर से सुनाई देती थी, समझ में न आता था, कि ये क्या गा रही हैं। कविता लिखने से पहले मैंने सोचा कि इनसे पूछना चाहिए कि ये गीत में क्या कहती हैं। मैंने मुहल्ले की कुछ लड़कियों से पूछा कि कौन-सा गीत गाती हो, तो उन्होंने धीरे-धीरे, वह गीत सुनाया जिससे मैं समझा कि वे सिन्दूर से भरी माँग, चूड़ियों भरे हाथ, पति के घर में एक ननद, एक देवर, मायके में बहन, एक भाई अनेक, यह सब माँगती है। हारी बीमारी में मानता माँगने स्त्रियाँ यहाँ आती थीं। इसके सिवा जब किसी का ब्याह होता था। तो गृह प्रवेश के पहले वर-वधू को यहाँ आना होता था इस सब बातों का वर्णन मैंने 'मूर्तियाँ' कविता में किया है।" (पृष्ठ 102) कवि के परिवेश से जन्मे शब्द हैं: मानता, माँगना, खलवा आट आदि।

यह भाषा के संस्कार की बात, गाँव के संस्कारी युवक के स्वभाव की बात है, जो खुले स्वभाव का युवक है। और कुण्ठित नागरिक संस्कार का नहीं है। इसी से जुड़ी दूसरी बात है, परिवेश अपनी स्थानीय प्रथा। एक-एक प्रथा ही वहाँ की संस्कृति को बताती है। तीसरी बात है, यथार्थवाद के तीसरे आयाम की है वही कवि जुड़ा जो समग्र जीवन में कला के नये स्रोतों की खोज करता है।

शमशेर अपनी किसी कविता का 'परिवेश' इस तरह बताना नहीं चाहेंगे। क्योंकि वह बिम्बवादी कवि हैं, दूसरे वह अपने इम्प्रेशन से कविता का परिवेश कल्पित करते या रचते हैं। केदारनाथ सिंह 'माँझी का पुल' का परिवेश इसी तरह विस्तार से अपने पाठकों के सामने रख सकते हैं। एक कवि हैं त्रिलोचन जो 'नगई महरा' कविता लिखते समय यह शंका अपनी आत्मकथा या अपने पाठक के मन में नहीं छोड़ता कि नगई का स्थान कैसा है। उसका 'कहन' कैसा है। उसकी रुचि रामायण में कितनी गहरी है। जब वह रामायण पढ़ता है, तो उसके पाठ से नगई को उसके पिता की याद आ जाती है। त्रिलोचन 'नगई महरा' कविता रामविलास शर्मा की 'मूर्तियाँ' कविता और केदारनाथ सिंह 'माँझी का पुल' कविता फिर भी कवि के स्वभाव से उनकी रचना प्रक्रिया से भिन्न नजर आती है। मुक्तिबोध कविता का तीसरा क्षण लेख में यही बात कहते हैं। डॉ. शर्मा याद दिला देते हैं मुझे, कवि कीट्स की कविता पढ़ने के साथ, उनके पत्र भी पढ़ लिया करो। कवि रामविलास शर्मा—एक नोट जोड़ते हैं जो उनकी कलाभिरुचि का परिचायक है। उनका नोट है : 'जो चीज़ कल्पना से जोड़ी वह यह कि युगों से ऐसा ही होता आया है; स्त्रियों के कण्ठ से मानो पुरानी संस्कृति की संगीत मुझे सुनाई दे रहा है'। यहाँ कवि अपनी कलाभिरुचि कैसे विकसित करता है, उसका एक सूत्र आत्मकथा में वह छोड़ जाता है।

कवि यदि आलोचक भी हो तो वह कभी-कभी दोनों काम दिन के बाद या एक साथ करता है। कवि केदारनाथ सिंह ने कवि रामविलास शर्मा की 'कला' शीर्षक कविता पर एक नोट लिखा है। उसे ध्यान में रखें: 'कविता अन्य कलाओं से कहाँ अलग होती है। यह प्रश्न आलोचक रामविलास शर्मा को सिर्फ झकझोरता नहीं; उसे धीरे-धीरे अभिव्यक्ति के एक ऐसे धरातल पर ले जाता है, जहाँ अनुभव और सिद्धान्त घुल मिलकर एक हो जाते हैं। (मेरे समय के शब्द पृ. 81) कवि रामविलास शर्मा आत्मकथा लिखते समय यह बता देते हैं कि वह कविताएँ लिखना चाहते हैं और उनकी यह प्रक्रिया अनुभव और सिद्धान्त के घुलमिल जाने से उन्हें एक यथार्थ धरातल का प्रौढ़ कवि बनाती है। फिर क्या यह आत्मकथा एक कवि के बनने और आलोचक में रुपान्तरित होने की दास्तान कही जाएगी!

यह सवाल है—कोई लेखक आत्मकथा क्यों लिखता है? शायद वह जानता है जीवन यात्रा है और वह उसका एक पात्र है—जो जितना आगे चलता है और जीवन उनके पीछे छूट जाता है। राहुल जी ने इसीलिए आत्मकथा न लिखकर गाँव से शहर—देश, विदेश की अपनी जीवन-यात्रा लिखी है। उसमें खुद को उधेड़ा भी है और अपनी कमजोरियों से आँख मिचौली भी खेलते रहे हैं।

डॉ. रामविलास शर्मा की आत्मकथा के तीसरे खण्ड में है, बड़े भाई को लिखे उनके खत। वह लिखते हैं '(11-3-35) हम गुलाम देश के आदमी कब तक अपनी कमजोरियों से आँख मिचौली भी खेलते रहेंगे। उनका सामना करने पर तकलीफ होगी, उसी के लिए तैयार होना है हमको, तुमको, सबको।' (पृ. 69) यह गुलाम देश के मुक्तिबोध के आत्मसंघर्ष की कहानी का एक हिस्सा है। डॉ. शर्मा कैसी तैयारी करते हैं। घर में उनके संघर्ष का एकमात्र गवाह रहीं 'मालकिन' यानी उनकी पत्नी। 18 अगस्त 1933 के खत में वह जैसे खुद से प्रश्न पूछते हैं। 'मनुष्य स्त्री से क्या चाहता है? वासना तृप्ति, विचारों की सहानुभूति, जीवनयापन में सहायता आदि। संसार में सम्भव है; अन्य स्त्रियाँ हों जो इन बातों को मेरी स्त्री की ही भाँति नहीं वरन् उससे भी अच्छी तरह पूर्ण कर सकें। पर यह सम्भव नहीं कि मैं अपनी स्त्री से with all her faults अधिक प्यार कर सकूँ। (पृ. 45)।

यह पति और प्रेमिका का मध्यवर्गी द्वन्द्व है; जो यशपाल, अश्क, अज्ञेय, मोहन राकेश और राजेन्द्र यादव की कहानी का आधार रहा है।

डॉ. शर्मा 'स्वार्थ का आवरण जीवन के इस द्वन्द्व घर की बात में रहने देते हैं।' पर अपनी आत्मकथा में पर्दा रखते हैं। वह टालस्टाय की तरह डायरी लिखते नहीं 'वासना तृप्ति' का प्रसंग-दर-प्रसंग पढ़ अपनी आत्मकथा में लिखते भी नहीं है। फिर भी सौन्दर्य और कुरूपता का एक द्वन्द्व डॉ. शर्मा स्वीकार करते हैं: (30-3-33) 'पत्नी से मेरे सम्बन्धों के बारे में तुम्हारे मन में कोई शंका हो तो उसे दूर कर देता हूँ। सच है, जैसा कि लोग कहते हैं, वह सुन्दर नहीं है, एक कदम आगे बढ़कर मैं कह सकता हूँ कि वह कुछ असुन्दर भी है। पर मुझ जैसे व्यक्ति

के लिए सुन्दरता का विशेष महत्व नहीं है। सबसे अधिक भावपूर्ण हृदय चाहिए। जिस सहृदयता से मेरी भावना का वह प्रत्युत्तर देती है, उसे दूसरा समझ नहीं सकता। शारीरिक सौन्दर्य के अभाव में उनकी आत्मा पुरुष कुरूप नहीं हो गई। (पृ. 34) यह वह सूत्र आत्मकथा में हृदय के सौन्दर्य का है। डॉ. शर्मा इस सूत्र को भी खोलते नहीं है। जिसके नातें वह शुरू से टॉलस्टाय की कहानी 'क्रूजर सोनाटा' के द्वन्द्व से दूर होते गये। अन्ततः बालजाक, जोला; टॉलस्टाय, डी.एच. लारेंस, शरद, यशपाल आदि की नारी के शारीरिक सौन्दर्य के मनोवैज्ञानिक द्वन्द्व के चित्रण के वह आलोचक बने रहे। वह प्रेमचन्द की नारी में भी शरीर और आत्मा का द्वन्द्व ही खोजते रहे। मालकिन की आँखों में वह अपनी कृतज्ञता के भाव की परख भी अपनी आत्मकथा में नहीं करते हैं। वह लिखते हैं 'वह स्वयं सुन्दर नहीं है इसलिए हमारे परिवार के लोगों ने अकसर अनजाने में उनका अपमान किया है। लेकिन वह सारी स्थिति समझती है। मेरे प्रति उनके स्नेह में थोड़ा कृतज्ञता का भाव भी है। उन्हें मेरे प्रेम से सन्तोष है और बाकी कुछ वह भुला देती हैं। मेरा जीवन रोमान्स तो नहीं है।'

क्या निराला का जीवन, रोमान्स था? इन्सान के सम्बन्धों में रोमान्स और यथार्थ का यह द्वन्द्व निराला की 'साहित्य-साधना' लिखते समय खोजा था कभी डॉ. रामविलास शर्मा ने। फिर भी 'घर की बात' और 'बड़े भाई' दो पुस्तकें पढ़ने वाले पाठक सिर्फ एक बात नोट करते हैं। लेखक ने अपने घर की कहानी एक बुद्धि-संगत प्रथा की नींव डालते हुए लिखी है। इस आत्मकथा की नींव हैः 'चाहे सारा संसार अवनति की ओर हो, पर हमारा देश, यू.पी., कम से कम हमारा घर तो अवश्य ही उन्नति की ओर है। (पृ. 112)

इसी आश्वासन की नींव पर खड़ा हैः 'अपनी धरती अपने लोग; आत्मकथा के तीन खण्ड हैं। पहले खण्ड में लेखक के बचपन से लेकर अध्यापन कार्य से मुक्त होने की कथा-कहानी है। वह खण्ड एक लेखक या कवि की महत्वाकांक्षा का प्रतिबिम्ब है। इसीलिए लेखक ने इस खण्ड का नाम दिया है 'मुँडेरे पर सूरज' बचपन से आज तक लेखक जैसे सूरज के बहाने मिली आज़ादी और क्रान्ति से बात करता रहा है। बीते प्रसंग-दर-.. में लेखक ने उसी संवाद की सरल, सुबोध कथा लिखी है।

अपनी धरती अपने लोग

आत्मकथा खण्ड 1—मुंडेर पर सूरज

खण्ड 2—देर सबेर

खण्ड 3—आपस की बात

डॉ. रामविलास शर्मा प्रकाशक किताब घर नई दिल्ली-2, मूल्य-500 रु.

E-11; सादतपुर, दिल्ली-62

चुप है यों, बेज़ुबान है गोया : रामविलास शर्मा

चारों ओर अखबार की कतरनें, बेतरतीब कतरनें, फैली हैं और मैं आगरा से दिल्ली आए डॉ. रामविलास शर्मा की खोज-खबर लेने में लगा हूँ। अभी तक खतो-किताबत से जाना था, भदीया कटरा आगरा में एक घर है, जहाँ इत्तिहाद यानी मैत्री डॉ. रामविलास शर्मा से है। घर अब बदल गया है, 12 अशोक नगर, आगरा में ही है। यहाँ जो आलोचक रहता है, उसमें एतमाद यानी भरोसा या विश्वास है अपना।

आगरा मुझे मीर तक़ी 'मीर' के स्वभाव सा लगा था। जो शहर मुद्दत से निराला, ग़ालिब, रामविलास शर्मा से बतिया रहा है। बातें, 'साझा संस्कृति' की कभी धीमी, कभी बेकली भरी सुन रहा हूँ। मुझे आगरा की विलक्षणता का पता नहीं फिर भी न ही मैं कतरनों पर बैठ कर मीर से निराला पर, निराला से ग़ालिब पर, ग़ालिब से रामविलास शर्मा पर बतिया सकता हूँ। सबके सिरहाने नहीं, पैताने बैठा जरूर था, कई बार।

'फिर भी मीर के दो शेर हैं जो मुझे सब जोड़ रहे हैं, जैसे आगरा की गलियाँ सड़क से जुड़ती हैं! या हर सड़क 'ताजमहल से कहती है—'कहो एतमाद है हमको।'

'मैंने जब जनकपुरी के दरवाज़े पर दस्तक दी थी तो, दिल कह रहा था—'इत्तिहाद है हमको।'

'वाकई हँसते हुए चेहरे पर, अपने प्रति मैत्री का भाव देखा था उस दिन। वह काम समेटने जा रहे थे। मैंने कहा—'अभी घर खोज लिया है, फिर कभी इत्मीनान से आऊँगा।' न 'बेरुखी' उनमें कभी रही, न मैं बेकली में भी अपना स्वभाव भूला कभी।

दरवाज़े से फिर भी भीतर आया था। किचन में शर्मा जी चाय का पानी चढ़ा रहे थे। 'मालकिन' नहीं थी शायद। मैंने इस बीच मीर के दो शेर कई बार दुहराए थे—

कहते हो, इत्तिहाद है हमको,
हाँ कहो एतमाद है हमको।

'चाय पीते-पीते लगाव विश्वास में बदल गया था और मैं मुद्दत से छूटे हुए उस चेहरे की ओर एकटक देखे जा रहा था।'

बेकली, बेखुदी कुछ आज नहीं,
एक मुद्दत से वह मिज़ाज नहीं।

लेकिन यह प्रसंग तो बहुत-बहुत पहले का है...

आज तो क़मर मेवाड़ी का खत है 7/6 का! लिखा है—'आदरणीय रामविलास जी के प्रस्थान से जो स्थान रिक्त हुआ, वह शायद ही भर सके।'

'घर' और 'स्वभाव' के खुलेपन में 'बाई पास' कोई नहीं होता। फिर भी मैं आगरा का रिक्त 'घर' भदीया कटरा को देख आया। वहाँ कहीं रामविलास की छाप भी नहीं थी। अशोक नगर में कुछ चेहरे पहचाने हुए थे, पर जो चेहरा मैं खोज रहा था, वह वहाँ भी नहीं था। दिल्ली का किराये का जनकपुरी का दो कमरों का फ्लैट देखा। वह बन्द था। विकासपुरी की बस पर मैं बैठ कर उतर गया। वहाँ भला विद्युत शवदाह से उठकर रामविलास जी क्यों आएँगे।

हिन्दी कहानी में जब-तब 'प्रेत' बोलते थे। तब भी डॉ. शर्मा 'प्रेत' नहीं थे। न उनकी आगे पीछे मौत की खोज-खबर चला करती थी। निगम बोध घाट पर चेहरा-द-चेहरा मुझे नजर आ रहा था। आँख उठा कर वह भी मिला नहीं था। आँखों के मोती बचा कर मुद्दत से पहचानी अपने रामविलास शर्मा की छवि से बतिया जरूर रहा था। डॉ. हरदयाल बता रहे थेः मैं उनका विद्यार्थी था। वह अंग्रेजी पढ़ाते थे मुझे आगरा के राजपूत कॉलेज में।

'मैं वहाँ रुका नहीं। हर आदमी अपने निराले रामविलास को देख रहा था। उनमें थे—कमलेश्वर, राजेन्द्र यादव, अशोक वाजपेयी...। नामवर सिंह भी आँखों से जो कह रहे थे, उनका कण्ठ उसे ही दुहरा रहा थाः 'इत्तिहाद है हमको।'

आज फिर उसी निगम बोध घाट से लौटा हूँ। वैसी चहल-पहल आज नहीं थी। उसका वह ताजातरीन रूप भी नहीं था। जब वह गाँव के एक पंछी से गुपचुप अपने दिल की बात कहती थीः

अपना गाँव जरा बतलाना
दूध-भात दूँगी परदेशी
कौन देश से आये
प्राणों को बहलाने वाला
कौन सन्देशा लाये?
बाँध कण्ठ में पिय की पाती लाने वाले
ओ पंखी!

राजेन्द्र कृष्ण

पांखी उड़ गया था। देह जल कर भस्म बन गई थी। या वह राख पुत गई थी मेरे मित्र कवि राजेन्द्र कृष्ण के चेहरे पर। वह एकटक मुझे देख रहा थाः 'गया सभी कुछ गया...'हमने तब 1956 से आज 20-6-2000 तक के, एक-एक 'मधुरतम' क्षणों के एक-एक फूल बिने थे। आज गंगा में प्रवाहित कर दिए थे फूल।

मैं धूप में अकेला लौटा था। पैदल। चन्द थके हारे लोग, लाल किले के पास बेहोश से पड़े थे। सड़क से हटकर सिर्फ प्राचीन हनुमान मन्दिर पर आदमी और कुत्ते थे। औरतें और बच्चे प्रसाद के दोनों की आस में 'पांत' में खड़े थे। भिखारी पत्ते चाट रहे थे। रामविलास शर्मा की 30-5-2000 की शवयात्रा पर मैं सोच रहा था। ठण्डी देह पर चन्द फूलों के चक्र थे, जिन पर भाकपा और माकपा के नाम दर्ज थे।

मुंशी भाई उस दिन जब साहित्य अकादमी ने अपना 'फैलो' बनाया था डॉ. शर्मा को, लाठी टेकते हुए आए थे। आज वह लाठी का सहारा नहीं ले रहे थे। एकटक इनको-उनको देख रही थी उनकी आँखें। या भाई की ओर देख कर आँखें छिपा रहे थे। क्या वह भाई के 'महत्व' को छिपा रहे थे, भीतर यानी भाकपा दफ़्तर में, 'जनयुग' पत्र में, या मुम्बई में पार्टी के मुख्य कार्यालय में, जहाँ नौसेना विद्रोह के साथ थे गतिशील। या दंगे में खून से सने थे साथी। या उनकी गोली खाकर पड़ी थी उनकी लाश पार्टी मुख्यालय की सीढ़ियों पर। पता नहीं कारमेड मुंशी कहाँ अटके थे। शायद घर की पत्रिका 'सचेतक' का नया अंक सम्पादित कर रहे थे, जिसमें दिल्ली की कहानी उनके घर से शुरू हुई थी।

साहित्य अकादमी ने 'निराला की साहित्य साधना' पुस्तक पर डॉ. शर्मा को सम्मानित किया था। वह फिर मुंशी के घर में इत्मीनान से बैठे थे। नहीं जाऊँगा. ..यह सब प्रकाशक का काम है। किताब बेचना या उसका प्रचार करना। पर लोग थे, जो उनके साथ खुद को नत्थी कर रहे थे। यह सम्मान डॉ. रामविलास शर्मा का नहीं शायद राजकमल प्रकाशन या उसके साहित्यिक दलाल का था।

जब 11 फरवरी 1994 को लेखक से भेंट का आयोजन चल रहा था। एक आलोचक ने मुझसे कहा था—'पूछो विष्णु, क्या आपने कभी कोई भूल-गलती नहीं की?'

मैंने अपनी दाहकता जब्त कर ली थी और बुदबुदाये थे मेरे होंठः मैं जब्त न करता तो सब शहर जल जाता अर्थात 'स्पष्ट है कि मेरी दाहकता प्रच्छन्न थी। मैं न रोकता तो वह सारा शहर (न सही-साहित्य अकादमी का आयोजन तो) जल ही जाता।' उस दिन जब फोन पर फोन आ रहे थे, नागार्जुन के बाद डॉ. रामविलास शर्मा को साहित्य अकादमी अपनी 'फैलो' बना रही है! क्या वह इस सम्मान को स्वीकार कर रहे हैं। मैंने डॉ. शर्मा को खत लिखाः क्या आप फैलोशिप के महत्व

से परिचित है? 20-9-98 का उनका खत मेरे सामने पड़ा है–(एक चुप, हजार चुप्पी लपेटे)।

प्रिय विष्णुचन्द्र,

रणजीत साहा ने भी वह समाचार विश्वनाथ त्रिपाठी से सुना है। फैलोशिप के महत्व से मैं अपरिचित हूँ।

काम करने से जो सुख मिलता है, वह और किसी चीज़ से नहीं मिलता। हिन्दी जगत से जो स्नेह मिला है, वह हर सम्मान और पुरस्कार से बढ़ कर है।

सप्रेम–रा. वि. शर्मा

बीमारी, सम्मान और पुरस्कार से भरे पड़े हैं अखबार। मैं उन्हीं कतरनों को श्रद्धांजलि के रूप में कमर मेवाड़ी के लिए चुन रहा हूँ। नभाटा की सुर्खी है: 'रामविलास शर्मा अस्पताल में '129-7-92 की खबर है: नई दिल्ली (सं.) 'हिन्दी के विख्यात आलोचक और चिन्तक डॉ. रामविलास शर्मा को आज गोविन्द पंत अस्पताल में भर्ती कराया गया।' हर खबर पर मैं या मेरी चुप्पी दर्ज़ है यह बता रही है–'चुप है यों, बेजुबान हैं गोया।'

30-7-92 की सुर्खी है: 'डॉ. रामविलास शर्मा की हालत चिन्ताजनक। मुश्किल से बोले थे उस दिन शर्मा जी...'पहले से अच्छा महसूस करता हूँ।'... उनकी आँत में रुकावट है। उनकी बड़ी आँत से नीचे की तरफ 'रेक्टो सिग्मोइड' में 'ग्रोथ' है।...लेकिन इस गहरी बीमारी की हालत में भी उनका मस्तिष्क सक्रिय है। इन दिनों वे वैदिक कवियों की काव्यगत विशेषताओं पर लिख रहे थे। उन ऋषि कवियों की शैली में ही वे कुछ वाक्य बुदबुदाए–'पृथ्वी जैसे चौखट पर चढ़ कर रँभाती हुई/बछड़े को जन्म देती है। वैसे ही मुनियों ने पृथ्वी को जन्म दिया/पशु के नव शिशु के साथ/बहुत सा विकार उत्पन्न हुआ होगा/उसे उन्होंने चाटकर/दूर किया।' (नभाटा 30.7.92)।

अखबारों की सुर्खियों के बीच मैं ऋग्वेद के कवि रामविलास शर्मा को खोज रहा हूँ। मस्तिष्क उनका अन्त तक सक्रिय रहा 'कला प्रयोजन' के सम्पादक हेमन्त शेष ने भी देखा और 30.5.2000 को उनकी मौत पर शिद्दत से महसूस किया होगा। मैं उस समय रात दों बजे (सादतपुर में कई रात-कई दिन के बात उस रात बिजली आई थी) रामविलास शर्मा का लेख: 'वैदिक कवियों का सौन्दर्य बोध' पढ़ रहा था। पढ़ मैं रहा था: अग्नि को शोचिष्केशं ज्वालाएँ ही जिसके केश हैं और सुनहरे दाढ़ी-मूँछ भी हैं, उन्हें हिशिष्टमश्रः कहा गया है (5.7.7) (कला-प्रयोजन 16-27) पढ़ते पढ़ते मुझे डॉ. शर्मा का चेहरा याद आया जिस पर अग्नि के केश हैं और सन की दाढ़ी-मूँछ उगी है। मैं बेतहाशा हँस पड़ा। सोई हुई पत्नी चौंक कर उठी। मैंने फिर बिजली बंद की।

शिव प्रसाद सिंह की बात याद आईः 'विष्णु, मैं उन्हें आचार्य रामविलास शर्मा सम्बोधित करता हूँ। यह बात बनारस की थी।'

फिर वह अस्पताल में भर्ती हुए और मिलने पर उछाह से मुझे फूलों का गुच्छा दिखाया थाः 'देखो, विष्णु अटल जी यह दे गए थे।' मुझे किताब घर के प्रकाश का चेहरा याद आया, याद आए वीरेन्द्र जैन। और मैं अटल जी के कवि पर हरिशंकर परसाई के संस्मरण की पंक्तियाँ याद करते हुए हँस पड़ा था।

ऐसे ही हँसा था उस दिन एक मुहावरे 'सटक' जाने पर। 23.12.86 की बात है नागार्जुन तब यहीं थे। एक चारपाई बिछी थी। बाकी इधर-उधर थे मूढ़े। चारपाई पर बैठे थे डॉ. रामविलास शर्मा, केदारनाथ अग्रवाल, मूढ़े पर बैठे थे कामरेड मुंशी और कथाकार रमाकांत और मैं इस सरस्वती के संगम पर सोच कर चुपचाप हँस रहा था। (सरकारी खाते में बड़ा कवि अटल बिहारी वाजपेयी हैं) और जनता के खाते में बड़ा कवि नागार्जुन।) जनकवि से मिलने आए थे जनकवि केदार, जनकवि अगिया बैताल। नयी दिल्ली-18 में रहते थे डॉ. रामविलास शर्मा। विकासपुरी से लिखा था खतः 18.12.86 को।

प्रिय विष्णुचन्द्र,

केदारनाथ अग्रवाल और हम मंगल 23.12 को दोपहर से कुछ पहले, ग्यारह के आस पास नागार्जुन के यहाँ पहुँचेंगे। केदार गाजियाबाद अपनी बेटी के पास आये हैं। नाती के साथ आएँगे। दो घण्टे रुककर वापस जाएँगे। मैंने नागार्जुन को कार्ड डाला है। तुम पता कर लेना। घर पर ही है, या सटक गए।...

नागार्जुन कब झोला उठाए! और सटक जाए यह कोई नहीं जानता। घुमक्कड़ ठहरे। उस दिन वह चुपचाप चारपाई पर पड़े थे। कुछ नहीं बोले थे। बस कभी केदार, कभी रामविलास को देख रहे थे। शायद 'मित्र संवाद' (पत्रों की पुस्तक) पढ़कर कही हुई अपनी बात याद कर भीतर 'परख' रहे थे। डॉ. रामविलास शर्मा कैसे 'डिप्लोमेट' हैं और केदार कैसे 'कवि' हैं।

मैं मधुमेह के नाते बीमार हूँ। कहीं जा नहीं पाता हूँ। तभी से अखबार की कतरनें उठाकर एक लिफाफे में डाल दिया करता था। 02.08.92 की एक कतरन हैः 'डॉ. रामविलास का ऑपरेशन।'

12.12.93 की खबर हैः यह सही विकल्प नहीं! खबर थीः 'सम्प्रदायवाद को धक्का लगा है और कई राज्यों में भारतीय जनता पार्टी की सरकार नहीं बनी।'...

जातीय ध्रुवीकरण ने भी साम्प्रदायिक शक्तियों को आगे बढ़ने से एक हद तक रोका यह तो ठीक है। लेकिन देखना है कि विकल्प के रूप में कौन-सी शक्तियाँ सामने आ रही हैं।...

...चुनावी परिणाम में वाम पक्ष की करारी हार हुई है। अपने इस हश्र से वाम पक्ष को कुछ सीखना चाहिए बशर्ते की वह चाहे।...विदेशी पूँजी के विरोध में

आन्दोलन खड़ा कर सामंतवाद और साम्राज्यवाद विरोधी शक्तियों को एकजुट किया जा सकता है। वाम पक्ष को पहल कदमी लेकर स्वतन्त्र तौर पर खड़ा होना चाहिए। बंगाल में जिस तरह से वाम पक्ष अपनी ताकत पर खड़ा है।...(जनसत्ता 1.12.93)।

वाम पक्ष अपनी ताकत पर फिर भी विशाल हिन्दी क्षेत्र में खड़ा नहीं हो सका। वह शिवदान सिंह चौहान या रामविलास शर्मा की राय पर गौर करने को तैयार नहीं हुआ अन्त तक। शिवदान सिंह चौहान का 13.5.99 का खत है: 'संघ परिवार का गुप्त एजेंडा है फांसीवाद'। वह कैंसर से लगातार बीमार हैं, पर उन्हें भी विकल्प की चिन्ता थी। लिखा था: 'वामपंथी कोई है ही नहीं। किसी जमाने में होते थे, शायद दुनिया के एकाध देश में कुछ वाम पंथी आज भी हों, लेकिन अब वाम पंथ का लेबल लगा के...उद्देश्य उनका है नाम लेकर स्वयं को सत्ता में प्रतिष्ठित करना है।' (सर्वनाम-54 अप्रैल जून 99)

रामविलास शर्मा लगातार वाम पक्ष पर सोचते रहे। यह तलाश करते रहे: 'इस देश का पुनर्गठन जरूरी है। धर्म और भाषा के आधार पर।' 'भारतीय संस्कृति और हिन्दी प्रदेश' जैसा ज्ञानकोष उन्होंने इसी उद्देश्य से मौत की दस्तक को सुनते हुए पूरा किया था।

हाँ, 'पहल' सत्ता में एक 'प्रतिष्ठान' की तरह प्रतिष्ठित है। 'हंस' दूसरा 'प्रतिष्ठान' है। तीसरा प्रतिष्ठान है 'नटरंग'। रामविलास शर्मा ने प्रतिष्ठान बनने की पुरस्कार या धन से बड़ा बनने की सारी कोशिशों को, एक रूई के घर की तरह आग के हवाले कर दिया। आज का हर बड़ा लेखक (सरकार या सेठ के) काले धन के प्रतिष्ठान से धनवान हुआ है पर वह खुद अपने कद से छोटा होता गया है। रामविलास शर्मा ने एक-एक लखटकिया को त्याग कर यह बता दिया है कि वह पुरस्कार से बढ़ कर हिन्दी जनता को देख रहे हैं।

एक खत में 24.09.98 को उनके इस कार्य को मैंने 'आस्था की संस्कृति' कहा भी है। मैंने उनका कभी 'साक्षात्कार' (प्रकाश मनु या नये लेखकों सा) नहीं लिया। फिर भी उनके दुःख के क्षणों में मैंने उनको बार-बार याद किया है। इसीलिए 'मालकिन' का संस्मरण (उसका 'पूर्वार्द्ध' तो 'बहुवचन' में मैंने मूल भेज दिया था जिसे अशोक वाजपेयी ने न छापा, न पत्र, फोन यानी मेरे तकादे के बावजूद वापस किया) उत्तरार्द्ध का अंश है यहाँ, आप पढ़ लें:

'आगरे वाले घर के बाहर भी गुलमोहर फूलों से लाल हो जाता था। बचपन में मालकिन ने घास की बड़ी पत्तियों से एक टोकरी बनायी थी। उसमें वह मौलसिरी के फूल बीन कर रख देती थीं, जहाँ बैठकर मैं किताबें लिखता था। गुलमोहर के फूल हम दोनों बरामदे में बैठे हुए देखा करते थे। लाल फूलों के बीच हरे सुग्गे पड़ोस से लाकर कच्चे अंजीर खाया करते थे। अब वह गुलमोहर वहीं नहीं है।'

(सर्वनाम से)

अब न आगरा में वह 'घर' है जहाँ घास की बड़ी पत्तियों से एक टोकरी बनाने वाली 'मालकिन' रहती थी। न विकासपुरी के घर में उन्हें याद रखने वाले डॉ. रामविलास शर्मा हैं। बस खबर है 'प्रख्यात साहित्यकार रामविलास शर्मा नहीं रहे' (31.05.2000 हिन्दुस्तान) या सम्पादकीय हैः 'शिखर पुरुष का प्रस्थान' (हिन्दुस्तान)।

'जनसत्ता' से फोन आया। मैंने कहाः 'एक प्रगतिशील युग का अन्त हुआ जिसके वह कर्ता थे। जिसके स्रोत उन्होंने खोजे। जिन रचनाकारों को उन्होंने प्रतिष्ठित किया, यह सब उनकी हिन्दी का ही अवदान है या आख्यान। अभी ऋग्वेद के सौन्दर्य बोध पर पढ़ रहा था, उनकी स्थापना उसी से जुड़ी थी। वे हिन्दी जाति के योद्धा, चिन्तक और प्रवक्ता थे, कवि थे...। मैं पिछले छह दशकों से उनसे सीखता रहा। वे मेरे गुरु थे, और दुख के समय मेरे अभिभावक। उनके बिना मैं बेहद अकेला पड़ गया हूँ।'...(31.05.2000)। वह चाहते हैं मैं 'बहुवचन' के लिए शर्मा जी पर संस्मरणात्मक विवेचन लिखूँ।

उस दिन से 19.06.2000 तक सिर्फ डॉ. रामविलास शर्मा की पुस्तकें, उनके खत, अखबार की कतरनें साथ हैं। या 'गोदारण' (जनवरी-मार्च 1993 सं. डॉ. भरत सिंह) का 'हिन्दी जाति और क्रान्तिकारी जनवाद' अंक पास में पड़ा है। विजय गुप्ता की 'साम्य' पुस्तिका हैः शैली और मार्क्स। क्रान्तिकारी जनवाद का दर्शन और भारत। 11 अक्टूबर 1992 का 'प्रभात खबर' पत्रिका का अंक है जिसमें रवि भूषण ने कामना की थीः 'शतायु हों डॉ. रामविलास शर्मा'।

'लेखक से भेंट' के लिए साहित्य अकादेमी ने रामविलास शर्मा के बाद अटल बिहारी वाजपेयी को नवाजा था। अटल जी की कोई जमीन नहीं है। डॉ. शर्मा ने दृढ़ता से कहा था उस दिन 'साम्राज्यवाद कहता है कि हमारा कोई भाषाई रिक्थ नहीं है। मैं कहता हूँ कि हमारा भाषाई रिक्थ है। और हमारे भाषा परिवार के सम्बन्ध को समझे बिना यूरोपीय भाषाओं के विकास को नहीं समझा जा सकता है।' (पश्चिमी समझ से परे)।

मैं केवल विवाद और संवाद करते हुए अखबारी कतरनों में देख रहा हूँ एक अपराजेय योद्धा को। प्रकाश मनु को वह बता रहे हैंः 'पुरस्कार लेखक की साहित्य साधना का सम्मान करने के लिए हो।' (समकालीन साहित्य समाज-दिसम्बर 1994)

अजय तिवारी के लिए 'पुरस्कार की दूसरी परम्परा थे डॉ. शर्मा।' (नभाटा 23.05.92) अस्पताल से लौट आने पर डॉ. शर्मा सुरेश शर्मा को बता रहे थे, 'अभी मैं अपनी दुनिया में नहीं लौटा हूँ।' (30.08.92 नभाटा)

साम्यवादी दलों ने लेनिन और स्टालिन के बाद सोचना छोड़ दिया था,

डॉ. शर्मा लगातार वक्त के साथ थे और 11 जनवरी 1997 को बता रहे थे, 'वक्त की माँग है नये लोकतन्त्र की।' (राष्ट्रीय सहारा)

25 अक्टूबर 1992 को वह 'जनसत्ता' को बता रहे थेः 'सही शब्द है समाजवादी जनतन्त्र।' 18 अक्टूबर को वह 'जनसत्ता में' घोषित कर रहे थे 'मार्क्सवाद, ऋग्वेद और हिन्दी जगत' एक ही लड़ाई का बड़ा मोर्चा है।

कतरनों के बीच से उठ कर 'हंस' प्रतिष्ठान, 'आलोचना' प्रतिष्ठान, 'पहल' प्रतिष्ठान में घूम आया हूँ। वहाँ सुदीश पचौरी हँसी उड़ाते हुए नजर आए थे रामविलास शर्मा की। शम्भुनाथ हैं, अपनी नासमझी का डंका पीटते हुए। और प्रदीप सक्सेना हैं मौलिक मार्क्सवादी इतिहासकार!! इन छिपी-लुकी चालों के पीछे नामवर सिंह मन्द-मन्द हँस रहे हैं।

राजेन्द्र यादव दलितों और नारीवादियों से गुप्त मन्त्रणा कर रहे हैं। और 'कागद कोरा' लिखकर प्रभाष जोशी बता रहे हैं 'साम्यवादी ऋषि के सामने' वह कितने बौने हैं। अशोक वाजपेयी एक राज की बात 'कभी-कभार' के कालम में खोल रहे हैं कि 'एक कला संकाय डॉ. रामविलास शर्मा बनाने का सपना देख रहे थे।' यानी 'चुप हैं यों' का अर्थ है—रामविलास शर्मा का सजीव इतिहास! उस सजीव इतिहास को उस दिन तीन मूर्ति के कुछ लोग 'टेप में बन्द करने आये थे।'

मुझे देख शर्मा जी ने कहा थाः 'बैठो।' मैंने जब देखा अन्दर बात टेप की जा रही है, तो खुद उठा। उन्होंने 'भारतीय संस्कृति और हिन्दी प्रदेश' के पहले खण्ड की प्रति मुझे दी। यह उनसे 'घर' पर आखिरी भेंट थी।

यों मैनेजर पाण्डेय या मैं अकसर डॉ. शर्मा की वर्षगाँठ 10 अक्टूबर के दिन टकरा जाते थे। मेरे सामने तश्तरी में रखी थी मिठाई। शर्मा जी को मधुमेह की बीमारी में गई 'मालकिन' के दुःख भरे दिन याद आए। मेरे आगे से तश्तरी उठा ली उन्होंने और कहा था, 'चाय फीकी लाना विष्णु के लिए।'

बाहर आने पर मैनेजर पाण्डेय ने बताया 'पुरानी पुस्तकों का सम्पादन करके अपने नये संस्करणों में गलत इतिहास को क्यों बदल रहे हैं शर्मा जी।' मैंने इन पुस्तकों को पढ़कर डॉ. शर्मा से पूछाः 'क्या आप अपनी भूलों को दफना रहे हैं।' वह मुझे दूसरी पुस्तक देकर सिर्फ हँसे थे...'देखो क्या दफनाया है मैंने!'

अब जब वह नहीं है, अखबार की कतरनों, पुस्तकों, साक्षात्कारों और गुपचुप गोष्ठियों में अबुद्धिवाद या हिंसा नजर आ रही है।

शिवदान सिंह चौहान बेचैन थे इस दौर को बदलने के लिए। वह लिखते हैंः 'सभी जानते हैं कि 'फासिज्म और मानववाद परस्पर विरोधी दृष्टिकोण हैं। स्मरण रहे कि जर्मनी में नात्सियों ने वहाँ के महान लेखकों और कलाकारों की कृतियों की होली जलाई थी। टामस मान, लुई, फिश्तवांगर, महान वैज्ञानिक आइन्स्टीन, नाटककार अर्न्स टॉलर आदि को जर्मन छोड़कर अमरीका में शरण लेनी पड़ी थी।

यहाँ भी संघ के स्वयंसेवकों ने जैसे अबुद्धिवाद और हिंसा का बार-बार परिचय दिया है।' (सर्वनाम-54 अप्रैल जून-99) मूल मुद्दे से हटकर विश्वनाथ त्रिपाठी बहस में हिस्सा लेते हुए बताते हैंः 'आदरणीय शिवदान जी उनकी चोट भूल नहीं पाते। बहुत हो गया अब छोड़िए उन बातों को। फांसीवाद के विरोध में स्थितियाँ आपको एक साथ खड़ा कर रही हैं।' (सर्वनाम-55) अब न रामविलास जी हैं और चौहान साहब कैंसर के मरीज है। (अब दिवंगत) बावजूद चाहते हैं मुझसे एक वातावरण बने। इसी वातावरण पर सोचते हुए उन्होंने शर्मा जी की मौत पर कहा थाः 'मुझे बहुत दुख है। मैं सोच रहा था कि उनसे इस महीने मिलूँगा।'

'हम 60 साल से एक दूसरे के साथ रहे हैं, सहयोग किया है और लड़े भी हैं। सब कुछ हुआ। मतभेद की परम्परा रही। मैं भी उसी अवस्था में हूँ। मैंने इतना संघर्ष साथ किया है। इस दुनिया से रुखसत होने से पहले हाथ मिलाना चाहिए। हाथ मिलाने की हसरत पूरी नहीं हुई। वे अपना काम जिन्दगी में पूरा कर चुके। बहुत बड़ा काम किया उन्होंने। शताब्दी पुरस्कार, साहित्य के बड़े पुरस्कार मिले। उनका सदुपयोग किया। स्वार्थ के लिए नहीं, पुरस्कार के लिये नहीं, सत्य के लिए निर्भीकता से लड़े। काम किया। निर्भीक राय देते रहे।' (जनसत्ता 31.05.2000)

जब विचारक चुप हो जाते हैं तो व्यक्तित्व, चपतबाजी का खेल साहित्य और राजनीति; सब कहीं बेढ़ जाता है। नामवर जी 'जीवन जो जिया' (आत्मकथा) के दूसरे खण्ड में 'आत्मरक्षा' की लड़ाई लड़ रहे हैं।

अपनी 74वीं वर्षगाँठ पर डॉ. शर्मा ने मार्क्सवादी योद्धा की तरह कहा थाः 'प्रगतिशील साहित्य जनता की तरफदारी करने वाला साहित्य है। इसलिए वह उसकी जातीय विरासत, उसकी साहित्यिक परम्पराओं की रक्षा करने के लिए लड़ता है। साम्राज्यवाद न सिर्फ जनता की स्वाधीनता का अपहरण करता है, बल्कि उसके जनवादी अधिकारों को भी कुचलता है।' (31 अक्टूबर 1986)

यहीं आकर मैं अकेला हूँ। चुप और बेजुबान। क्यों, कोई बतलाए तो...'

(सम्बोधन 9)

आलोचना लड़ाई की नहीं बहस की जगह है

आचार्य रामचन्द्र शुक्ल ने डॉ. उदयनारायण तिवारी से कहा था: 'मैं जितना सोचता हूँ, उतना लिख नहीं पाता और जितना लिखता हूँ, उतना बोल नहीं पाता।' (परिषद पत्रिका : अप्रैल 1984)।

डॉ. रामविलास शर्मा ने तीस साल पहले 1955 में शुक्ल जी पर पहली आलोचना पुस्तक लिखी थी : 'आचार्य रामचन्द्र शुक्ल और हिन्दी आलोचना।' डॉ. शर्मा हिन्दी आलोचना पर जो सोचते हैं, वही उन्होंने 'लोक जागरण और हिन्दी साहित्य' पुस्तक की भूमिका में लिखा है। वे भौतिक चिन्तन में आचार्य शुक्ल की भूमिका पर जो सोचते रहे हैं, उस पर उन्होंने मित्रों से कहा भी है और यहाँ उसके दो पक्षों की व्याख्या की है। मुख्यतः यह चुनौती भरी भूमिका शुक्ल जी के बाद के हिन्दी आलोचकों पर आ गई है कि वे लोक जागरण की पृष्ठभूमि में भारतीय आलोचना की समीक्षा-पद्धति का पुनर्मूल्यांकन करें।

आचार्य शुक्ल के निबन्धों का संकलन इसके पूर्व डॉ. नामवर सिंह और सुधाकर पाण्डे ने भी किया है। डॉ. शर्मा ने शुक्ल जी की इतिहास दृष्टि और कबीर, तुलसी, जायसी से आधुनिक रूढ़िमुक्त कवियों तक की खोज की है। लिखा है: 'जो लोग छायावाद के विरोधी हैं, अधिकतर वे ही शुक्ल जी के विरोधी भी है। ऐसे लोगों ने वास्तव में लोकजागरण की प्रशस्त काव्य परम्परा को, उससे छायावाद के सम्बन्ध को कभी समझा नहीं।' (पृष्ठ 13) छायावाद और तुलसीदास के विरोधी आलोचकों में प्रमुख हैं आचार्य हजारी प्रसाद द्विवेदी और डॉ. नामवर सिंह।

डॉ. शर्मा ने शुक्ल जी की समीक्षा पद्धति की रक्षा में कबीर पर डॉ. हजारी प्रसाद द्विवेदी और मिश्रबन्धु विनोद की विस्तृत तुलना की है। डॉ. शर्मा के अनुसार 'एक और लोक संस्कृति और सामन्ती संस्कृति के भेद की पहचान, दूसरी और सामाजिक परिस्थितियों का विवेचन, शुक्ल जी के इतिहास लेखन की ये मूल विशेषताएँ हैं।' डॉ. शर्मा ने आचार्य द्विवेदी की मूल कमजोरियाँ बताई हैं कि वह गम्भीर और कठोर भौतिकवादी और वैज्ञानिक चिन्तक नहीं हैं। द्विवेदी के टकसाल में अपना बहुत कम मौलिक है, उन्होंने शुक्ल जी के टकसाल से लोकसंग्रह जैसे शब्द ही नहीं मार लिए है, बल्कि वाक्य के वाक्य उधार ले लिए हैं। द्विवेदी जी की

कबीर पुस्तक में, 'तुलसीदास प्रतिद्वन्द्वी हैं, अद्वितीय व्यक्तित्व है कबीर का।'

द्विवेदी जी के मानस में क्या घुमड़ता है, इसकी डॉ. शर्मा ने खास तौर पर खोज की है। डॉ. शर्मा ने लिखा है 'द्विवेदी की भाष्य पद्धति अपनाई जाए तो कहना होगा—कबीर मुसलमानी जोश से भरे हुए पूरे हिन्दू ब्रह्मचारी थे।' लिखा है 'कोई बहुत बलवती आन्तरिक प्रेरणा द्विवेदी जी को बाध्य करती है कि वह शुक्ल जी पर दोष आरोपित करें।' डॉ. शर्मा का आरोप यह है कि द्विवेदी जी रीतिवाद कामशास्त्र, तन्त्र, योग और सूफ़ी मत के भाववादी भाष्यकार हैं। 'द्विवेदी जी ने तन्त्र-मन्त्र और अलौकिक सिद्धियों वाली विद्या को शुद्ध करके कबीर की भक्ति से उसका समन्वयव करा दिया।' मूल और वास्तविक सत्य कबीर का लोक जागरण था जिसको मिश्र बन्धु विनोद के बाद शुक्ल जी ने दृढ़ता से पकड़ लिया। डॉ. शर्मा का निष्कर्ष है 'वामाचार और नायिका भेदी साहित्य में सहज मैत्री है। सामन्ती संस्कृति की इस मायापुरी से शुक्ल जी हिन्दी जनमानस को बाहर निकाल रहे थे, द्विवेदी उसे उसके भीतर ठेल रहे थे। दोनों में यह अन्तर था।'

भारतीय आलोचना पद्धति की दो प्रमुख प्रगतिशील भूमिका रही है। एक रीतिवाद का विरोध दूसरा लोक परम्परा की व्याख्या। आलोचना के दो अखाड़ों या स्कूलों में इस समय आचार्य शुक्ल और आचार्य हजारी प्रसाद द्विवेदी की 'रक्षा' में एक तरह की शीत युद्ध या 'मत सम्बन्धी युद्ध' ठना हुआ है। अखाड़े हिन्दी आलोचना में पहले भी थे। तब 'देव और बिहारी' का 'मत सम्बन्धी युद्ध' चला था। इस बार आलोचना की जबावी लड़ाइ में आमने-सामने हैं, दो गदाधारी। एक डॉ. रामविलास शर्मा दूसरे 'दूसरी परम्परा की खोज' (1992) के डॉ. नामवर सिंह। डॉ. नामवर सिंह की गदा है 'आधुनिकतावादी खोज।' डॉ. शर्मा की गदा है मार्क्सवाद की भूमिका। नामवर सिंह 1955 के दौर को 'एक साहित्यिक घटना' मानते हैं डॉ. शर्मा की पहली पुस्तक को। डॉ. शर्मा ने लोकजागरण की टूटी कड़ियों को जोड़ते हुए व्यंग्य किया है—'वह भी क्या जमाना था जब नामवर सिंह छायावाद और रामचन्द्र शुक्ल से प्रगतिशील साहित्य आन्दोलन का सम्बन्ध पहचानते थे।'

आज का आधुनिकतावादी आलोचक भारतीय परम्परा से ही खड़ा हुआ है। और 'मार्क्सवाद की भूमिका' के नाम राहुल सांकृत्यायन, यशपाल, रांगेय राघव के बाद आचार्य हजारी प्रसाद द्विवेदी को ही नकारने का एक संकीर्णतावादी दौर सामने आया है। 'मत सम्बन्धी विवाद' चलने चाहिए पर तुलसीदास और रामचन्द्र शुक्ल को गिरा कर उनकी जगह कबीर और आचार्य हजारी प्रसाद द्विवेदी का 'मठ' स्थापित कराना घटिया लड़ाई का सिलसिला है। 'आधुनिक चित्रण और विकासवाद' लेख में शुक्ल जी ने लोकायत दार्शनिक या उनकी चिन्तन पद्धति की खोज भारत में की है। 'लोकायत' पुस्तक में देवीप्रसाद चट्टोपाध्याय ने शुक्ल जी

जैसी परम्परा की वैज्ञानिक व्याख्या नहीं की है। इतिहास, दर्शन, विज्ञान साहित्य आदि में अभी आचार्य शुक्ल के वैज्ञानिक महत्व को हमें पुनर्मूल्यांकन करना है। आज डॉ. शर्मा, हजारी प्रसाद द्विवेदी को पूरी तरह नकार रहे हैं। 1947 में 'शास्त्र और समाज' शीर्षक समीक्षात्मक लेख में डॉ. शर्मा इस निष्कर्ष पर पहुँचे थे कि 'द्विवेदी जी के चिन्तनशील लेखों में काल्पनिक चित्रों की बहुतायात है और इन्हीं के द्वारा लेखक अपनी बात समझता है। कुल मिलाकर (विचार और वितर्क) यह संग्रह जैसा विचारोत्तेजक, वैसा वैचित्रपूर्ण और सरस भी है।' (विराम चिन्ह पृ 3318)।

द्विवेदी जी ने "मानसिक विकास" और उनके "नवीन समाजहितकर लक्ष्य" पर तब डॉ. रामविलास शर्मा ने जारे दिया था। डॉ. शर्मा ने लिखा थाः 'वैष्णव कवियों ने शास्त्र सम्मत समाज व्यवस्था को धक्का देकर मनुष्य मात्र की महत्ता की घोषणा की थी। द्विवेदी ने इस तथ्य का यथेष्ट निर्लिप्त भाव से विवेचन किया है। उनके चिन्तन को देखते हुए यह मानना पड़ता है कि उनका मानसिक विकास शास्त्र और प्राचीन रूढ़ियों की चहारदीवारी तोड़ता हुआ नवीन समाजहितकर लक्ष्य की ओर बढ़ता गया है।' (विराम चिन्ह पृ. 339)। द्विवेदी जी के इस विद्रोही चिन्तन को शुक्ल के "भक्ति का विकास" और "लोक जागरण और भक्ति काव्य" के साथ पढ़ना चाहिए। डॉ. शर्मा ने जैसे यह खोज की है कि 'कबीर शहरी उद्योग' के विद्रोही कवि हैं और तुलसीदास 'किसान मानसिकता' के भारतीय चिन्तक है, उसी तरह हमें भारतीय आलोचना पद्धति का विकास शुक्ल जी और द्विवेदी जी, डॉ. रामविलास शर्मा और डॉ. नामवर सिंह के भेदभाव को लोक जागरण की निर्दिष्ट दिशा मे विकसित करना चाहिए।

हिन्दी आलोचना आज दोषग्रस्त स्थिति से गुजर रही है। आचार्य शुक्ल ने पूरी भारतीय चिन्तन दृष्टि पर इस "दोष ग्रस्तता" की आलोचना की थी। शुक्ल जी ने लिखा था "कर्म" अर्थशास्त्र विधि विधानों से निकम्मा हो सकता है, "ज्ञान" रहस्य की भावना से पाखण्डपूर्ण हो सकता है, और भक्ति 'इन्द्रिय भोग' की वासना से कलुषित हो सकती है जिस तरह कभी भक्ति आन्दोलन में बेचारे नामदेव कच्चे घड़े ठहराए गए थे वे उसी तरह आचार्य शुक्ल और आचार्य हजारी प्रसाद द्विवेदी और रामविलास शर्मा की चिन्तन पद्धति की तुलना करना समझ में आता है, पर एक को कच्चा घड़ा कह कर गिराना पाखण्डपूर्ण और निकम्मी प्रवृत्ति है।

निराला की माँसल या नारी सौन्दर्य की मनोवैज्ञानिक समीक्षा डॉ. शर्मा ने "निराला की साहित्य साधना" में की है। उसी में डॉ. शर्मा ने यह भी लिखा था 'शुक्ल जी प्रकृति के सौन्दर्य पर तो मुग्ध हो लेते थे, नारी के सौन्दर्य की साधारणतः लोकमंगल की भावना का विरोधी समझते थे।' शमशेर की 'नारी सौन्दर्य' की कविताएँ उन्हें "रीतिवादी" लगती है। क्यों निराला, रवींन्द्रनाथ टैगोर

की माँसल कविताओं की डॉ. शर्मा प्रशंसा करते हैं और "स्त्रियों का उनकी अवस्था, मनोभाव, वय, मनोभाव और सामाजिक परिस्थिति के आधार पर "डॉ. हजारी प्रसाद द्विवेदी के चित्रण और विश्लेषण से डॉ. शर्मा को एलर्जी-सी है। यह एक खोज का विषय है।

द्विवेदी जी के पत्र पढ़ते समय यह पता लगा है कि रवींन्द्रनाथ से उनका मोहभंग कई स्तर पर हो चुका था। लोक परम्परा की भूमिका में देवी प्रसाद चट्टोपाध्याय ने वेदों से उपनिषद काल तक लोक परम्परा में "काम" की भूमिका को मानव सभ्यता की उत्पादक शक्ति के रूप में स्थापित किया है। आचार्य द्विवेदी इसी काम वृत्ति को मानव चेतना का "कला विनोद" कहते हैं।

शुक्ल जी को ग़जल लोकमंगल की विरोधी विधा लगी थी। पर वह 'लोकहृदय' और रस" निबन्ध में लिखते हैं: 'भावुकता की प्रतिष्ठा करने वाले मूल आधार या उपादान प्रत्यक्ष रूप ही है। इन प्रत्यक्ष रूपों की मार्मिक अनुभूति जिनमें जितनी ही अधिक होती है, उतने ही रसानुभूति के उपयुक्त है।' रूप शब्द के भीतर शुक्ल जी शब्द, गन्ध रस और स्पर्श को भी शुमार करते हैं। शुक्ल जी सच्चे कवि में सच्चा प्रभाव ग्रहण करने की क्षमता खोजते हैं। वह सहृदय की नकल करने वाले कवि को सूक्ष्म और मार्मिक नहीं मानते। हृदय की निश्चेष्टता का कवि हिन्दी में कौन है, यह खोजना आलोचकों का काम है। शुक्ल जी संकीर्ण क्षेत्र से बाहर निकल कर जंगल और जीवन के कई-कई पक्षों की ओर बढ़ते कवियों का स्वागत कर रहे थे। द्विवेदी जी का भी कबीर की समीक्षा करते हुए यही दृष्टिकोण रहा है।

आलोचक जब अपने अन्तर्विरोधों की वकालत करने लगता है, तो वह संकीर्ण क्षेत्र में भटक जाता है। डॉ. शर्मा के सामने मैं उनके अनुभूति का ही एक सूत्र रखना चाहता हूँ। 1955 में शर्मा जी ने लिखा था : 'हिन्दी की अनेक स्वीकृत मान्यताओं के पीछे एक संघर्ष है। मान्यताएँ याद रहती हैं, संघर्ष हम भूल जाते हैं।' भारतीय आलोचना की पद्धति का विकास आचार्य शुक्ल, आचार्य द्विवेदी और आचार्य रामविलास शर्मा के संघर्षों से ही हुआ है। हमें आज उसी मूल की खोज करनी चाहिए।

"लोक जागरण और हिन्दी साहित्यः आचार्य रामचन्द्र शुक्ल, सम्पादक : रामविलास शर्मा : वाणी प्रकाशन, 4695, 21-ए, दरियागंज, नई दिल्ली-2, प्रथम संस्करण, 1985, मूल्य 65 रुपये।

हिन्दी प्रदेश की कल्पनाशीलता और एकता का स्वप्न

ऋग्वेद से कालिदास तक डॉ. रामविलास शर्मा की यात्रा वास्तव में जन और गण के यथार्थ से आधुनिक हिन्दी प्रदेश की सांस्कृतिक पहचान या एकता का सूत्र खोजने का एक प्रयास है। क्यों डॉ. रामविलास शर्मा, वासुदेवशरण अग्रवाल, तिलक और शंकर के तत्त्ववाद को फिर से परिभाषित करते हैं? क्यों वह हिन्दी प्रदेश की आर्थिक और सांस्कृतिक ज़मीन में एकता और विरोध का द्वन्द्व देखते हैं? यह या ऐसे कई सवाल हिन्दी प्रदेश के बुद्धिजीवियों और खास तौर पर मार्क्सवादियों को परेशान करते रहे हैं।

हिन्दी जाति की क्या भूमिका रही है इतिहास में और भविष्य में क्या होगी, यह बुनियादी चिन्ता का पिषय डॉ. रामविलास शर्मा का रहा है। वह गुलाम भारत को अकसर साम्राज्यवादी इंग्लैंड के सामने रखकर सांस्कृतिक भारत की स्वाधीन चेतना का एक ऐतिहासिक बोध कराते रहे हैं। 1857 तक स्वाधीन भारत की चेतना सामन्ती इंग्लैंड से अधिक गहरी और ठोस थी—यह 'एशिया और पिछड़ा हुआ समाज' पुस्तक में वह बताते भी रहे हैं। यहाँ ऐसी कई पुरानी मान्यताओं का आधार तलाशा है डॉ. शर्मा ने। विशाल हिन्दी प्रदेश में डॉ. शर्मा ने सिलसिलेवार ऋग्वेद से चाणक्य तक की चेतना को हमारे सामने एक नक्शे-सा फैला दिया है। इस नक्शे में कवि रामविलास शर्मा का कल्पनाशील रोमाँटिक भी नजर आता है और मार्क्स-पूर्व भारत के भौतिकवादी दार्शनिक इतिहास का अन्वेषी मार्क्सवादी भी सामने आता है।

पुस्तक है 'भारतीय संस्कृति और हिन्दी प्रदेश'। यह अभी पहला खण्ड है। दूसरा खण्ड विद्यापति से निराला तक की सांस्कृतिक एकता पर हमारा ध्यान केन्द्रित करेगा, जो अभी लिखा जा रहा है। (यह खण्ड भी अब छप चुका है—वि.) यहाँ संवाद का एक सूत्र मैं उठा रहा हूँ—रोमांटिक कल्पनाशीलता और एकता का 'स्वप्न। 'दार्शनिक यथार्थवादः कौटिल्य और कालिदास' अध्याय में डॉ. शर्मा ने लिखा है:

"रोमांटिक कवि बड़े कल्पनाशील माने जाते हैं। 'मेघदूत' के मेघ, 'रघुवंश' के रघु 'कालिदास' नाटक के दुष्यन्त आदि जो यात्रा करते हैं, वह इसी कल्पनाशीलता

की उपज है। रोमांटिक कवि समाज-व्यवस्था से असन्तुष्ट रहते हैं। कालिदास की रचनाओं में विलास-वैभव के वर्णन की कमी नहीं है। ऊपर से देखने में लगता है, वह समाज से पूर्णतः सन्तुष्ट है। देश छोटे-छोटे राज्यों में विभाजित है। इन्दुमती के स्वयंवर में जो राजा आते हैं, उनके प्रदेशों पर ध्यान दें तो विदित होगा, इनमें चक्रवर्ती सम्राट कोई नहीं है। भारत में चक्रवर्ती सम्राट होना चाहिए, अन्य राजाओं को उसी के अधीन सामन्त होना चाहिए, सम्राट की सेनाओं को उत्तर-पश्चिमी सीमान्त प्रदेशों पर एकत्र होने वाले शत्रुओं को परास्त कर देना चाहिए। मार्क्स और कालिदास में बड़ा फासला है। किन्तु मार्क्स के समय में जर्मनी एकताबद्ध नहीं था। अपनी अनेक रचनाओं में मार्क्स और एंगल्स ने जर्मन एकता के लिए संघर्ष करने की बात कही है। यह भी उनका स्वप्न था। जर्मनी एकताबद्ध हुआ परन्तु उस तरह नहीं जिस तरह मार्क्स और एंगेल्स चाहते थे। इसलिए मार्क्स और एंगेल्स ने जर्मनी की एकता का जो स्वप्न देखा, उसे रोमांटिक स्वप्न कहा जाए तो गलत न होगा। बायरन ने इसी तरह यूनान की एकता का स्वप्न देखा था। शेली ने इटली की स्वाधीनता का स्वप्न देखा था। शैली और बायरन दोनों ने भारत की स्वाधीनता का स्वप्न देखा था। लोकमानस में ऐसे स्वप्न बस जाते हैं तब वे क्रान्ति की प्रेरणा बनते हैं। कालिदास ने भारत की एकता का जो स्वप्न देखा, उसका महत्व कम करके न आँकना चाहिए।" (पृ. 664)

हिन्दी प्रदेशों की एकता का सूत्र क्या लोकमानस में बसी क्रान्ति का प्रेरक सूत्र है? क्या मार्क्स और एंगेल्स की तरह हिन्दी प्रदेश में डॉ. शर्मा और राहुल जी ने क्रान्ति की तैयारी की है? या डॉ. शर्मा का आज भी यह एक रोमाटिक स्वप्न है। कभी राहुल जी ने भी यह स्वप्न देखा था।

आज भारत या विशाल हिन्दी प्रदेश क्या एकताबद्ध हो सकता है, जबकि आज के विश्व में विशाल गण या पंचायत की व्यवस्था पर टिका हुआ सोवियत संघ एकताबद्ध नहीं रहा। रूस के बिखराव के बावजूद आज भी एक केन्द्रीय भाषा रूसी वहाँ है। फिर भी हिन्दी प्रदेश की एकता यानी हिन्दी जाति की एकता के लिए यह पुस्तक प्रेरणा का आधार बन सकती है।

चुनाव के पहले यहाँ की क्षेत्रीय या प्रान्तीय सरकारें या दल देश की एकता का स्वप्न नहीं देख रही थीं, चुनाव के बाद भी बिहार, मध्यप्रदेश, उत्तरप्रदेश, राजस्थान, हरियाणा और पंजाब हिन्दी जाति की एकता के लिए तैयार नहीं हैं। क्या भारत की एकता और हिन्दी जाति की एकता का दार्शनिक, यथार्थवादी और सांस्कृतिक आधार एक-दूसरे का पूरक होगा या है? क्या भारत की क्रान्ति की प्रेरणा का केन्द्र हिन्दी प्रदेश या हिन्दी जाति कभी बन सकती है?

इनमें से कोई सवाल 1925 से 1999 तक की कम्यूनिस्ट पार्टी (या पार्टियों) के दस्तावेज़ों ने नहीं उठाए गए हैं। 'भारत की खोज' पुस्तक में जवाहरलाल नेहरू

विश्व इतिहास में भारत की पहल या भूमिका पर जोर देते रहे थे। डॉ. रामविलास शर्मा उनसे गहरे जाते हैं दर्शन और इतिहास में। तात्कालिक समस्याओं या विरोधों के बीच डॉ. शर्मा जो कुछ खोजते हैं, वह आज़ादी के पूर्व के साम्राज्यवादी विचारकों का एक हठवादी तर्क था। डॉ. शर्मा बताते हैं:. "ऋग्वेद के रचनाकाल में उद्योग धन्धों का विकास कृषि तन्त्र की आवश्यकता पूरी करने के लिए हुआ और स्वतन्त्र रूप से भी हुआ। महत्वपूर्ण बात यह है कि किसान और कारीगर दो अलग-अलग तरह के काम करने वाले लोग थे। एक कुटुम्ब में खेती हो और कारीगरी का काम भी हो, ऐसा ऋग्वेद पढ़ने से ज्ञात नहीं होता।" (पृष्ठ 30)

यह कृषि तन्त्र और उद्योग धन्धों का इतिहास हिन्दी क्षेत्र में सिलसिलेवार खोजने का काम डॉ. शर्मा ने अपनी कई पुस्तकों में किया है। ऋग्वेद में किसान के लिए 'कृषिबल' शब्द का प्रयोग होता था। वह विकास का एक सूत्र है। दूसरा सूत्र भाषा विज्ञान का है कि शब्द कैसे अपने अर्थ का संकोच या विस्तार करता है। 'कारु' शब्द कारीगर के लिए ऋग्वेद में था, "...पर जैसे कृष्टि, किसान का अर्थ जन हो गया, वैसे ही कारु (शिल्पी) का अर्थ कवि हो गया।" (पृ. 30) क्यों महाभारत के बाद कारु यानी शिल्पी-कर्म का गण समाज में अवमूल्यन हुआ? यह श्रम का इतिहास बताने वाले जार्ज थॉमसन जैसे इतिहासकार ही बता सकते हैं।

जैसे 'शूद्र' और 'नारी' की 'दासता' पर बहुत चर्चा इधर सुनने में आई, पर क्यों श्रम पर आधारित जातियाँ 'शूद्र' कह कर अपमानित या सामन्ती सभ्यता के सवर्ण वर्ग के दबाव में दीन होती गईं, यह शूद्रों या दलितों पर सोचने वाले नहीं देखते। ऐसे ही उद्योग के मूल में अग्नि का आविष्कार हुआ था, यह सभी जानते हैं, पर ऋग्वेद में नारी या पुरुष अग्नि का विकासमान माध्यम था, उसे बांटा नहीं गया था। मातृसत्ता के पतन के बाद एक औरत शिल्प और युद्ध में हिस्सेदार रही, वह डॉ. शर्मा बताते हैं।

"विश्पला एक महिला का नाम है जिन्होंने युद्ध किया था और युद्ध में उनका एक पैर कट गया या टूट गया था। अश्विनी देवों के लिए कहा गया है कि उन्होंने कटे हुए पैरों की जगंह लोहे की जाँघ लगा दी—आयसी जङ्घां प्रत्यधत्तम।" (1.116.15, पृ. 53) यह खोज मेरी जानकारी में पहली बार डॉ. शर्मा ने हिन्दी पाठकों को दी।

इस पुस्तक का छठा अध्याय है 'दार्शनिक यथार्थवाद और चरक'। उसके उपखण्ड हैं: 1. वैज्ञानिक अनुसन्धान और भारतीय दर्शन, 2. चिकित्सा विज्ञान की प्राचीन परम्परा, 3. चरक संहिता और अथर्ववेद, 4. ऋषियों का भावबोध और विज्ञान, 5. सामाजिक संघर्ष और विज्ञान तथा 6. चरक संहिता और नगर सभ्यता। मेरी जानकारी में 'वोल्गा से गंगा' में राहुल जी की कहानियों में पहली बार चिकित्सा और विज्ञान से एक एकताबद्ध भारतवर्ष की कल्पना की गई थी।

उसके बाद 'वैश्वानर' उपन्यास में शिवप्रसाद सिंह ने चिकित्सा के भारतीय प्रयोगों पर एक अनुमान लगाया था। डॉ. शर्मा ने यूरोप और भारत, खासकर यूनान और चीन के साथ भारत की ऐतिहासिक जमीन का आधार यहाँ खोजा है। शिवप्रसाद सिंह अकसर चमत्कार यानी मन्त्र-शक्ति पर अटकल लगाते थे। डॉ. शर्मा ठोस आधार देकर पाठक को विवेकवान बनाते रहे हैं।

"अमरीकी विज्ञानवेत्ता असीमोव ने विश्व इतिहास की समय सारिणी में लिखा है कि अग्नि का उपयोग मनुष्य ने दस लाख वर्ष पहले सीखा था। चीन में एक गुफा का पता लगा जिसमें खेमों में आग जलाने के चित्र बने हुए हैं। उस गुफा को पाँच लाख साल पुराना बताया जाता है।...किन्तु यदि ऋग्वेद का अध्ययन किया जाए तो पता चलता है कि आर्य जन इस तरह प्रकृति पर निर्भर नहीं थे। उन्होंने जो चमत्कार किया था, वह यह कि इच्छानुसार वे लकड़ी से अग्नि उत्पन्न कर लेते थे।...असीमोव ऋग्वेद से परिचित नहीं हैं, इसलिए उन्होंने इस विषय का विवेचन नहीं किया है।" (पृ. 32) डॉ. शर्मा इसी तरह धर्म, आत्मा, माया और आर्यजन जैसे शब्दों में छिपे प्रपंचों का आधार बता कर हिन्दी पाठक को विवेकशील बनाते हैं।

वेदान्त दर्शन का एक लोकवादी पक्ष था। भारतीय संस्कृति में उसने क्या नया तत्त्व जोड़ा? यह सवाल हिन्दी प्रदेश के मार्क्सवादी और भाजपाई (प्रतिक्रियावादी) एक साथ डॉ. शर्मा से पूछ सकते हैं। खुद डॉ. शर्मा यह जानते हैं कि देवीप्रसाद चट्टोपाध्याय और राहुल सांकृत्यायन ने दर्शन और इतिहास में इन सवालों पर विचार किया है। पर 'गीता रहस्य' और 'शंकरभाष्य' की एक टीका भाववादी वेदान्ती दार्शनिकों ने की है, दूसरी लोकायतवादी दार्शनिक परम्परा की टीका या भाष्य डॉ. रामविलास शर्मा ने यहाँ किया है। इस दृष्टि से 'महाभारत में गीता' और गण की भूमिका या 'गण व्यवस्था में महाभारत' का मूल्यांकन महत्वपूर्ण है। डॉ. शर्मा का यह अध्ययन विशाल हिन्दी प्रदेश में ही नहीं, बंगाल, महाराष्ट्र, तमिल, गुजरात और उड़ीसा के लिए भी नया और चौंकाने वाला है। फिर भी डॉ. शर्मा ग्रन्थों या बहुपठित ज्ञाताओं से पाठकों को चौंकाते या आन्तकित नहीं करते हैं, बल्कि वह एक दोस्ताना बहस करते हुए उनके मानस का विकास करते हैं।

विकासशील हिन्दी पाठक दो काम इस पुस्तक को पढ़ कर कर सकता है: एक पक्ष है भारत में क्रान्तिकारी उभार पर सोचना। भूमिका में डॉ. शर्मा ने लिखा है—"...दूसरे महायुद्ध के बाद 1946 में एक जबर्दस्त क्रान्तिकारी उभार आया और अंग्रेजों ने देखा कि 1857 की आवृत्ति होने वाली है। भारतीय नेताओं को सत्ता सौंपने के लिए उन्होंने जो समय निर्धारित किया था, उससे पहले ही उन्होंने यहाँ से चले जाना उचित समझा। परन्तु यह क्रान्ति पूरी तरह सफल नहीं हुई। जितना अंग्रेज क्रान्ति से डरते थे, उतना ही देश के पूँजीवादी नेता उससे डरते थे। उन्होंने

सोचा, क्रान्तिकारी ढंग से सत्ता परिबर्तन हुआ तो देश की बागडोर पूँजीपतियों के हाथ में न रहेगी।" (भूमिका पृ. 13)

कुछ समय पहले लन्दन में विश्व हिन्दी सम्मेलन हुआ था, पर वहाँ के विश्वविद्यालयों में हिन्दी की पढ़ाई अंग्रेजी में ही होती है। दूसरा वहाँ हिन्दी सेवा या शोध के नाम पर 'हिन्दुओं' अन्तरराष्ट्रीय ख्याति का वेदान्त योग या आयुर्वेद संस्थान (क्रैंबिज विश्वविद्यालय) चला रहा है, यह गोराशाही को बढ़ावा देगी। (देखें डॉ. सत्येन्द्र श्रीवास्तव साहित्य सेवी की टिप्पणी, हिन्दुस्तान 24.10.99)

डॉ. शर्मा शायद वेदान्त के लोकवादी पक्ष से देश की क्रान्ति की कल्पना या सांस्कृतिक क्रान्ति के अभियान पर अपना अभिमत अभी तैयार कर रहे हैं।

भूमिका में यह बताते जरूर हैं–"...1946 की उस अधूरी क्रान्ति के 50 वर्ष सन् 1996 मे पूरे हुए। 'आज का भारत और कल का इतिहास' अध्याय में उस क्रान्तिकारी उभार और अंग्रेजों से समझौता किया गया, उसके परिणामों का संक्षिप्त विवरण है।" वह विवरण इस खण्ड में क्यों रोक लिया गया, यह डॉ. शर्मा ने नहीं बताया। हाँ, सांख्य या वेदान्त के लोकवादी पक्ष को वह भारतीय इतिहास की क्रान्तिकारी भूमिका इसी खण्ड में सिद्ध जरूर करते हैं। इस देश में मार्क्सवाद और वेदान्त की मिलीजुली क्रान्तिकारी भूमिका क्या होगी, यह शायद दूसरे खण्ड में समझ में आएगी।

दूसरा पक्ष है सांस्कृतिक क्रान्ति या सांस्कृतिक अभियान का। डॉ. शर्मा ने लिखा हैं: 'भारत में सांस्कृतिक इतिहास का जो विवेचन यहाँ प्रस्तुत किया गया है, वह हिन्दी प्रदेश पर केन्द्रित है परन्तु उस तक सीमित नहीं है। संस्कृति के बहुत से पक्ष यहाँ छोड़ दिए गए हैं। जो पक्ष मुझे महत्वपूर्ण मालूम हुए, उन्हीं का विवेचन मैंने यहाँ किया है। पहले खण्ड में ऋग्वेद से कालिदास तक और दूसरे खण्ड में विद्यापति से निराला तक सांस्कृतिक इतिहास का विवेचन किया गया है। यह विवेचन क्रमबद्ध नहीं है। (भूमिका, पृ. 13)

क्रान्ति और सांस्कृतिक क्रान्ति में व्यक्ति या राष्ट्र कब और कैसे 'पापबोध' और 'आत्म-परिष्कार' के दौर से गुजरता है? मेरी समझ से डॉ. शर्मा जिसे महत्वपूर्ण मानते हैं, उनमें राहुल सांकृत्यायन और आचार्य नरेन्द्रदेव नहीं आते हैं। डॉ. शर्मा ने लिखा है: "उपनिषदों के प्रसंग में शंकराचार्य ने उन पर जो लिखा, उसका विवेचन भी मैंने वहीं कर दिया है। बहुत से लोग मानते हैं, और भागवत में भी ऐसा लिखा है कि भक्ति द्रविड़ देश से उत्तर में आई, परन्तु भक्ति की धारा भागवत से बहुत पुरानी है। उसका स्रोत ग्रन्थ ऋग्वेद है और ऋग्वेद के बाद पश्चिमी एशिया के बाइबिल के ओल्ड टेस्टामेंट में यह धारा बहुत जगह दिखाई देती है, कई जगह वैदिक धारा से उसका साम्य भी है। उसके बाद वह ईसा मसीह के उपदेशों में है। ईसा की भक्ति और भारतीय कवियों की भक्ति में इतनी

समानता है कि अनेक विद्वान समझने लगे कि भक्ति आन्दोलन भारत में ईसाइयों के प्रभाव से प्रवर्तित हुआ। मनुष्य का पापबोध और उसके साथ आत्म-परिष्कार की भावना में दो बातें उतनी ही पुरानी हैं जितना ऋग्वेद है। और देशी-विदेशी भक्ति में इनकी महत्वपूर्ण भूमिका है। परन्तु बाद की भक्ति में रूप की उपासना शामिल है। संन्यास से हटकर गृहस्थ आश्रम और संसार की वास्तविकता पर बल है, इसलिए ऋग्वेद को भक्ति का स्रोत ग्रन्थ मानते हुए विष्णु पुराण और भागवत का उल्लेख भी मैंने इसी प्रसंग में किया है।" (भूमिका, पृ. 14)

डॉ. हजारीप्रसाद द्विवेदी की 'भक्ति साधना' या 'वैश्वानर' की स्थापना को इस 'समानता' से थोड़ा झटका लगेगा, पर ईसाई और मुसलमान विरोधी भाजपाई यानी प्रतिक्रियावादी सरकार को इस खोज में 'स्टेंस' की हत्या सरस्वती पूजा के मौके पर, शेख रहमान की हत्या रक्षाबन्धन के मौके पर, पादरी अरुल दास की हत्या जन्माष्टमी के मौके पर करने से कौन रोक सकता है।

"सामाजिक सांस्कृति विकास में केन्द्रीय भूमिका हिन्दी प्रदेश की थी।" उस भूमिका में भी वैज्ञानिक इतिहास दृष्टि और अवैज्ञानिक इतिहास दृष्टि का भेद डॉ. शर्मा ने देखा है। लिखा हैः "दामोदर धर्मानन्द कोसाम्बी ने अपनी पुस्तक 'इन्ट्रोडक्शन टु द स्टडी ऑफ इण्डियन हिस्ट्री' में आर्यों का घुमन्तू और बर्बर मानकर कल्पना की है कि भारत पर उनके आक्रमण से पहले हड़प्पा सभ्यता में लोग नदियों के बाँध बनाकर खेती करते थे।...विडम्बना यह है कि जो लोग उत्तर भारत में खेती का विकास कर रहे थे, उन्हें कोसांबी ने उसका विनाशक मान लिया है। खेतों को जोतने, बोने फसल काटने, देवों को जौ, पुर आदि की भेंट चढ़ाने की तरफ वह ध्यान देते तो खेती का महत्त्व आसानी से समझ में आ जाता। खेती के जितने प्रमाण ऋग्वेद में हैं, उनको उन्होंने एक तरफ हटा दिया है। हड़प्पा सभ्यता ऋग्वेद से पहले है, आर्यों ने आकर उसका विनाश किया, यह आत्मगत कल्पना उन्होंने तथ्यों पर आरोपित कर दी है।" (पृ. 25)

ऐसी आत्मगत कल्पना करने वाले अवैज्ञानिक थे? ऐसे इतिहासकारों को डॉ. शर्मा ऋग्वेद से 'ऊन के लच्छे के पस्त' कहते थे। एक नदी के किनारें भेड़ें बहुत पाली जाती थीं, इसलिए उसका नाम परुष्णी पड़ा, (10.25.5., पृ. 36) जैसे तथ्य की याद दिलाकर इतिहास का वस्तुगत अध्येता बनाते हैं। ऋग्वेद के रचनाकाल में वस्त्र उद्योग के साथ चर्म उद्योग, गृह निर्माण और पुर-निर्माण का यथेष्ट विकास हुआ था, यह डॉ. शर्मा ने बताया है। वह यह भी बताते हैं कि "मा क्रिया का अर्थ नापना और बनाना दोनों हैं। सम्भवतः मूल अर्थ बनाना था। लेकिन बनाने के लिए नापना जरूरी था, इसलिए नापने के लिए भी उसी क्रिया का प्रयोग होने लगा। दर्शनशास्त्र में माया की बहुत चर्चा है। उसका सम्बन्ध भी इसी नापने, बनाने वाले कार्य से है।" (पृ. 38)

'श्रम के महत्व की घोषणा ऋग्वेद में मानव संस्कृति की श्रेष्ठ उपलब्धि है।' पर कुछ मार्क्सवादी हिन्दी क्षेत्र में इस विकास को नहीं देखते है। डॉ. शर्मा ने लिखा है: "अनेक मार्क्सवादी विचारकों ने वैदिक समाज को आदिम साम्यवाद की संज्ञा दी है जिसकी विशेषता है कि सम्पति पर समाज के सभी लोगों का अधिकार होता है और वे मिलकर उत्पादन करते हैं।"...गण सम्पत्ति का विघटन, उसकी जगह व्यक्तिगत सम्पत्ति का चलन, प्राचीन काल की बहुत बड़ी सामाजिक क्रान्ति है। एंगेल्स ने कतिपय सम्पत्ति के उद्भव को सभ्यता के विकास के लिए आवश्यक माना है। यूनान से हजारों साल पहले भारत में इस तरह की सामाजिक क्रान्ति सम्पन्न हो चुकी थी।

"ऋग्वेद के कवि पुत्र और धन की माँग बार-बार करते हैं। कारण यह है कि उनके बाद वह सम्पत्ति पुत्र को मिलने वाली है।" (पृ. 43) व्यक्तिगत सम्पत्ति की स्थापना के साथ ऋग्वेद में जो परिवार की प्रतिष्ठा हुई थी, वह हिन्दी प्रदेश में आज भी स्थापित है। "हमारी भाषा में दम्पत्ति एक विशेष प्रकार का शब्द है। इसके प्रतिरूप अन्य देशों की भाषाओं में नहीं मिलते। दम का अर्थ है घर और पति का अर्थ है स्वामी।" (पृ. 43)

'जन, गण और प्रशस्ति-काव्य' तथा 'कारीगरों और किसानों का लोकतन्त्र' अध्यायों को पढ़ने के बाद बाल्मीकि रामायण और महाभारत का हिन्दी प्रदेशों में ऋग्वेद और हड़प्पा सभ्यता से अटूट स्रोत खोजा जा सकता है। डॉ. शर्मा ने जोर देकर बताया है: 'ऋग्वेद की संस्कृति के साथ हड़प्पा सभ्यता को मिला लें तो निःसन्देह हजारों साल तक बड़े सामन्तों के बिना उत्पादन और वितरण का बहुत ही सुसंगठित तन्त्र चालू रहा, यह देखा जा सकता है। इतने बड़े क्षेत्र में और इतने दिनों तक ऐसा तन्त्र संसार में किसी भी दूसरे देश में चालू नहीं रहा भारतीय संस्कृति की आर्थिक आधार-भूमि यही है। उसमें जो कुछ स्वस्थ है जो आज के लिए संग्रहणीय है, वह इस व्यवस्था की उपज है। किन्तु यह अवस्था निर्दोष नहीं थी।" (पृ. 56)

विकासशील भारत में आज जो व्यवस्था है, वह भी निर्दोष नहीं है, डॉ. शर्मा हिन्दी प्रदेश को इस बात से सावधान जरूर करते हैं। "ऋग्वेद की यह सबसे बड़ी विशेषता है कि यहाँ शारीरिक श्रम और मानसिक श्रम का भेद मिट गया है। यह हमारा अतीत है और जिस भविष्य की ओर हमें जाना है, वह भी यही है।" (पृ. 63)

हमारा अतीत, ऋग्वेद, महाभारत, अर्थशास्त्र आदि में डॉ. शर्मा की दृष्टि से 'प्रमाणकृतनिश्चयः' यानी वह प्रमाणों के आधार पर किसी निश्चय पर पहुँचता है। बिना प्रमाण दिए, डॉ. शर्मा दर्शन, इतिहास, संस्कृति में पाठक को किसी निश्चय पर नहीं पहुँचाते। जैसे: "सांख्य और योग दोनों ही भौतिकवादी दर्शन हैं',

यह बात वह भिन्न स्रोतों से हमें बताकर एक निश्चय पर पहुँचाते हैं। जैसे कौटिल्य के ग्रन्थ का नाम 'अर्थशास्त्र' है। अर्थ की व्याख्या इस तरह की गई है—"मनुष्यों की जीविका को अर्थ कहते हैं। मनुष्यों से युक्त भूमि को भी अर्थ कहते हैं। इस प्रकार भूमि को प्राप्त करने और उसकी रक्षा करने वाले उपायों का निरूपण करने वाला शास्त्र अर्थशास्त्र कहलाता है।" (15-1-1)

अर्थशास्त्र में आर्थिक और राजनीतिक दोनों तरह का विवेचन है। "यह बातें वह 'महाभारतः इतिहास, दर्शन और लोक संस्कृति' अध्ययन में खास ढंग से विवेचित करते हैं; जैसे- "गण और जन शब्द ऋग्वेद में लगभग पारिभाषिक हो गए हैं। गण पुराना है, पुरानी समाज व्यवस्था का द्योतक है...। मानव समाजों के लिए साधारणतः जन शब्द का प्रयोग किया जाता है। भरत जन हैं, गण नहीं हैं। महाभारत में कवि गणों को समकालीन समाजों की तरह याद करता है।" (पृ. 229)

'महाभारत' गण व्यवस्था का प्रामाणिक ग्रन्थ है, यह स्थापना डॉ. शर्मा की नई और मौलिक है। इतिहास में वह सिद्ध करते हैं कि "गण व्यवस्था के विघटन के बाद सामन्ती व्यवस्था के अभ्युदयकाल में किसी ने मूल महाभारत का सम्पादन किया है।" (पृ. 229) महाभारत की द्रौपदी और शकुन्तला का विस्तृत विवेचन मैंने पहली बार यहाँ पढ़ा।

नारी की स्वतन्त्रता का ही सूत्र है—करुणा या विडम्बनाः "समाज विकास से अतीत में नारी मुक्ति को पहचाना जाता था। धर्म और नीति की धारणाएँ परिवर्तनशील हैं, विकासमान हैं। पुराना युग बीत रहा था, नया युग आ रहा था। गण व्यवस्था का धर्म टूट रहा था, उसकी जगह अभ्युदयशील सामन्ती व्यवस्था का नया धर्म आ रहा था। द्रौपदी, सहदेव, कृष्ण इसी नए मानव धर्म का समर्थन करते हैं।" (पृ. 209)।

मार्क्स ने जैसे हीगल की अवधारणा पर विश्वास करते हुए भारत को कभी 'पिछड़ा हुआ समाज' का दर्ज़ा दिया था, डॉ. शर्मा ने उस पर नई खोज की। खुद 'इतिहास दर्शन' में डॉ. शर्मा भारत या बृहत्तर भारत में बौद्ध दर्शन की क्रान्तिकारी भूमिका को नकार रहे थे।

इस बार 'योग, वैराग्य और गौतम बुद्ध' अध्याय में बुद्धकाल का नए सिरे से उन्होंने मूल्यांकन किया हैः "बुद्ध की सबसे शानदार घोषणा यह है कि किसी ने कहा इसलिए मान लिया, किसी पुस्तक में लिखा है, इसलिए मान लिया, श्रद्धावश मान लिया, ऐसा नहीं करना चाहिए। अपने विवेक से काम लेना चाहिए और विवेक से बढ़कर अपने अनुभव से देखना कि यह बात सही है या गलत।" कालामों से कहा गया बुद्ध का यह सूत्र राहुल सांकृत्यायन के व्यक्तित्व को आमूल-चूल बदल देता है, यह मैंने 'समय साम्यवादी' में दिखाया है। डॉ. शर्मा

हिन्दी प्रदेश में अब इस शानदार भूमिका का दार्शनिक आधार दे रहे हैं। राहुल जी ने 'दर्शन-दिग्दर्शन' में जो बात सिद्ध की थी, 'बुद्धचर्या' लिखकर ईश्वर और 'पुनर्जन्म' की स्थापना का खण्डन किया था, उसे पहली बार स्वीकार किया है। 'प्रतीत्य समुत्पाद' खण्ड में डॉ. शर्मा ने दर्शन-दिग्दर्शन से राहुल जी का उद्धरण देकर अपनी बात पुष्ट की है। यह इस बात का सबूत है कि डॉ. शर्मा हिन्दी प्रदेश और भारतीय संस्कृति की भूलें सुधारना भी चाहते हैं। इस तरह वह अपनी भूलें भी स्वीकार कर रहे हैं।

डॉ. शर्मा उपनिषद तक आते हैं। क्यों उसके बाद भौतिकवाद या लोकायत दर्शन का भारत में लोप हुआ—विशेष तौर पर हिन्दी प्रदेश में, यह वह नहीं बताते। वह सामन्तों में जड़ जमाए सवर्णवाद को स्वीकार तो करते हैं, पर यह नहीं बताते कि आसपास के समाज से प्रभावित होकर संघ-सदस्यों की तरह सांख्य की भौतिक परम्परा भी लुप्त क्यों होती गई जिसे वह आज खोजने में लगे हैं। "नरक दूर था, संसार पास था। आसपास के समाज से प्रभावित होकर संघ के सदस्यों ने वही किया जो बुद्ध चाहते थे, वे न करें। परिणामस्वरूप संघ विघटित हुआ और एक दिन ऐसा आया जब भारत में बौद्ध धर्म का लगभग नाम ही मिट गया।" (पृ. 580) राहुल जी की भौतिकवादी बौद्ध दर्शन और मार्क्सवाद के वैज्ञानिक अध्ययन की भूमिका यहीं से शुरू होती है।

वर्षगाँठ के दिन डॉ. शर्मा ने प्रकाश मनु को बताया "असल में राहुल का विरोध मैंने इसलिए किया कि वे 'रेस कांशस' बहुत थे और एक तरह से वही बातें कर रहे थे जो ज्यादातार पूँजीवादी चिन्तक कहते हैं। सिन्धु घाटी सभ्यता के बारे में उनका वही विचार था जो साम्राज्यवादियों का था।...यानी वे कहते थे कि आर्य बाहर से आए थे और उन्होंने सिन्धु घाटी सभ्यता को नष्ट किया तथा द्रविड़ों का नाश किया।"...(जनसत्ता, 10 अक्टूबर 1999)।

क्या राहुल सांकृत्यायन को नकार कर आज डॉ. शर्मा मार्क्सवाद का अध्ययन और हिन्दी जाति की सांस्कृतिक एकता पैदा कर सकते हैं? क्या राहुल ने गाँधी के समय के किसानों में साम्राज्यवाद का विश्लेषण और व्यावहारिक प्रयोग और अनुभव के जरिए क्रान्ति की शुरुआत नहीं की थी?

विशाल हिन्दी क्षेत्र की दलित संस्कृति और मेले के मानस में लोकदृष्टि का अध्ययन अब नई पीढ़ी कर रही है। तेलंगाना, तिब्बत और भोजपुरी क्षेत्र में राहुल की यात्राएँ निम्न जातीय सांस्कृतिक परम्परा से जुड़ाव का आधार थीं। किन्नर देश और तिब्बत की यात्रा में जननाट्य और मेले की सामाजिक एवं सांस्कृतिक पहचान राहुल जी ने की थी। इस कार्यक्रम का जिक्र मैंने 'समय साम्यवादी' में किया है। बद्री नारायण का लेख 'हिरणें भी शेरों के खिलाफ कुछ करती हैं' (तद्भव-2) उसी परम्परा का, मेले की संस्कृति का एक सर्वेक्षण है। मेले की

तालिका देकर राहुल जी ने जनपद का केन्द्रीय स्थान और बोलियों का भाषाओं का सांस्कृतिक-लोकपक्षीय अध्ययन किया है। डॉ. शर्मा को यदि हिन्दी प्रदेश की संस्कृति की एकता का स्वप्न पूरा करना है तो उन्हें आज से अपनी बात की शुरुआत करनी होगी।

हिन्दी क्षेत्र के दलित को नकार कर वह सिर्फ भाजपाई सवर्ण संस्कृति का अतीत हमारे सामने परोस रहे हैं। मुद्राराक्षस की नाराजगी–'सवर्ण साहित्य और दलित प्रश्न' (तद्भव-2) लेख हिन्दी प्रदेश की ही नंगी और क्रूर सच्चाई का सवाल है। मुद्राराक्षस सिर्फ सतह से नीचे जाकर 'माया', 'ब्रह्म' और 'प्रकृति' का भौतिकवादी अध्ययन करने से कतरा रहे हैं, यह काम उन्हें डॉ. शर्मा से स्वीकार करने के बाद ही यह देखना चाहिए कि हिन्दी क्षेत्र के दलित के मूल संस्कार दुहरे क्यों है? एक, परम्परा से सरोकार की संस्कृति या संस्कार है जिसका वह अपने अन्तः संघर्ष में भौतिक मूल्यों से विवेचन नहीं करते हैं। भौतिकवादी सभ्यता ने दी थी महंगाई, बेकारी, अपमान। दलित भाजपाइयों की तरह उस पर आध्यात्मिकता का स्वांग-तमाशा खड़ी करते हैं। इस आध्यात्मिक विडम्बना को मोहन थपलियाल ने 'स्वांग तमाशा' (कहानी) कहा भी है।

अफ्रीका, अमेरिका के काले नीग्रो से भारत के दलित अन्तर्राष्ट्रीय रूप में बन्धे हैं, यह सच्चाई है, जिसके नाते अमरीकी, अर्थवादी, युद्धवादी, बाज़ारवादी और जातिवादी संस्कृति का साम्राज्यवाद चला रहे हैं। दलित या रंगभेद की लड़ाई का अर्थ है, साम्राज्यवाद के इन अनेक क्षेत्रों से सीधा संघर्ष।

व्यास, वाल्मीकी, प्रेमचन्द और राहुल की परम्परा में ही हिन्दी संस्कृति का सपना कभी नई एकता स्थापित कर सकेगा। हर्मट माक्यूम, ब्लैक पैंथर और गाँधी को नकार कर अफ्रीका या भारत का भौतिकवादी इतिहास न लिख सकते हैं न इस देश को एकता के सूत्र में बाँध सकते हैं। डॉ. शर्मा को दलित विरोधी सिद्ध कर मुद्राराक्षस यह नहीं देख रहे हैं कि "गाँधी ने अपने समय में साम्राज्यवाद का जो विश्लेषण किया था, उससे अच्छा विश्लेषण शायद ही किसी ने किया हो।" डॉ. शर्मा की यह बात हिन्दी प्रदेश की एकता और स्वप्न का आज भी आधार है। गाँव में गाँधी जीवित हैं, यह भारत दलित और गरीब भारत है।

पराजयवाद के विरुद्ध जनकवि की भूमिका

डॉ. रामविलास शर्मा, भारतीय कम्यूनिस्ट पार्टी के सिद्धान्तकार, इतिहासविद् और पार्टी लाइन के जनकवि हैं। पार्टी के सदस्य होने के नाते "लालनिशान" के कवि नरेन्द्र शर्मा भी 1943 में भारतीय पार्टी के जनकवि थे। दोनों कवि मूलतः निराला स्कूल के जनकवि हैं।

1943 में ही "तार सप्रक" छपा था। उसके "वक्तव्य" में डॉ. रामविलास शर्मा ने "पुस्तकों से सम्पर्क" होने की बात स्वीकार की है। उसी समय से ऐतिहासिक विषय में उनकी रूचि थी। "दाराशिकोह" कविता लिखने की अपनी पृष्ठभूमि डॉ. शर्मा ने बताई है।

दोनों कवि नरेन्द्र शर्मा और रामविलास शर्मा छन्दों और लोक छन्दों के खोजी कवि भी हैं। "दाराशिकोह कविता का छन्द रूबाई है और पंक्ति का निर्माण घनाक्षरी की पंक्ति को बीच से तोड़ कर किया गया है। इस सोलह अक्षर की पंक्ति में मैंने सॉनेट और ब्लैंकवर्स (अतुकान्त छन्द) लिखा है। और कई कविताएँ पंक्ति को तोड़कर वर्णिक मुक्तछन्द में लिखी गई हैं। एक दूसरे ढंग का मुक्तछन्द मार्मिक है। दोनों ही प्रकार के मुक्तछन्द के आविष्कारक निराला जी हैं।" (तारसप्तक पृ. 62)

"सदियों के सोये जाग उठे" की राजनीतिक कविताएँ भी 1945-47 में लिखी जाने के बावजूद छन्दों के आविष्कारक निराला-स्कूल की ही कविताएँ हैं। "तारसप्रक" की कविताएँ डॉ. रामविलास शर्मा के संग्रह "रूपान्तरंग" में छप चुकी हैं। "सदियों के सोये जाग उठे" की राजनीतिक कविताएँ पढ़ने के पहले "भूमिका" पढ़कर पाठक डॉ. रामविलास शर्मा के वाम-नेतृत्व और सिद्धान्तकार से मिलता है।

1945-47 में देशव्यापी जन-उभार को कम्यूनिस्ट पार्टी की राजनीति प्रतिबिम्बित करती थी। आज 1989 में जब यह संग्रह छपा है, तो न देशव्यापी जन-उभार है, न कम्यूनिस्ट पार्टी की राजनीति के सम्पर्क के नाते नरेन्द्र शर्मा और रामविलास शर्मा जैसे कवि, जनकवि हैं।

गजाननमाधव मुक्तिबोध, नरेन्द्र शर्मा और डॉ. रामविलास शर्मा ऐसे कम्यूनिस्ट हैं जिनका 'विश्वविद्यालय की शिक्षा' कुछ बिगाड़ नहीं सकी। न

बिगाड़ने के तीन कारण हैं। एक, यह तीनों कवि मार्क्सवादी हैं। दूसरा, खतरा उठा कर तीनों कवियों ने राजनीतिक कविता लिखी। तीसरा, कारण है कि मूलतः यह जन-आन्दोलन के कवि हैं। तीनों कवि मूलतः देश को बदलना चाहते थे। 1943 में "लालनिशान" के कवि नरेन्द्र शर्मा ने शिकागो में हुई "मई दिवस" हड़ताल पर हिन्दी की पहली कविता "यकुमा मई" लिखी थी।

आज '89 में मुक्तिबोध नहीं है। नरेन्द्र. शर्मा, आज बाम-राजनीति से ही उदासीन कवि हैं। डॉ. रामविलास शर्मा जरूर न तो पराजयवादी कम्यूनिस्ट हैं, न ही कम्यूनिस्ट पार्टी में फैले अवसरवाद से उन्होंने समझौता ही किया है।

मूलतः डॉ. शर्मा जनता के कवि हैं। आज भी वह जन-आन्दोलनों के प्रति आस्थाशील जनकवि हैं। उनकी जनवादी क्रान्ति की आस्था के दो आधार हैं। एक आधार है, संघर्षशील जनता की एकता और उसकी अदम्य शक्ति। दूसरा आधार है, वैज्ञानिक मार्क्सवादी दृष्टि की खोज और उस पर सार्थक बहस। आज "88 में "सर्दियों के सोये जाग उठे" का प्रकाशन इसीलिए उपयोगी है।

डॉ. रामविलास शर्मा की कविताओं में शमशेर, मुक्तिबोध और नागार्जुन की कविता का आत्म-संघर्ष मूलक संस्मरण नहीं मिलता है। इसके बावजूद डॉ. शर्मा संस्मरण को साहित्य की एक अनूठी विधा मानते हैं।" लखनऊ, कानपुर, आगरा, और बम्बई के अपने मजदूरों से मेलजोल के संस्मरण उन्होंने जाने क्यों नहीं लिखे हैं? कुछ मुश्किलें जरूर रही होंगी! शर्मा जी यह तो स्वीकार करते हैं कि "15 अगस्त 1947 के बाद आज़ादी की लड़ाई जारी रही और उसी तरह जन-आन्दोलन का दमन भी जारी रहा अंग्रेज़ों ने दमन कब बन्द किया और कांग्रेसी शासकों ने उसे कब फिर से जारी किया, इसका पता लगाना मुश्किल है।" (पृ. 13)

''कय्यूर के किसान पुत्रों की शहादत', 'बावन दिन की हड़ताल', 'बुधई के गाँव में लाल झण्डा' और "किसान जागा, जमींदार भागा" जैसी किसान चेतना की कविताएँ पक्षधर कविता है। पक्षधर कविताएँ, बिना मुश्किल में पड़े, कोई जनकवि लिख नहीं सकता है। खतरा उठा कर शर्मा जी ने 'नाविक विद्रोह' कविता भी लिखी थी। डॉ. शर्मा ने भूमिका में हड़ताल के राजनीतिक महत्व पर लिखा भी हैः 9 फरवरी 1946 में बम्बई में जलसेना के नाविकों ने विद्रोह किया। बम्बई की जनता ने हड़ताल करके उनका साथ दिया। अंग्रेज़ों ने बर्बर तरीके से हड़ताल का दमन किया। उस हड़ताल का राजनीतिक महत्व जवाहरलाल नेहरू ने भी स्वीकार किया।' (पृ. 8)

इन कविताओं की राजनीतिक चेतना पर बहस करने के पहले डॉ. शर्मा के राजनीतिक दिमाग और उसकी बनावट को जान लेना बहुत जरूरी है। नेहरू ने आज़ादी के पहले समाजवादी दिमाग से किसान आन्दोलनों और नाविक विद्रोह के महत्व को स्वीकार जरूर किया था, लेकिन प्रधानमन्त्री की गद्दी हथियाने के बाद

दो काम उन्होंने जोर देकर किए थे। एक 'देश का विभाजन' और दूसरा 'ब्रिटेन के आर्थिक हितों की रक्षा'। (पृष्ठ 8) डॉ. शर्मा की पक्षधर कविताएं नेहरू की इन्हीं जन-विरोधी राजनीति की प्रतिक्रिया में लिखी हुई वाम कविता है। आजादी के बाद डॉ. शर्मा का राजनीतिक दिमाग यह टटोलने लगा था कि वामपक्ष में अवसरवाद कैसे बढ़ा? जनता की कुर्बानियों के बावजूद देश में जनवादी क्रान्ति असफल क्यों कर हुई?

डॉ. शर्मा का राजनीतिक दिमाग, कुछ इसी तरह, आज भी काम कर रहा है। लिखा है डॉ. शर्मा ने "सन 47 के बाद, 48 और 56 के बीच, वामपक्ष...ने कांग्रेसी नेताओं की जो आलोचना की, वह उसकी 45-47 वाली नीति के अनुरूप थी। वामपक्ष में जितने भी अवसरवादी हैं, वे सब इस बात को भुला देना चाहते हैं कि सन् 48 से 56 के बीच वामपक्ष जिस नीति पर चला, 45-47 वाली नीति के अनुरूप था। कार्यनीति सम्बन्धी परिवर्तन के बावजूद सन् 45-56 तक कम्यूनिस्ट पार्टी की रणनीति एक थी। इस रणनीति का सारतत्व यह था कि जनवादी क्रान्ति कांग्रेस नहीं, वामपक्ष करेगा, कारण यह कि कांग्रेसी नेता देशी पूंजीपतियों के हित साधने के अलावा ब्रिटेन के आर्थिक हितों और सामन्ती अवशेषों की रक्षा करते हैं।" (पृ. 13)

1947 से आज 1989 तक कांग्रेसी शासकों ने देशी और विदेशी पूंजीपतियों का हित ही साधा है। भारत सरकार आज तक कॉमनवेल्थ और 'नाम' देशों में ब्रिटेन के आर्थिक हितों की रक्षा ही करती रही है। कांग्रेसी शासकों की पूंजीवादी रक्षानीति का परिणाम यह निकला है, कि विशाल हिन्दी क्षेत्र में आज एक ओर, बन्धुआ मजदूरों का कोई जनवादी आन्दोलन नहीं पनप सका है। दूसरी ओर सरकार, सामन्ती संस्कृति और सामन्ती अधिकारों की रक्षा में सेना और पुलिस के सहारे तैनात है। कांग्रेसी सरकार का यही वर्ग-चरित्र रहा है। वह सत्ता हस्तान्तर के गुप्त दस्तावेजों के अधीन "ब्रिटेन के आर्थिक हितों और सामन्ती अवशेषों की" चालीस साल से रक्षा करती रही है और आगे भी करना चाहती है।

'प्रेमचन्द के समय में किसान आन्दोलन का प्रायः अभाव था। जितना आन्दोलन था, उसमें वह शरीक नहीं हुए फिर भी वह किसान जीवन के बहुत बड़े चित्रकार थे।" यह स्थापना डॉ. रामविलास शर्मा ने अपने 4-7-88 के खत में मुझे लिखी थी। डॉ. शर्मा खुद भी कभी जन-आन्दोलनों में शरीक नहीं हुए थे। स्वामी सहजानन्द सरस्वती, महापण्डित राहुल सांकृत्यायन और ब्रिटिश फौज के बागी मेजर जयपाल सिंह खतरा उठाकर किसान आन्दोलन में शरीर हुए थे।

रेणु के बारे में नागर्जुन ने लिखा है वह "दर्दी किसान" थे। होरी की ट्रेजेडी के बाद किसान आन्दोलनों में तैलंगाना से भोजपुर आन्दोलन तक जो प्रगति हुई है, उससे किसान जीवन में क्या परिवर्तन आया? प्रेमचन्द से बड़े, चित्रकार, कवि

और कथाकार आज कौन है? यह सवाल पक्षधर लेखन का ज्वलन्त सवाल है। मैं सिर्फ इतना ही कह सकता हूँ कि त्रिलोचन की 'नगई महरा' कविता का चरित्र सामन्ती अवशेष की ही रक्षा करता है। मैं यहाँ यह जोर दे रहा हूँ कि केदारनाथ अग्रवाल, नागार्जुन, मुक्तिबोध और डॉ. राम विलास शर्मा की कविता के आम चरित्र जैसे-मास्टर, रिक्शा-चालक, कवि, पत्रकार, किसान और मजदूर की मार्क्सवादी दृष्टि से व्याख्या होनी चाहिए। मुक्तिबोध के चरित्र क्रान्ति की बुनियादी बनावट में, और प्रगतिशील कवियों के चित्रों से अधिक गम्भीर और वैज्ञानिक हैं।

मेजर जयपाल सिंह की आत्मकथा, "आजादी के परचम के तले" के संस्मरण 'आन्ध्र प्रादेशिक कमेटी के हेड क्वार्टस में, 'जंगलों के बीच में सौ मील का सफर', 'गुरिल्लों से मेरी पहली मुलाकात', 'अगला पड़ाव', और 'एरिया हेड क्वार्टस में (पृष्ठ 96 से 141 तक) पढ़ते समय हिन्दी के सजग लेखक और कवि को सिर्फ मुक्तिबोध की कविताएं और उसके जीवन्त-चरित्र ही याद आयेंगे। डॉ. शर्मा की "कय्यूर के किसान पुत्रों की शहादत" कविता की मैं इसी परम्परा में 'दर्दी किसान' के 'क्रान्तिकारी किसान' में रुपान्तरित होने का यथार्थवादी काव्य मानता हूँ। डॉ. शर्मा इस कविता में प्रेमचन्द की परम्परा के किसान जीवन के बहुत बड़े जनकवि और चित्रकार कवि हैं। इस कविता के जनवादी यथार्थ तत्व पर बहस करने के पहले, मैं आज के पराजयवादी कवि और वाम नेता को मेजर जयपाल सिंह की स्थापना की याद दिलाना जरूरी समझता हूँ।

मेजर जयपाल सिंह और डॉ. रामविलास शर्मा में कई समानताएं हैं। दोनो वाम अवसरवाद और वाम पार्टी के अन्दरूनी दो लाइन के संघर्ष और तैलंगाना के जन-संघर्ष पर डांगे की गलत व्याख्या के खरे आलोचक हैं। मेजर जयपाल सिंह की स्थापना का सारतत्व वही है जिसे अधूरी भारतीय क्रान्ति के सन्दर्भ में मुक्तिबोध अपनी कविताओं में चित्रित करते रहे हैं।

मेजर जयपाल सिंह ने लिखा है: 'तैलंगाना के जनसंघर्ष के बारे में डांगे के रवैये की गलत व्याख्या करके वह (यानी भा. कम्यूनिस्ट पार्टी का नेतृत्व वर्ग) यह कहकर जनता का हौसला पस्त करने की कोशिश कर रहा है कि सशस्त्र संग्राम के हिमायती "उन्माद के मार्ग" पर जा रहे हैं।...हमारे लिए निराश होने की कोई बात नहीं है।...1948 में नेहरू-निजाम के फासी गिरोह ने हमारी ताकत को बेरहमी से कुचलकर बहुत कमजोर कर दिया था, लेकिन अब हमारी सेनाएं फिर संगठित, एकजुट और विस्तृत हो रही है।

'हमारी जनता परीक्षा में खरी उतरी। हमें अपनी जनता में, क्रान्तिकारी वीरता के उसके अपार भण्डार में और उसकी असीम शक्ति में अपना विश्वास रखना है। हमें अन्य प्रान्तों में अपने कामरेडों का स्वाभाविक सदाशयता और ईमानदारी पर

भरोसा बनाये रखना है। हमें मार्क्सवाद-लेनिनवाद में अपनी आस्था बनाये रखकर यह आशा बनाये रखनी है कि वह निश्चित रूप से पार्टी को नये सिरे से जीवन्त बनायेगा।' (पृ. 141)

कवियों में जनवाद के लिए स्वाभाविक सदाशयता और ईमानदारी कैसे और कब पाई जाती है? रूसी क्रान्ति के समय जनवाद में अपना विश्वास गोर्की ने भी एक बार खो दिया था। लेनिन ने लम्बे समय उनके साथ रहकर गोर्की के मध्यवर्गी भटकाव की आलोचना की थी, और उसे बदलने में वह सफल हुए थे। नरेन्द्र शर्मा ने "लाल निशान" कविता पुस्तिका की "लाल निशान", "लाल रूस" "चीन", "बुनावा", "स्टालिन ग्राड", "योम सोवियत" और "यकुम मई" जैसे पक्षधर कविताएं देवली जेल में लिखीं थीं। कम्यूनिस्ट नेता और चिन्तक रुस्तम सैटिन ने "रेड स्टार पब्लिकेशन्स, रामपुरा बनारस" से 50 पैसे मूल्य पर यह पुस्तिक खुद 1943 में छापी और बेची थी। तब नरेन्द्र शर्मा की तरह भोजपुर के स्व. जनकवि रामकेर भी कम्यूनिस्ट नेता के मित्र थे। नरेन्द्र शर्मा को आज के लखनऊ के पराजयवादी कम्यूनिस्ट नेता रमेश सिन्हा की गैर-मार्क्सवादी और घटिया आलोचना का शिकार होना पड़ा था। जेल से आने के बाद, कवि नरेन्द्र शर्मा बम्बई चले गये। यह उनकी वामपक्ष से उदासीनता का एक प्रसंग है। इसके विपरीत डॉ. राम विलास शर्मा को पूरनचन्द जोशी का आत्मीय सहयोग मिला। उनके आत्मीय नाते से मार्क्सवादी चिन्तन और जनवादी कविता में क्या परिवर्तन आया, इसके लिए डॉ. शर्मा का संस्मरण पढ़ना उपयोगी रहेगा।

भूमिका में डॉ. रामविलास शर्मा ने लिखा है–'कुछ समय के लिए जोशी (पूरनचन्द) ने पार्टी के केन्द्रीय कार्यालय में रहने के लिए मुझे बम्बई बुला लिया था। उनका अपना कमरा बहुत बड़ा था, एकान्त में कविता लिखने के लिए उसमें उन्होंने मेरे लिए व्यवस्था कर दी थी। अनेक कविताओं की विषयवस्तु पर पहले वह मुझसे बातचीत कर लेते थे, तब कविता लिखने को कहते थे। कानपुर की मजदूर सभा पर आल्हा लिखना चाहिए, यह सूझ उन्हीं की थी। नाविक विद्रोह पर मैंने एक कविता लिखी थी, पर उसे छापने की कठिनाई थी।' (पृ. 34)

शर्मा जी को पूरनचन्द जोशी मानवतावादी कम्यूनिस्ट नेता मिले, मुक्तिबोध का इन्दौर में कामरेड दिवाकर और जबलपुर में कामरेड सृष्टिधर मुखर्जी से ऐसा ही सहयोग मिला था।

एक ओर, आजादी के बाद वाम दल भा.क. पार्टी ने नेहरू को सिर पर चढ़ाया। दूसरी ओर, सत्तापक्ष के परिणामवाद को भा.क. पार्टी ने कांग्रेस दल की भाषा में बार-बार दुहराया। परिणामवाद जनता में कार्य नहीं करना चाहता है। सिर्फ परिणाम निकाल कर–'गरीबी हटाओ' जैसे नारे उछालता है।

परिणामवाद के चलते वाम दल में अवसरवाद की जड़ें जमी। भटकाव भरी

राजनीति 1947 से ही नजर आने लगी थी। इस अवसरवाद के नाते राजनीतिक कविता के दो मुद्दे उभर कर सामने आये। एक मुद्दे का सूत्र-वाक्य है: 'दुश्मन खुश, जनता उदास है' आजादी के बाद नेता और दलाल बुद्धिजीवी ही खुशहाल हुआ है।

दूसरे मुद्दे का सूत्र है: "तुमने की है शुरूआत अब रुकती है यह जंग नहीं।" यहाँ शुरूआत का अर्थ है गाँव की राजनीति में खेतिहर-बन्धुआ मजदूरों की हिस्सेदारी। कुछ ऐसे भी कम्यूनिस्ट हैं, जो पराजयवादी प्रवृत्ति के नाते 'त्रास्की पंथ' का भारत में झण्डा उठाये हुए हैं। पराजयवादी कम्यूनिस्ट यह मानते हैं कि सरकारी दमन के कारण 'किसान सभा' और 'प्रगतिशील लेखक संघ' जैसी क्रान्तिकारी संस्थाएं टूट गई। 'कय्यूर के किसान पुत्रों की शहादत' डॉ. शर्मा की कविता का अनुभव इसके विपरीत यह बताता है कि जनवादी क्रान्ति कभी इस देश में रुकी या स्थगित नहीं हुई।

भूमिका में डॉ. शर्मा ने लिखा है: 'किसान पुत्रों की शहादत की घटना कई साल पहले की है। केरल के चार किसान कार्यकर्ताओं को फांसी मार्च 1943 में दी गई थी, कविता नवम्बर 1946 में प्रकाशित हुई। फांसी की सजा सुनाई जा चुकी थी, पूरनचन्द जोशी उनमें मिलने गये थे। उस भेट का मार्मिक वर्णन जोशी ने किया था। जोशी भावावेश में रो रहे थे, वे किसान कार्यकर्ता जोशी को धीरज बन्ध रहे थे।' (पृ. 33) यह कविता गाँव के जनवादी राजनीतिक बदलाव से शुरू होती है:

कथा सुनो अब एक गाँव की, हिंया से दक्खिन में बड़ी दूर।
सात लाख है गाँव देस माँ, जिनमाँ एक बसा कय्यूर।
हरा भरा मलबार का सूबा, हरे भरे यहिके मैदान।
ऊंचे पेड़ जहाँ नारियल के, नदियन का को करे बखान।

यह जनता की जंग–जनवादी-क्रान्ति की लड़ाई थी। कय्यूर जैसे हजारों गॉव तब भी देश में थे, जहाँ किसान सभा बनी थीं, जुल्मी रावण के बंसधर जमींदारों ने किसानों को जमीन से बेदखल किया था। (आजाद भारत की पुलिस ने उस समय से आज तक किसानों पर और भी जुल्म ढाहे है।) इसके बावजूद कय्यूर की 'किसान सभा' दमन से वहाँ नहीं टूटी थी। (छपरा में राहुल जी के सिर पर लाठी पड़ी थी। जनता के खून से खेत रंग उठा था, फिर भी किसान सभा हिन्दी क्षेत्र में टूटी नहीं थी।) किसान चेतना का उस समय प्रतीक था 'लाल निसान', जो कहीं किसी गाँव में दमन के बावजूद झुका नहीं था। कविता के अन्तर का चित्रण है:

चारी ज्वान सिखचन के भीतर जहं फांसी का खड़े तयार।
चले आखिरी मुलाकात का जोशी कम्यूनिस्ट सरदार।
भारी फौज कम्यूनिस्टन की जोशी जिनकी करैं कमान।

पहुँचे बन्द जहाँ सिखचनमां नाहर जैसे चारिउ ज्वान।
चारि घड़ी फांसी की बाकी, दिन डूबे फिर आवै शाम।
चारि बीर कम्यूनिस्ट करें तब सब साथिन का लाल सलाम।
जोशी के मुँह बात न फूटै, फूटै आखिन से जलधार।
दुःख के नदी बहै उतराई, जंह पलकन के बूड़ि कगार।
धीरज धरो, कहै साथी से मलावार के चारिउ ज्वान।
पलकन पर तो आंसू छलकै, ओंठन पर खेलै मुसकान।
थोड़ा रहा समय धीरज धरि जोशी उनसे कहैं सन्देश।
देखें यह बलिदान तुम्हारा आंखि लगाए सारा देश।

व्यक्तिवाद की दो प्रवृत्तियां आजादी के बाद 60 और 76 की नयी कविता में बढ़ी थी। एक प्रवृत्ति पराजयवाद की थी, दूसरी प्रदर्शप्रियता या चमत्कारवाद की प्रवृत्ति थी। मुक्तबोध ने शुरू से मध्यवर्ग की इन प्रवृत्तियों की आलोचना की थी। मुक्तिबोध (आलोचक शर्मा के विरोध के बावजूद जनवाद विरोधी नहीं थे) डॉ. रामविलास शर्मा के पड़ोसी जनवादी कविमित्र हैं। और रहेंगे क्योंकि वह जनता के न हारने वाली क्रान्ति की आस्था के चिन्तक कवि हैं। डॉ. शर्मा कय्यूर के संघर्ष से इसी निष्कर्ष पर पहुँचते हैं कि उस इलाके में जन-आन्दोलन में शान्ति का अनूठा संघर्ष पैदा किया था।

जहँ आधे घर जले आगि माँ, रोवै फूटि फूटि कय्यूर।
हमें बचावै को जुलगी से करै पुलिस का चूर गरूर।
नदी किनारे सभा जुरे जहँ, खाली हुआ परै मैदान।
बिन कुनिअम्बू के साथिन के को अब गाड़ै लाल निसान।
भाई कहै तब अबूबकर का, हम गाडैंगे लाल निसान।
कहै बाप, तुम चलो किसानो, फिर से आजु भरै मैदान।
बूढ़ी दादी घर से निकरी सिर पर रही सफेदी छाय।
जिस पर बरसी पुलिस की लाठी, फिर से वही उठा कय्यूर।
अबूबकर और चिरूकंटक का फिर से जागि उठा कय्यूर।
जहँ अप्पू ने झण्डा गाड़ा, देखो वहीं डटा कय्यूर।
गिरा खून जहं कुनिअम्बू का, फिर से वहीं उठा कय्यूर।
सात लाख माँ सब से आगे घूंसा तानि खड़ा कय्यूर।

जनवादी क्रान्ति की यह निष्ठा, किसानों के घरों, गाँवों और इलाकों में आज भी कायम है। यही देखने के लिए कभी तारसप्तक के कवियों को 1943 में गाँव-गाँव जाना पड़ा था। 43 में रामविलास शर्मा, मुक्तिबोध, और अज्ञेय सभी किसान सभा के कार्यकर्ता थे।

इन सभी कवियों में राजनीतिक स्तर का अन्तर पाया जाता है। शमशेर शिल्पी जनकवि हैं। और केदारनाथ अग्रवाल सक्रिया जनवादी कवि है। जन-आन्दोलन की चेतना डॉ. रामविलास शर्मा में इन दोनों से अधिक तीखी है। वह श्रेष्ठ कविता की परम्परा में प्रतापनारायण मिश्र की आल्हा कविता की परम्परा को राजनीतिक स्तर पर सचेत रूप में विकसित करते हैं। दोहा, चौपाई की कलात्मक परम्परा में, '1946 की रामायण', 'नयी दिल्ली का धनुष यज्ञ', और 'लंका विजय' जैसी कविताएँ न नागार्जुन ने लिखी हैं, न दूसरे किसी प्रगतिशील कवि ने।

'ट्रमैन की पाठशाला', 'तीन सयाने और नेता' जैसी लोकनाट्य शैली की राजनीतिक कविताएं शर्मा जी इसलिए लिख सके, क्योंकि वह जनता की क्रान्ति के हिस्सेदार कवि हैं। 'डाकिये की हड़ताल' कविता में प्रतिपक्ष के संघर्ष का हड़ताल अनूठा माध्यम है। 'किसान जागा, जमीदार भागा' कविता में उसके जनकवि में जनवादी विजय पर अटूट विश्वास है।

नागार्जुन की 'पत्रकार कविता' का भी प्रिय प्रतीक झूला हैः 'पांच साल में फल निकलेगा/पांच साल में होंगे फूल/रहे पंत जी झूला झूल।'

डॉ. शर्मा के झूला के प्रतीक में लोकभाषा का लालित्य कुछ अधिक है और व्यंग्य अधिक तीखा हैः झूला झलै जवाहर लाल!

सोने कां पाटा, रेशम की डोरी, फन्दा पड़ा है ऊची डार।
धरती छोड़ अब आसमान में, झूलै मेरी सरकार।
हो, झूला झूलै जवाहरलाल।

डॉ. शर्मा की इन कविताओं को पढ़ते समय हिन्दी कविता का पाठक सतह से नीचे जाकर जनकवि पर सोचता है। जहाँ और प्रगतिशील कवि जनता से उदासीन होते गए, वहीं चालीस साल में न डॉ. शर्मा मार्क्सवाद से उदासीन हुए, न जनवादी क्रान्ति से उनका विश्वास डिगा।

अपनी जनता की शक्ति में डिगता जिसका विश्वास नहीं,
दुश्मन के अनगिनवारों से होता वह वीर निराश नहीं।

डॉ. शर्मा का यह वीरभाव कहीं सामन्तयुग की याद दिलाता है। कहीं कम्यूनिस्ट जगत में यह 'वीर पूजा' यास्टालिन पूजा का वाम चरित्र है। कहीं रवीन्द्रनाथ और निराला की कविता का यह वीरभाव का मिथ है। जनवादी कविता में यह वीर भाव काव्यरूढ़ि भी बन चुका है। डॉ. शर्मा के दिल-दिमाग में जनता साम्यवादी दौर के हीरो का प्रतीक रही है। जनता की महिमा ही प्रतीक है। जन-आन्दोलन की गलत राजनीति को जनता ही सही दिशा देती है। 1946 की रामायण में राजा-रजवाड़ों का नाटक उखड़ जाता है, जनता का जनवाद विजयी होता है। वीरभाव डॉ. शर्मा का अपना मिथ भी है। जिसका सूत्र हैः 'दुनिया के सारे देश में फिर आगे हिन्दुस्तान चले।'

डॉ. शर्मा ने इसी इतिहास दृष्टि से भारतीय जनवादी क्रान्ति की कविताएं भी लिखी है और 1857, 1946 के नाविक विद्रोह, और 1945-47 के जन-उभार की साम्यवादी व्याख्याएँ भी की। उनकी इतिहासदृष्टि उनकी कविता, अर्थशास्त्र, समाजशास्त्र, और सौन्दर्यशास्त्र में एक सूत्र में पिरोई हुई है।

विश्व राजनीति में स्टालिन का चरित्र बेजोड़ था और विरोध के बावजूद आज भी है। मुक्तिबोध और डॉ. शर्मा की निष्ठा में जो अपराजेय तत्व है, वह स्टालिन के स्वभाव से मेल खाता है। भूमिका में डॉ. शर्मा ने लिखा है 'बुधई के गाँव में लाल झण्डा' कविता में 'झण्डे की रक्षा के लिए बुधई उसे लाठी से निकाल कर कमर में लपेट लेते हैं, फिर लाठी चलाते हैं। यह वास्तविक घटना है जो किसी साथी ने मुझे सुनाई थी।' (पृ. 34)

जैसे झण्डे की रक्षा बुधई ने जन मोर्चे में की थी, या 'डालर की संसार यात्रा' कविता में स्टालिन ने जैसे अमरीकी डालर को लात मार कर रूस से बाहर निकाल दिया था, भारत और रूस सहित पूरे वाम भूखण्ड में–अकेलेदम पर डॉ. शर्मा मार्क्सवाद की रक्षा वैसे ही करने में लगे हुए हैं।

मार्क्सवाद की रक्षा का व्रत ही डॉ. शर्मा का 'निश्चयवाद' है। इन कविताओं के मूल में है निश्चयवाद। आज के जनवादी कवियों को कवि शर्मा जी का यह निश्चयवाद अखर भी सकता है। अपनी कविता और लेखों में निश्चित निष्कर्ष तक डॉ. शर्मा अपने पाठकों को पहुँचाते हैं।

कभी-कभी अपनी मनपसन्दगी को आलोचक शर्मा मानदण्ड भी बनाते हैं। इस प्रवृति की मुक्तिबोध ने कड़ी आलोचना की थी। फिर भी डॉ. शर्मा के निश्चयवाद की यह शक्ति है कि वह भारत और ग्रीक, रूस और भारत, मार्क्स और उसके पूर्व और परवर्ती इतिहास के स्रोतों से हिन्दी के पिछड़े अध्यापक को ज्ञानवान तो बना ही रहे हैं।

भारत और रूस आज कर्ज की अर्थव्यवस्था में फँसा पड़ा है। आर्थिक संकट से उबरने के लिए अमरीकी सहायता लेकर दोनों देश गहरे डूब रहे हैं। ऐसे समय में डॉ. शर्मा की कविताएँ और उनका मार्क्सवादी चिन्तक दो काम करना चाहता है, एक वर्ग के आधार पर विभिन्न सम्प्रदायों के किसानों और मजदूरों की जनवादी एकता कायम करना है। दूसरा 'जाति (नैशनैलिटी) के आधार पर विभिन्न सम्प्रदायों के जनवादी तत्वों की एकता कायम' (पृ. 10) करने पर जोर देता है। सदियों के सोये जाग उठे की कविताएँ, जन आन्दोलन में कवियों को हिस्सेदार बनाने पर जोर देती है। इस अर्थ में भी डॉ. शर्मा जनवादी कवि हैं।

बहुत समय से डॉ. शर्मा का ज़नकदि, कविता से ही विरक्त-सा नजर आ रहा है। हाँ शर्मा जी जीवन से हटकर एकान्त के मार्क्सवादी कभी नहीं रहे। डॉ. शर्मा ने लिखा हैः 'अमरीकी साम्राज्यवाद और उसके सहयोगियों के पास आय के तीन

मुख्य स्रोत है: (1) अन्य देशों को हथियारों की बिक्री (2) बहुराष्ट्रीय कम्पनियों द्वारा तैयार किए हुए माल की बिक्री, और (3) बड़े-बड़े बैंकों द्वारा उधार दी गई पूंजी पर सूद। (पृ. 25)

तीसरा महायुद्ध रोकने की कुंजी एशिया के पास है। और एशिया की कुंजी भारत के स्वदेसी आन्दोलन के हाथ में है। और इसी क्रम में भारत में मार्क्सवाद का कुंजी डॉ. शर्मा के पास है।

पाब्लो नेरूदा, नाजिम हिकमत, वर्तोल्त ब्रेष्त जैसे वाम कवियों के सक्रिय जीवन-संघर्ष और मुक्तिबोध के आत्मा-संघर्ष की मार्क्सवादी सौन्दर्याभिरूचि से डॉ. शर्मा अपनी भूमिका में उदासीन से नजर आते हैं। अपने वाम कवि को आज के समय में जनकवि की भूमिका में बदलने की रचनाधर्मिता से भी डॉ. शर्मा जाने क्यों दूर होते जा रहे हैं।

जब जनकवि सो जाता है, तो मंच पर स्थानःपन्न नेता जाग कर विराज उठता है। जनवादी आन्दोलन की नई भूमिका आज वैसे ही नेता कवि तैयार कर रहे हैं। डॉ. शर्मा का नेता इस सांस्कृतिक चेतना की कमी को महसूस तो करता है और उस पर जोर भी देता है कि 'स्वदेशी आन्दोलन की जरुरत केवल भारत को ही नहीं, समाजवादी देशों को भी है। भारत इस आन्दोलन का केन्द्र रहा है, उसे इस मामले में भी पहल करनी चाहिए।' (पृष्ठ 26)

आज कवि की क्या भूमिका है इस पर डॉ. शर्मा चुप लगा जाते हैं। जन आन्दोलनों के बिखर जाने या शिथिल पड़ जाने पर भी मुक्तिबोध अपने सामयिक कवियों की राजनीति को परखते थे, और उसकी कविता के शिल्प की रचनाधर्मिता पर मित्र-आलोचक की तरह बहस करते थे।

डॉ. शर्मा अपने समय के कवियों और आज के कवियों से सिर्फ सिद्धान्तकार की भूमिका में ही अब मिलते हैं।

आज के जीवन में फैली महाजनी सभ्यता की निराशा, घुटन, उदासीनता, प्रणय, स्नेह, सौन्दर्य, साहस, उत्साह, संघर्ष और विजय की भावनाओं का मुक्तिबोध अपनी कविता में मनौवैज्ञानिक चित्रण करते हैं। पराजयवादी कवि, और 'मृत ज्वालामुखी' आलोचक से उसकी आत्मबद्ध बुद्धि की आत्मग्रस्त मानसिकता पर मुक्तिबोध बहस करते हैं। इसीलिए वह आज के युवक के अभिन्न जनवादी कवि और मित्र आलोचक हैं। इसके विपरीत डॉ. शर्मा का जनकवि और आलोचक धीरे-धीरे आज की वास्तविक जन्मदात्री पीढ़ी की जिन्दगी से दूर होता जा रहा है।

तीन दशक में धीरे-धीरे जननेता और जनकवि में या तो गांठें पड़ती गई हैं या दोनों एक-दूसरे की संकीर्णताओं से ऊबे हुए हैं। जन-आन्दोलन में जनकवि और वामकवि की भूमिका उस दल के क्रान्तिकारी चरित्र और क्रान्तिकारी नेता की

जनवादी निष्ठा से निर्धारित होगी। कम्यूनिस्ट नेता की जनवादी निष्ठा 1977 से डिगने लगी है। जन-आन्दोलन के अभाव में इंग्लैड के चार्टिस्ट आन्दोलन की तरह देश में मजदूरों की एकता में दरार पड़ी हैं। हिन्दी क्षेत्र का जनवादी कवि भी पूंजीवादी बाजार में 'बिकाऊ माल' बन गया है। सेठाश्रय, दिल्ली दरबार, दूरदर्शन के स्पॉन्सर प्रोग्राम जैसे कई दरबार आज केन्द्र में बिकाऊ कवियों के लगे हुए हैं। मुक्तिबोध पर जब डॉ. रामविलास शर्मा 'धर्मयुग' के सेठाश्रयी मंच से प्रहार कर रहे थे, उस समय भी मैंने मुक्तिबोध के मार्क्सवादी चिन्तन और उनके जनवादी कवि की ईमानदारी पर जोर दिया था।

आज के जनवादी कवि के सामने ईमानदारी भरा दो ही विकल्प है। एक, वह ईमानदार नागरिक की तरह कार्यनीति में कम्यूनिस्ट-सोशलिस्ट दलों को क्रान्ति विरोधी होने से रोके। इसके लिए बोलियों और भाषाओं के जनकवि और वामकवि का जन-आन्दोलन में हिस्सेदार होना जरूरी है।

दूसरा विकल्प है, आज के जनवादी कवि के सामने कि वह अवसरवादी और पराजयवादी कम्यूनिस्ट तथा क्रान्तिकारी कम्यूनिस्ट में फर्क करे।

इस कविता संग्रह में डॉ. शर्मा का दो व्यक्तित्व है। उनका एक विकल्प व्यक्तित्व है—निरंजन, अगियाबैताल और भजनदास के छद्म नामोंसे 'जनयुग' में छपा वामकवि। दूसरा है मध्यवर्ग का शिष्ट कवि। भूमिका में लिखा हैः 'निरंजन, अगियाबैताल और भजनदास की रचनाओं में प्रयास यह था कि अपढ़ किसान, मजदूर भी उन्हें सुनकर समझ लें। वास्तविक नाम से जो कविताएं छपी वे पढ़े लिखे लोगों के लिए थी, मध्यवर्ग में तथा मजदूर और किसानों में पढ़े-लिखे लोगों के लिए।' (पृ. 33) यहाँ विशाल हिन्दी क्षेत्र के दो स्तर के पाठकों के भावबोध की चर्चा डॉ. शर्मा ने की है। संस्कृति या नव जन-संस्कृति के नाम पर अब सिर्फ शिष्ट मध्यवर्ग के कवि ही रह गए हैं, जो दलविहीन राजनीति के मात्र प्रचारक हैं।

रामविलास शर्मा का अच्छा गद्य

'मित्र संवाद' पुस्तक है जहाँ दो समानधर्मा मित्र अपना आपा खोलते हैं। यह गद्य में एक अनूठा प्रयोग है। बस यहाँ न वाचिक परम्परा का रूपवाद है या लिखित परम्परा का रीतिवाद या प्रयोगवाद। शमशेर का ऐसा ही अच्छा गद्य उनकी डायरी और लेखों में मिलता है। अपने अच्छे गद्य में शमशेर ख़ूब खुलते हैं। न वाक्यों की बनावट से उनके विचार अधूरे रह जाते हैं, न अधूरे वाक्यों से उनका चिन्तन गड्ड-गड्ड होता है। 'मित्र संवाद' में कहीं कीट्स और निराला की कविता पर दोनों समानधर्मा मित्र उलझते हैं, कहीं डॉ. शर्मा, कवि केदार को कविता की संवेदना का रेशा-रेशा उधेड़ कर अच्छी कविता की बनावट उसे सिखाते हैं।

शमशेर का गद्य इसी मायने में ख़ुद से उलझता है, ख़ुद को उधेड़ता भी है, ख़ुद की 'खबर' भी लेता है यानी एकान्त में शमशेर गद्य में आत्मालाप करते हैं। यह आत्मालाप भरा शमशेर का गद्य, न अज्ञेय के 'आत्मनेपद' का गूढ़ गम्भीर गद्य है, न हिन्दी अध्यापक डॉ. नगेन्द्र का पण्डिताऊ यानी उबाऊ गद्य है। 'दोआब' के दूसरे संस्करण की भूमिका लिखी है डॉ. रामविलास शर्मा ने। 'दोआब' शमशेर की पहली गद्य कृति है, उसके गद्य को आलोचक डॉ. शर्मा ने अच्छा गद्य माना है। शमशेर की दूसरी गद्य कृति है, 'कुछ और गद्य रचनाएं'।

इधर 'मित्र संवाद' पुस्तक में केदारनाथ अग्रवाल के अच्छे गद्य के साथ आलोचक ने शमशेर के अच्छा गद्य को गाहे-ब-गाहे याद भी किया है। 31.12.67 के खत में डॉ. रामविलास शर्मा ने केदारनाथ अग्रवाल को बताया है, 'शमशरे गद्य बहुत अच्छा लिखते हैं: मैंने उनके कई पुराने लेखों की तारीफ की। तुम्हारे ऊपर उनका लेख मुझे बहुत पसन्द आया। अब भीड़ छंटने लगी है। नयी कविता का नयापन पुराना हो गया। कविता चमकने लगी। शमशेर का लेख उसी का प्रमाण है।' (मित्र संवाद, पृ. 26)

शमशेर का गद्य, 'प्रसाद की जगह घनत्व' से काम लेता है या विस्तार से अपनी बात धीरे-धीरे पाठक के मन-प्राण में उतारता है? मैं यहाँ कवियों के पत्र में रामविलास शर्मा और कवियों के गद्य पर बात कर रहा हूँ। कवि हैं, मैथिलीशरण गुप्त, शमशेर, सुमन हैं। निराला का यह प्रिय शेर था

रगों में दौड़ने फिरने के हम नहीं क़ायल
जो आंख ही से न टपका तो फिर लहू क्या है।
क्या ताज्जुब है जो उसके युग ने उसको नहीं पहचाना।

'अगलों के काव्य-शिल्प को वह अन्दर से ग्रहण करता हैः उस शिल्प की आन्तरिक, प्रातिभ, योजना की मात्र शब्दों और मुहावरों को उनके प्रयोगों की रीतियों को, वह उस्तादों के जीवन्त प्रयोगों से ग्रहरण करता था, अपने खास तेवर के साथ।' (कुछ गद्य रचनाएं पृ. 67) यह है कवि के मानस की आलोचक दृष्टि।

यह शमशेर के अच्छे गद्य का–उस्तादों से सीखा–जीवन्त अनुभव है। यहाँ ध्यान देने की दो बातें हैं, एक, आधुनिक साहित्यकार की सी तड़प और वेदना और दूसरी, तटस्था यथार्थवादी दृष्टि। यही श्रेष्ठ साहित्य की कसौटी है।

रामविलास शर्मा यही बात केदारनाथ अग्रवाल को लिखे पत्रों में बताते हैं और केदार बाबू उन उस्तादों के साथ अपनी रंगत का जीवन्त प्रयोग मिलाते चलते हैं। यह कला या श्रेष्ठ कविता के पढ़ने, उसे ग्रहण करने की अनूठी शैली है। इसी अंदाज में ग़ालिब मीर से जुड़ते हैं शमशेर ग़ालिब के पास निराला, मुक्तिबोध और त्रिलोचन की काव्य-शिल्प की जीवन्त प्रयोगशाला है और वह उसे ग्रहण करना सिखाते हैं। आलोचक डॉ. रामविलास शर्मा जब कीट्स के एंद्रियबोध को केदार की कविता के आन्तरिक शिल्प में देखते हैं, तो वह भी कीट्स से केदार के बीच की समय-सीमा को लांघ कर काव्य शिल्प की यथार्थवादी दृष्टि का सौन्दर्य पहचानते हैं।

शमशेर, डॉन क्विग्जोट न लिखकर डॉन किहोटे लिखते हैं। रामविलास जी ने मुझसे कभी कहा था, 'चार्ल्स बॉदलेयर की कविता से उसका गद्य अच्छा है।' मेरी तड़प और वेदना के बीच त्रिलोचन जी अक्सर भवभूति की याद ताजा कर देते थे। तीनों के भीतर यथार्थवादी दृष्टि का ही यह एक सूत्र हैः 'भाषाओं के अगम समुद्रों का अवगाहन' (त्रिलोचन) करने पर रचनाकार की 'कोशिश सर्वत्र प्रकट' होती है। शमशेर ने इसी बात की पहचान करते हुए भाषा और साहित्य पर एक नए दृष्टिकोण की माँग की थी।

लिखा है शमशेर नेः 'हमारे यहाँ प्रेमचन्द के बाद, मुझे अब भी यही लगता है, उस अनुभूति को, उस विशिष्ट समझ और गहरी पकड़ को, बहुत उर्वर धरती तो नहीं ही मिल सकी। कम से कम हिन्दी के बारे में मेरा यह स्पष्ट मत है। हम अब भी अपनी दुनिया में तीनों लोक से न्यारे हैं और उसी में खुश हैं।' याद रखने की बात है हिन्दी के आलोचक कविता के आलोचक हैं, अच्छे गद्य के पारखी नहीं है। (वही पृ. 159) यहाँ हम का अर्थ है, ऊंचे विभागीय पद की आर्थिक सुविधाओं के 'कोल्ड् स्नाबरी' से आविष्ट मध्यवर्ग के अंग्रेजीपरस्त बुद्धिजीवी। यह लोग जनकवि रामकेर से भी अलग-थलग हैं और श्रेष्ठ कवि ग़ालिब, निराला और

मुक्तिबोध की वेदना और तड़प से भी दूर।

शमशेर के पत्रों की विशेषता है, वह सीधी बात करते हैं—बेलाग। एक प्रसंग है उस दिन बच्चन उनके लिए एक समय को आगे बढ़ाने यानी आदमी को बड़ा भी बनाने वाला व्यक्ति था। शमशेर का हृदय कैसे गद्य में खुलता है, कैसे कोई स्थायी जगह बना लेता है।' उनके दिल-दिमाग में। देखें: 'तभी एक बार बच्चन स्टूडियों में आए। क्लास खत्म हो चुकी थी। मैं जा चुका था। वह एक नोट छोड़ गए मेरे लिए। मुझे नहीं याद कि उसमें क्या लिखा था, मगर वह एक बहुत मुख्तसर-सा और अच्छा-सा नोट था। मैंने कहीं बहुत गहराई से अपने को कृतज्ञ महसूस किया। मेरी बहुत ही बुरी आदत है, पत्रों का जवाब न देना। चाहे सैकड़ों जवाब बाज पत्रों के मन-ही-मन लिख-लिखकर हवा में सांस के साथ बिखराता रहूँ कई दिनों तक...। तो, मेरे इस मौन की उपलब्धि मेरी कृतज्ञता को व्यक्त करती हुई, एक कविता उभरी, अंग्रेजी में (अफसोस) एक सॉनेट (वह भी अतुकान्त मुक्त छन्द में उफ!) मगर उनको लिख लेने के बाद मैंने अपना जवाब उनको गोया भेज दिया। ('किस तरह आखिरकार मैं हिन्दी में आया' वही पृ. 97) यहाँ कृतज्ञता और उपलब्धि दो बीज-शब्द हैं शमशेर की ईमानदारी के। इनसे आप बन्द ताला खोल कर शमशेर के इन्सान और कलाकार की समान भूमिका को निकट से देख सकते हैं। बच्चन के प्रति कृतज्ञता प्रकट करने वह नहीं गए, न पत्र लिखकर दुनियादार आदमी सी फर्ज अदायगी शमशेर ने की। उन्होंने इससे बड़ा काम किया—बच्चन को अपना बना लिया और उनकी स्मृति में उभर आई एक कविता। यही एकान्त स्वभाव या मनोमन्थन शमशेर के गद्य को—दुनियादार आदमी या आलोचक से बड़ा बनाता है। रामविलास शर्मा के लिए पत्र, खासतौर पर 'कवियो के पत्र' पुस्तक में मुझे अच्छे गद्य की याद दिलाते हैं। डॉ. शर्मा ने 'भूमिका' में इसी बात को—गद्य में मनोमंथन की दाद दी है।

इसीलिए आप शमशेर का गद्य पढ़ते हुए निराला, मुक्तिबोध, त्रिलोचन, ग़ालिब और पाब्लो नेरूदा को डिस्कवर कर सकते हैं। भिन्न संस्कार के हैं, भिन्न काल-खण्ड के हैं, पर शमशेर उनको खोज कर अपने गद्य में आपके भीतर बैठा देते हैं। यही 'अजब बात है। पर शमशेर इससे परम्परा और आधुनिकता की दूरी कम करते हैं अपने अच्छे गद्य में। कभी डॉ. रामविलास शर्मा ने भाषातत्व पर विचार करते हुए, तुलसीदास के वाक्यों की बनावट का अध्ययन किया था।

इधर विश्वनाथ त्रिपाठी ने त्रिलोचन के वाक्यों की बनावट को उनका बीजकाव्य का सूत्र माना है। मैं यहाँ सोमरसेट मॉम की बात से सहमत हूँ कि यदि लेखक का विचार अस्पष्ट है तो उसके वाक्य में 'उलझन' नज़र आएगी। विश्वनाथ त्रिपाठी के बीज-सूत्र में कहीं रूपवाद है, जैसे संस्कृत के आचार्य कहते थे 'ध्वनि' ही काव्य है, छन्द ही काव्य हे, अलंकार ही काव्य है, वैसे ही वाक्य की

बनावट ही काव्य है यह उसी स्तर पर रूपवाद है।

शमशेर और रामविलास शर्मा अच्छा गद्य लिखकर पाठक को ताज्जुब में नहीं डालते, वह आपके भीतर छिपा हुआ निकाल कर दिखा देते हैं। देखें, शमशेर, ग़ालिब को आपके सामने रख रहे हैं: 'उसमें आज के, आधुनिक साहित्यकार की सी पूरी तड़प और वेदना के बीच, एक तटस्थ यथार्थवादी दृष्टि है। उसका यथार्थवाद निर्मम है। मुक्तिबोध और निराला, अपने संस्कारों के अस्त-व्यस्त परिवेश में, उसको कुछ-न-कुछ प्रतिबिंबित करते

डॉ. चन्द्रबली से पत्र व्यवहार होता है या नहीं।

तुम्हारा रामविलास

पुनश्चः

लेकिन तुम्हारे गद्य पर यह सब लागू नहीं होता। अपने हर Common Friend के साथ हम तुम्हारे पत्र पढ़ कर तुम्हारे गद्य का रस लेते हैं। गद्य कवियों की कसौटी है—गद्यं कवीनां निकषं वदन्ति—इस हिसाब से तुम्हारे सच्चे कवि होने में सन्देह नहीं है।

रा.वि. (मित्र संवाद पृ. 199)

'मित्र संवाद' को पढ़ते समय मुझे इसीलिए शमशेर की याद बार-बार आई थी। मैं उनके साथ 1958 में इलाहाबाद के उस 'जस्टफिट' घर में तब रह रहा था। वह मुझ से (या एकान्त में निराला से) बेहद खुल कर आत्मीयता के स्तर पर बातचीत करते थे। कविता की बातें: निराला की कविताएं उनकी समीक्षा शुरू होती है। 'आप कम-से-कम इतना तो जानते ही हैं कि मैं आलोचक या साहित्य के इतिहास का आधुनिक इतिहास का भी, कोई आलिम नहीं। कोई विद्वान नहीं एक शायर हूँ, एक कवि—बहुतों की निगाह में उलझा हुआ, मुश्किल पसन्द किस्म का कवि।' (कुछ और गद्य रच. पृ. 70) यहाँ याद रखें केदार की विकसित कविता नहीं है, जबकि शमशेर सिमित क्षेत्र में रहकर भी विकसित मानवीय संवेदना के कवि और आलोचक है।

आलोचक डॉ. रामविलास शर्मा, नई कविता और अस्तित्ववाद पुस्तक में शमशेर को उलझा हुआ और मुक्तिबोध को मुश्किल पसन्द किस्म का कवि बता रहे थे। त्रिलोचन अभी भी उनकी आँखों से ओझल थे। केदार के बाद उन्हें त्रिलोचन की याद इधर आई और खूब आई। इससे हट कर देखें शमशेर का दूसरा गद्य अंश। वह केदारनाथ अग्रवाल को कैसे परखते हैं:

'केदारनाथ अग्रवाल भी शायद मुझे प्रिय हैं। इधर जब से उनकी बहुत सी नई कविताएं सुनी हैं—अभी तक, एकाध को छोड़कर, अप्रकाशित बुन्देलखण्ड की नैसर्गिक प्रकृति पर तब से और भी प्रिय हो गया है। मैं उसकी कविताओं में उसका दिल जैसे आरपार देखता हूँ और वह दिल कितना हर तरह से 'हन्बग'

और 'स्नॉबनरी से पाक है। वह सहज ही किसी जादू में फंसता नहीं। खिलवाड़ उसे अच्छा नहीं लगता। जो बात या उक्ति समझ में नहीं आती, वह उसे ख्वाहमख्वाह ही गूढ़ नहीं लगती। एक होता है कविता का अपना मर्म, शब्द जिसका माध्यम मात्र हैं: वह मर्म जैसे चमकती हुई आंखें रखता है। स्पष्ट, गम्भीर और सहज, तरल। केदार उसी को खोजता है।' (वही पृ. 19)

वह कविता के मर्म को देखने की एक कवि दृष्टि है। दूसरी सहानुभूति भरी आलोचक कवि की सलाह है, 'तुम्हें कभी depression हुआ करे तो झाँसी की हवा खा आया करो। या सम्पादकीय तौर पर हम तुम्हें चन्द्रबली से श्रेष्ठ गद्य लेखक घोषित करते हैं।' (मित्र संवाद, पृ. 207)

कहीं, एक भी जगह युवा सन्तुलन की पृष्ठभूमि को समझने को वह तैयार नहीं थे। जबकि उनके मित्र केदार, कीट्स की 'हाईपीरियन' और निराला की 'राम की शक्तिपूजा' पर कहीं असन्तुलित आलोचक थे। केदार ने लिखा 'हाईपीरियन के आगे कुछ नहीं सुहाता। बड़ी गज़ब की कविता है। वाह रे कीट्स। यह अन्तर्द्वन्द्व और उसका यह निरूपण कमाल का है। निराला जी तुलसीदास में कुछ टक्कर लेते हैं, मगर कल्पना के बल पर।' (वही पृ. 186) शुक्ल जी ने ऐसी भावुकता ने की आलोचना का मजाग उड़ाया है।

17.4.58 के खत में आलोचक कवि रामविलास एक नए स्तर पर नज़र आते हैं। लिखा है, 'तुम आदमी तो जीवट के हो, लेकिन साहित्यकार थर्डक्लास होते जा रहे हो। इस साल सरसों नहीं देखी क्या? कहाँ परसाल की तुम्हारी कविताएं और कहाँ ये?'

चांद-दर्पण कविता पर लिखा, 'आधी रीतिकालीन, आधी प्रयोगवादी। अधेड़ उम्र में 24 के न बनो, नहीं बच्चू बुढ़ापा ऐसा जल्दी दबाएगा कि अधेड़पन जवानी से जल्दी बीत जाएगा।'

बेहद आत्मीयता से डॉ. शर्मा ने चपत लगाते हुए केदार को लिखा, 'ससुरे, 'राम की शक्तिपूजा' के लिए लिखा है, हाईपीरियन के आगे नहीं ठहरती। तबीयत होती है, बांदा आकर तुम्हारे कान पकड़ कर दो तमाँचे लगा दूं। चुगद। दुःख की अभिव्यंजना दोनों में है, निराला में Tragic Sublimity है कीट्स में विषाद से संघर्ष करने की निर्बल आकांक्षा मात्र। Forest on forest की background से है अमानिषा/अप्रतिहत गरज रहा पीछे अम्बुध विशाल।' (वही पृ. 187)

दिमागी इश्तहार पंथी कोरी प्रगतिशील कविता। जहाँ प्रगतिवादी कवि को भी जीवन से दूर ले जा रही थी, वहीं एक तरह का अनगढ़पन या प्रयोगवाद भी उसके स्वभाव को रूढ़ कर रहा था। 30.9.58 का डॉ. शर्मा का पत्र है:

प्रिय वकील साहब,

प्रयोगवाद का पहला लक्षण:

आप चन्द्रबली के यहाँ तक गए और बिना मिले लौट आए। सुना, भीतर विष्णु भगवान आपके स्वागत के लिए बैठे ही रह गए।

दूसरा लक्षणः तुम्हें निराला जी से कीट्स ज्यादा अच्छे लगने लगे

तीसरा लक्षणः तुम समालोचक के लिए लेख नहीं लिखते।

चौथा लक्षणः तुम्हारी कविताएं छोटी बहुत होती हैं, जिनमें कविता के बीज होते हैं, विकसित कविता नहीं। तुम्हारी संवेदनाओं का क्षेत्र सीमित हो गया है। पर साल सरसों देखी थी तो कुछ अच्छी कविताएं लिखी थीं। अब तुम्हें धरती सेव और आसमान चोंच दिखाई देता है। नई और गहरी भावानुभूति के अभाव में आदमी इस तरह के Conceit से काम चलाता है। तुम्हारी कविताओं के Form का अनगढ़पन भी तुम्हें प्रयोगवादियों के निकट—ख्वाहमख्वाह घसीट ले जाता है।

और डॉ. रामविलास शर्मा छायावादोत्तर नई कविता के विरोधी थे।

युवक कवियों की प्रगतिशील आशावादी मनःस्थिति से एक ओर डॉ. रामविलाश शर्मा उदासीन थे, दूसरी ओर कविता के हर क्षेत्र में एक नए स्तर के सन्तुलन की पृष्ठभूमि को देखने-परखने को भी वह तैयार नहीं थे। जितनी सहानुभूति से केदारनाथ अग्रवाल की कविता की बनावट, गद्य के साँचे, भाषा के संस्कार पर वह इस समय संवाद कर रहे थे, उतना ही केदारनाथ सिंह की कविता की यर्थार्थ संकुल निजता, धूमिल की जनवादी कविता के आशापूर्ण भविष्य और राजकमल चौधरी की कविता की सफेदपोशराजनीति से उदासीन थे। राजकमल मध्यवर्गी 'हम्बग' और 'स्नॉवरी' का, मुक्तिबोध और शमशेर सा अपनी कविता में विरोधी कवि था। शमशेर, मुक्तिबोध और त्रिलोचन– केदारनाथ अग्रवाल और डॉ. रामविलास शर्मा की तरह न स्वस्थ युवा पीढ़ी से उदासीन थे, न उसकी विभिन्न काव्य प्रवृत्तियों को परखने से भाग रहे थे। शमशेर और त्रिलोचन ने मुक्तिबोध की तरह नए कवियों के एकान्तों को खरी आलोचना की थी। कवि में नई कविता पर है शमशेर का नोट्स डॉ. शर्मा ने ऐसी दोस्ती भरा संवाद नई पीढ़ी से नहीं किया।

11.4.58 के खत में केदारनाथ अग्रवाल छेड़छाड़ के मूड में लिखते हैः 'मैं भूल गया कि तुम अवकाश से हो। इस समय तो Empty mind is devil's workshop की कहावत के शिकार हो। मैं तुम्हें इसी devil's workshop की कविता भेज रहा हूँ। वह है :

क़ितना प्रिय है शशि का दर्पण
जो गिरि मन पर
वन पर गिर कर,
और हवा के झोंके खा कर
कभी न टूटा

बना हुआ है पूर्ण अनूठा–
लिए हुए तस्वीर हमारी
और तुम्हारी!

कैसा बचकाना ख्याल है। रोमाँटिक भी नहीं है। केवल कुलबुलाहट है। लेकिन देखो तो यार। अभी हम जवान हैं। इस अधेड़ उम्र में भी 24 के हैं। अगर यह भी बुरी लगे तो गाली न देकर अपने बिगड़े दोस्त को सही रास्ता दिखा देना। क्या करूँ, कलम तो है। बेकाबू हो जाती है।' (पृ. 184)

श्रीकान्त वर्मा, रघुवीर सहाय, सर्वेश्वर और विजेन्द्र में भी अपनी जवान उम्र की कुलबुलाहट से बचकाना ख्याल या बेकाबू कलम पर आलोचक से सही रास्ता दिखाने की ईमानदार कोशिश की थी। पर रामविलास शर्मा 'युवा बिगड़े दोस्त' से नाराज थे और नई कविता और अस्तित्ववाद तक उनकी कविता से मुँह फेरे नजर आते हैं।

नई जिन्दगी के गीत तत्व की तलाश और भाषा के नए स्तर की कोशिश इस समय की बुनियादी कलात्मक व्यावहारिक शक्ति थी। केदारनाथ अग्रवाल के 24. 5.57 के पत्र में दो बाते इसी नई दिशा में की हैं। एक राजनीति मुद्दा हैः 'इधर केरल सरकार को लेकर खूब उछलकूद की खबरें छप रही हैं। कभी-कभी पार्टी के प्रमुख ऐसे वक्तव्य देते हैं कि लोग भड़क जाते हैं। जरा धीरज के साथ काम करने की जरूरत है। आज अजय घोष का बयान पढ़ कर तसकीन हुआ कि उन्होंने वैसे वक्तव्य देने वालों के कान उमेठे हैं। वही attitude इस वक्त कारगर साबित होगा।' मैंने 'मुक्तिबोध की आत्मकथा' में मम्युनिष्ट पार्टी के कार्यकर्ता और कवि की कलात्मक व्यावहारिक शक्ति पर मुक्तिबोध के इस समय के आत्मसंघर्ष की चर्चा की है। केदारनाथ अग्रवाल में वह आत्मसंघर्ष कम है, कुछ तीखा, कुछ ठोस।

दूसरा प्रसंग नई कविता के प्रगतिशील और प्रयोगवादी दायरे का है। जहाँ केदार बाबू को 'उस Hostile वातावरण में, परिमल के बीच घुटन मालूम हो रही थी।' (मित्र संवाद पृ. 166)

परिमलियों की नई कविता से केदारबाबू को घुटन महसूस हो रही थी, मुक्तिबोध इसे रुकावट, स्वस्थ नई कविता की रुकावट, मान कर उससे मुठभेड़ कर रहे थे। मुक्तिबोध सही राजनीतिक Attitude को भारत की राजनीति में तलाश करते हैं, दूसरा वह प्रयोगवाद की घुटन का सामाजिक अध्ययन करते हैं। यह नई कविता और नयी कविता के बीच का द्वन्द्व था। आलोचक डॉ. नामवर सिंह ने 50 के आसपास की नई कविता के इस समानान्तर संसार पर एक टिप्पणी 'कवि' में लिखी थी :

'केदारनाथ सिंह नई कविता की उस पीढ़ी के कवि हैं, जिसका उदय सन् 50

के आसपास हुआ और जिसने नयी कविता को एक विशेष दिशा में मोड़ने का सफल प्रयत्न किया। इस पीढ़ी के युवक कवियों की मनःस्थिति में चालीस के पुराने प्रयोगशील कवियों की घुटन, कुंठा, अन्तर्मुखीनता और कटु बौद्धिकता नहीं है; इनमें पिछली पीढ़ी के प्रयोगशील कवियों का कोरा राजनीतिक जोश भी नहीं है, इसके अतिरिक्त ये छायवादोत्तर प्रगतिवादियों के सरल गीतों से भी संतुष्ट होने वाले नहीं हैं। कविता के क्षेत्र में इस पीढ़ी ने एक ऐसी स्वस्थ भावसत्ता के साथ प्रवेश किया जिसमें अपनी यथार्थसंकुल निजता के बीच आशापूर्ण भविष्य की ललक तथा सुन्दर जीवन की अभिलाषा झलक मारती रहती है। इस नवीन उत्थान का सम्बन्ध परोक्ष रूप से तत्कालीन राष्ट्रीयता तथा अन्तर्राष्ट्रीय परिस्थिति से भी जोड़ा जा सकता है। साहित्यिक दृष्टि से इसे प्रगीतवाद, प्रयोगवाद तथा प्रगतिवाद के लम्बे धात-प्रतिघात का परिणाम भी कह सकते हैं, निश्चय ही इन विभिन्न प्रवृत्तियों ने एक दूसरे के एकान्तों की पृष्ठभूमि तैयार की।' (कवि मई 57) मुक्तिबोध और शमशेर इस स्वस्थ भावसत्ता के प्रौढ़ कवि और नए कवियों की यथार्थ संकुल निजता के मित्र आलोचक थे। इस जातीय आस्था से शमशेर कभी नहीं हटे। यही नीचे तबके की 'बैल' कविता का प्रगतिशील पक्ष भी है।

आज जब सोवियत संघ और पूर्वी यूरोप में समाजवाद की 'हुकूमत' उखड़ गई है, हिन्दी कविता से कई पर्दे भी अनजाने में फूट गए हैं। प्रगतिशीलता की शक्ति में बिखराव आ गया है। इस समय शमशेर और केदारनाथ अग्रवाल, नरेन्द्र शर्मा और त्रिलोचन, बच्चन और नागार्जुन, पाब्लो नेरूदा और डॉ. रामविलास शर्मा के काव्यबोध पर फिर से विचार करने का सवाल उठ खड़ा हुआ है। पहले देखें डॉ. शर्मा के नोट कोः 'ये बातें मार्च' 48 में जितनी सही थीं, उससे ज्यादा सही सन् 68 में हैं। हिन्दी-उर्दू के अधिकांश प्रगतिशील लेखक सन् 48 में स्थिति के इस विश्लेषण से सहमत थे। फिर तरह-तरह के बहाने करके वे पूँजीवादी व्यवस्था के शोषण पर पर्दा डालने लगे और समाजवाद के लक्ष्य से मुँह मोड़ने लगे। पिछले पन्द्रह साल के दौरान प्रगतिशील लेखकों के बिखराव का यह मुख्य कारण है।' शमशेर कवि और लेखक को एकता के सूत्र में बाँधते हैं। उसे कला की दुनिया में ऊँचा उठाते हैं। रूपवादी अशोक वाजपेयी के समझ में यही बात आज तक नहीं आई।

1948 से 2009 तक आज समाजवाद के लक्ष्य में कवि के अनुभवों और अनुभूतियों को सरसरी तौर पर देखना जरूरी है। कवियों की रचना-प्रक्रिया के अधिक निकट हमें शमशेर और मुक्तिबोध या मार्क्सवादी 'एप्रोच' लगेगा। यहाँ शमशेर का विशिष्ट कवि विवेकशील तार्किक भी है और यथार्थबोध की कविता का वैज्ञानिक कवि भी है। 'एक बिल्कुल पर्सनल ऐसे' में शमशेर (डॉ. रामविलास शर्मा की जमीन से हट कर) यह स्वीकार करते हैं, 'मुझे जो कवि प्रिय हैं उनमें

सबसे पहले जो चीज मुझे अपनी तरफ खींचती है, वह होता है, उनका अपना विशेष और व्यक्तित्व या उनका सबसे अलग अपना लहजा या उनकी अनुभूतियों की कोई विशेषतय फिर वे चाहे प्रसिद्ध और बड़े कवि हों या छोटे और अल्पख्यात या औरों के लिए गुमनाम भी। कभी-कभी किसी कवि के शिल्प या भाव या अनुभव के क्षेत्र में कोई विशेष खोज या उपलब्ध वह चाहे प्रत्यक्ष महत्व की न भी हो, मुझे पूरी तरह आकृष्ट कर लेती है।' (कुछ और गद्य रचनाएँ पृ. 19)

यह कलात्मक व्यवहार की वह कसौटी है जो शमशेर के साथ मुझे मुक्तिबोध और त्रिलोचन में अधिक नज़र आती है। त्रिलोचन न केवल मुझे और विजेन्द्र, विश्वनाथ त्रिपाठी और स्व. सूर्यप्रताप सिंह को 1957 में अपनी ओर खींच रहे थे, बल्कि वह हमारे मुक्त व्यक्तित्व, हमारे रंग और भाषा के तेवर और अनुभूति क्षेत्र में भी हमारी विशेषता का संकेत दे रहे थे। भवभूति और वाल्मीकि, तुलसी और निराला को त्रिलोचन के कलात्मक व्यवहार में आने के बाद मैंने समझा। यह नई पीढ़ी को संस्कारशील बनाने की प्रक्रिया है, जो शमशेर और त्रिलोचन और मुक्तिबोध में बद्धमूल रही है। बाद में अवधेश प्रधान ने जब भवभूति का उत्तररामरितम् पढ़ना शुरु किया, तो मैंने उससे कहा था, दो बातें याद रखो। एक, तुम्हें त्रिलोचन की छाया नहीं बनना है। 'बरगंद की छाया के नीचे नहीं अन्य तरु बढ़ पाया है।' दूसरे, तुम्हें अपनी रचना-प्रक्रिया को समझने के लिए डायरी लिखनी चाहिए। अवधेश प्रधान की डायरी फिर मैंने और त्रिलोचनने एक साथ पढ़ी थी। शमशेर अपने 'एक बिल्कुल पर्सनल ऐसे में' यही काम करते हैं। वह अपने प्रिय कवियों को टटोलते हैं और नई संभावनाओं का सामना करते हैं।

'मेरे कुछ प्रिय हिन्दी कवि...इसमें सबसे पहले, सबसे पहले, मेरे ध्यान में नागार्जुन आते हैं। क्यों? मैं सोचता हूँ, तो ऐसा मालूम होता है कि इसकी वजह उनका खरा और सच्चा-सीधा व्यक्तित्व है, जिसे कण-कण से अपने देश की मिट्टी का सौंधापन महसूस होता है। नागार्जुन, भाषा और साहित्य का रस-मर्मज्ञ पंडित होता हुआ भी गाँव गँवई की चिलम सा रफ और अपनाव भरा है, जैसे अनुभवी जनों के चुटकुलों का गहरा संकेत।'

'मित्र-संवाद' में केदारनाथ अग्रवाल अपनी कमजोरियों को मित्र कवि के सामने स्वीकार करते हैं मित्र अपने दोस्त के लिए Walt Whitman की एक अति उत्तम कविता Dandelion भेजता है। कवि केदार बांदा 24.3.57 रात 10 बजे डॉ. शर्मा से संवाद करते हुए अपना अनुवाद उन्हें सुनाते हैं :

शीत के पलायन पर
ऐसा वह स्वच्छ, सरल सुघर हुआ
जैसे वह फैशन, व्यवसाय, राजनीति के उपाय से नहीं हुआ,
अपने ही ताप-तपे शस्य-श्याम कोने से

निर्विकार, निष्कलंक, हेमवर्ण ऊषा-सा
इस वसन्त का प्रथम प्रसून खिला डेन्डेलियन।

केदार और डॉ. रामविलास शर्मा का कवि फिर भी नई कविता से, फैशन, व्यवसाय और राजनीति के उपाय से अनछुए रहे। बसन्त की अभी वह तलाश कर रहे थे। वाल्ट व्हिटमैन के अनुवाद में मूल भाव और स्वर भर सकने के साथ वह हिन्दी में अपनी पहचान भी कर रहे थे। मुझे याद है प्रो. चन्द्रबली सिंह इसी समय स्व. जगत शंखधर के सहयोग से वाल्ट व्हिटमैन, नाजिम हिकमत, निकोला वाप्सरोव और मायकोवस्की की कविताओं के अनुवाद में डूबे हुए थे। अकेले कवि पत्र में रूसी, मायकोवस्की, मैं (अक्तूबर 57) बुल्गारियन, निकालो वाप्रसरोव, विदा पहले (पत्नी से) (जून 57) तुर्की, नाजिम हिकमत, जेल से पत्नी को दो पत्र (अप्रैल 57) अमेरिकी, वाल्ट व्हिटमैन, चुपके से सब पर सरकती है और मैंने लूसियाना में एक जिन्दा शाल वृक्ष बढ़ते देखा (जनवरी 57) में चन्द्रबली सिंह के अनुवाद पढ़ कर बाबा नागार्जुन ने उत्साहपूर्वक मुझसे कहा था, 'यह जिन्दगी के गीत हैं। यहाँ भषा का नया स्तर खुलता है।' आज 2009 में पाब्लो नेरूदा कविता संचयन साहित्य अकादेमी, नई दिल्ली से छपा, पर गद्य के पारखियों ने उसकी उपेक्षा की।

शमशेर आधुनिकता के बहाने खोखली गतिशीलता—वह यूरोप में हो या भारत में—पसंद नहीं करते हैं। भाषा और साहित्य उनके लिए नई चुनौती है। वह सांस्कृतिक भटकाव का स्वार्थपरक, संकुचित सुख नहीं है। वह सिर्फ अमेरिका, इंग्लैंड, फ्रांस और जर्मनी की नकल में एक झूठी आधुनिकता का प्रसार नहीं करते, वह आधुनिकता के नाम पर हमें, पड़ोसी देशों के गहरे तौर पर जुड़ने की सीख देते हैं, लिखा हैः 'आज आवश्यकता है हमारे यहाँ भारत की हर भाषा में दस-दस पाँच-पाँच ऐसे नौजवान साहित्यिकों की, जो चीनी, तिब्बती, बर्मी, नेपाली, पश्तो-फारसी और सिंहली भाषाओं में से एक-एक को अच्छी तरह पढ़ लिख और बोल सकें; जो हमारी सीमा पार के नए वैचारिक सन्दर्भ और साहित्य को, सांस्कृतिक रूढ़ियों और गतिविधियों को सीधे मूल से पकड़ कर हमारी राष्ट्रीय आवश्यकताओं के सन्दर्भ में पाठकों के सामने रख सकें। मात्र जीविका के लिए कुछ भी दैनिक समाचारों की तरह झटपट अनुवाद कर सकने वाले नहीं : मात्र प्राचीन ग्रन्थों के भाष्यों का उल्था करने वाले नहीं; बल्कि जागरूक हृदय और मस्तिष्क रखने वाले आधुनिक साहित्यिक जो पुराने और नए साहित्य में आज की समस्याओं का रूप देखने की क्षमता रखते हों; जो भाषा और साहित्य की समस्याओं में उनके बोलने वालों की सांस्कृतिक आवश्यताओं का और किस तरह से उनको पूरा किया जा सकता है, इसका सही अंदाजा रखते हों।' (वही पृ. 160)

यहाँ प्रेमचन्द्र की भूमिका में शमशेर, जागरूक हृदय और मस्तिष्क को

आधुनिक रूय, हंगरी और अमेरिका के सांस्कृतिक स्तर पर आगे आने की चुनौती भरा पाठ पढ़ा रहे हैं। यही शमशेर के गद्य का जातीय चरित्र है। यह अब गद्य नरेन्द्र शर्मा और शमशेर ओर त्रिलोचन के पत्रों में है डॉ. वर्मा ने परखा है 'अपनी भूमिका पर कैदियों के पत्र)

आजादी के बाद 1957 से ज्यादातर नए और पुराने कवि 'भाषा की नई परख' के जरिए दो काम कर रहे थे। एक, वह खड़ी बोली को बोलियों के नजदीक ला रहे थे, दूसरे अन्तरप्रान्तीय और विश्व कविता के व्यापक क्षितिज में अपने जातीय रंग की तलाश कर रहे थे। शमशेर इसी आत्मसंघर्ष में केदारनाथ अग्रवाल के समानधर्मा कवि हैं। दोनों की कविता का रंग और भाषा कई स्तर पर निकट है, पर दोनों का ज्ञान का धरातल विषम है।

'सामाजिक सत्य और रचना का माध्यम' लेख में शमशेर इस सवाल पर लिखते हैं, 'पहले इस सवाल को लें कि कलात्मक व्यवहार में माध्यम की विशिष्ट भूमिका क्या है? मेरा अपना अनुभव कविता के क्षेत्र का ही है– कहानियाँ थोड़ी-सी लिखी जरूर, लेकिन कविता के क्षेत्र से बाहर मैं नहीं जा सका–सो अपने अनुभव के आधार पर ही कहूँगा कि रचना का माध्यम हमारी रचना-प्रक्रिया को प्रभावित करता है। जो माध्यम रचनाकार को आकृष्ट करता है, उसकी परम्परा और इतिहास का प्रभाव उसकी चेतना पर रहता ही है और अपने अनुभवों और अनुभूतियों को उनके बहाने रचनाकारों का सहारा लेकर अभिव्यक्ति करता है, जो माध्यम की परम्परा में उसके सबसे निकट पड़ते हैं। फिर भी उसकी निजी अभिव्यक्ति अपनी निजी विशिष्टता लिए रहती है। यह विशिष्टता एक तो उसके अपने दौर की होती है और दूसरी उसकी अपनी, जिसे उर्दू में शायर का अपना रंग कहते हैं।' (कुछ और गद्य रचनाएँ, पृ. 11) डॉ. शर्मा के लिए 'सुमन' के पत्रों में शर्मा जी की भावुकता भरी प्रशंसा है, पर उनके गद्य में वह अवधी में लिखे या हिन्दी में अपनी निजी विशिष्टता के वावजूद अनेक गद्य की रचना प्रक्रिया का विवेक नहीं है।

शमशेर ने कविता के कलात्मक व्यवहार में केदारनाथ अग्रवाल से अधिक कार्य किया है। 'दोआब' में 'मुसद्दस' और 'भारत-भारती' की सांस्कृतिक भूमिका, 'राष्ट्रीय वसंत की प्रथम कोकिला', 'पल्लवनी', 'ग्राम्या', 'एक परिचय', 'मुक्त-छंद', 'पताश-वन', 'सतरंगिनी', 'अपनी रोटी अपना राज', 'सात आधुनिक हिन्दी कवि', 'उर्दू कविता एक फुटनोट', 'उर्दू शायरी का आधुनिक रंग', 'इकबाल की कविता', 'उर्दू कवयित्रीयां' और 'आधुनिक युग' शमशेर के कलात्मक व्यवहार का नक्शा केदारनाथ अग्रवाल के अनुभवों और अनुभूतियों से बहुत बड़ा है।

महान रचनाकारों में इकबाल, रहीम, ग़ालिब, लुई अरागां, पाब्लो नेरूदा, निराला की परम्परा और इतिहास के शमशेर गम्भीर पारखी हैं। अपने दौर की

विशिष्टता और रंग को अज्ञेय से अधिक निकट से शमशेर ने देखा-परखा है। शमशेर अपने कलात्मक व्यवहार में कैसे विकसित होते गए, वह अपने आप में एक बड़ा दिलचस्प अपने दौर को समझने और शमशेर की विशिष्टता को जानने का मुद्दा है। अज्ञेय के विकास की आधुनिकता और सुरुचि की समय सारिणी के सामने, शमशेर के विकास की यात्रा आधुनिकता और प्रगति को आज अच्छी तरह देखा—परखा जा सकता है।

शमशेर के अनुभवों और अनुभूतियों की रचना प्रक्रिया को उनके दौर की रुकावटें भी प्रभावित करती हैं। 'अच्छे गद्य की पहचान' लेख में डॉ. रामविलास शर्मा ने लिखा है, 'वे रास्ते की रुकापटें हैं, उन्हें हटाना जरूरी है। पर शमशेर के निबंधों में इनके अलावा और बहुत कुछ है। पूँजीवादी शोषण के बारे में कुछ कहना आजकल साहित्यिक एटीकेट के खिलाफ है, समाजवादी व्यवस्था में आस्था प्रकट करना आधुनिकताबोध के अनुकूल नहीं माना जाता है। फिर भी पूँजीवाद है, पूँजीवादी शोषण बरकरार है, मनुष्य की विचारधारा का उससे गहरा सम्बन्ध है और इस शोषण से निकलने का एक ही उपाय है, समाजवादी व्यवस्था कायम करना। इस व्यवस्था के हजार रूप हो सकते हैं। लेकिन अगर वे समाजवाद के ही रूप हैं तो उसमें एक चीज़ सामान्य होनी चाहिए, पूँजीवादी शोषण की समाप्ति उत्पादन और विवरण के प्रमुख साधनों पर श्रमिक जनता का अधिकार।'(कुछ गद्य रचनाएँ पृ. 21)

शमशेर के 'अनुभवों और अनुभूतियों' का यही आधुनिक और प्रगतिशील धरातल है। मैथिली शरण गुप्त के पूरे गद्य में एक तार्किक दृष्टि है। जो राम विलास वर्मा के 'घर की बात' के गद्य में है। शमशेर के अनुभव में विवेकशील तार्किक कवि का सूत्र मिलता है। यह एक 'विवेकशील तार्किक' कवि का सूत्र भी है। अपने दौर की रुकावटें, कवि के रचना-विकास के सन्दर्भ में देखने वाले शमशेर पहले और मुक्तिबोध दूसरे मार्क्सवादी चिन्तक हैं। सुभद्रा कुमारी चौहान पर लिखे निबंध में शमशेर ने लिखा है: 'हर तरफ ऊपरी तबका नीचे वालों की गर्दन पर सवार है और अपने पूँजी के हित उस पर ढोकर, उसे पसलियों के बल चलाना चाहता है। हुकूमत, व्यापार, नौकरी और धंधा, सब पर दाँव लगा हुआ है। बाहर वालों का भी और घरवालों का भी। बल्कि मिलकर।' शमशेर ने सर्वेश्वर, रघुवी सहाय से मित्र के स्तर पर बातचीत की थी। इधर डॉ. रामविलास शर्मा ने मित्र संवाद और 'कवियों के पत्र' की भूमिका पर एक जरूरी नोट लिखा है, 'मित्रसंवाद अर्थात् दो मित्रों की बातचीत। दो मित्र हैं केदारनाथ अग्रवाल और इन पंक्तियों का लेखक रामविलास शर्मा। यह बातचीत पत्रों के माध्यम से होती है। लिखने और बोलने में थोड़ा फर्क जरूर होता पर अपना अंदाजा यह है कि हम दोनों के लिखने और बोलने में फर्क कम-से-कम होता है। वैसे भी लोग मित्रों और सगे-संबंधियों को चिट्ठयाँ बातचीत की शैली में ही लिखते हैं, कोई बाहर का

आदमी उनकी बातें सुन रहा है या उनकी चिट्ठियाँ प्रकट होंगी, यह भय उन्हें नहीं होता इसलिए ज्यादा सावधानी बरतने की ज़रूरत उन्हें नहीं होती खुलकरबात करने की आदत ही न हो तो जो खुलापन लिखने में होगा, वही बोलने में होगा। हर हालत में चिट्ठियों की सामग्री को हम संवाद की संज्ञा दे सकते हैं। औपचारिक और व्यावसायिक पत्रों की बात अलग है।' (मित्र संवाद भूमिका।) 'कवियों के पत्र' में नरेन्द्र शर्मा, अपरी सत्ता से लड़ाई और भीतरी संकट पर रामविलास शर्मा से बातचीत ही करते हैं। अपनी मित्रता को मित्र के सामने खोलते हैं।

शमशेर का गद्य ऐसी ही बातचीत की शैली का संवाद है। वह जैसे बोलते हैं, वैसे ही लिखते हैं। लिखते समय भी वह खुलापन लाते हैं। आज रामविलास शर्मा और शमशेर एक स्वभाव के कवि और आलोचक हैं। वह कैसे गद्य में संवाद करते हैं, कैसे रागविस्तार में नागार्जुन केदार से वादी के साथ संवादी लेखक हैं? लेखक हैं? कैसे विवादी स्वर में त्रिलोचन के रागविस्तार की प्रतिक्रिया से वह जूझते हैं? अपने पक्ष पर डॉ. शर्मा ने लिखा है, 'संवाद एक ही तरह दो व्यक्तियों के बीच हो तो सुनने वालों को मजा न आएगा। दोनों व्यक्ति एकदम भिन्न स्वभाव के हों तो संवाद होना ही मुश्किल होगा, हुआ तो खटपट के अलावा सहानुभूतिपूर्ण विचार विनिमय की गुजाइश कम होगी। राग विस्तार के लिए वादी के साथ संवादी स्वर जरूरी है, कहीं-कहीं विवादी स्वर झलक दिखा जाए तो उससे राग विस्तार की प्रक्रिया स्वांग न होगी।' (वही पृ. 11)

शमशेर ने शुरू से, 'तार सप्तक' के कवियों के साथ त्रिलोचन की सरलता, उनके धैर्य, उनके जीवन संघर्ष से राग विस्तार की प्रक्रिया पर सबसे अधिक बातचीत की है। शमशेर और त्रिलोचन आज प्रगतिशील कविता के राग विस्तार के समानधर्मा कवि हैं। कवियों के पत्र में त्रिलोचन लोककाव्य से सीखकर अपनी लोक दृष्टि विकसित करने का सूत्र बताते हैं।

डॉ. शर्मा ने केदार के गद्य पर लिखा है, 'केदार के गद्य में बहुत सी भाव दशाएँ हैं–'भाव भेद रस भेद अपारा' की उक्ति को चरितार्थ करती हुई। पता लगाना दिलचस्प होगा कि उनकी कविता में इतनी भाव दशाएँ हैं या नहीं। कहीं वह रीझते हैं, कहीं खीझते हैं, कहीं उत्तेजित, कहीं स्थितिप्रज्ञ, कहीं दुखी, कहीं प्रसन्न, कहीं किसी व्यक्त प्रवृत्ति से तादात्म्य, आपा खोए हुए, बेसंभाल, कहीं एकदम तटस्थ, विवेकशील, तर्क का सूत्र कातते हुए मन ही मन हँसते हुए। उनकी अनेक मुद्राएँ हैं, अनेक भंगिमाएँ हैं, मेरे लिए उनकी सबसे प्रिय मुद्रा वह है जब वह मन ही मन हँसते हैं। सजल नयन गदगद गिरा गहवर मन पुलक शरीर–कभी-कभी यह स्थिति भी होती हैं।...सारंगी उनका प्रिय वाद्य है। (बजाते नहीं सुनते हैं।) अन्य किसी भी वाद्य यन्त्र से ज्यादा सारंगी मनुष्य के स्वरों का अनुकरण करती है। केदार का गद्य सारंगी की तरह उनकी सूक्ष्म भावदशाएँ ज्यों

कि त्यों शब्दों में बाँध लेता है। केदार के गद्य में सारंगी के स्वरों की सुकुमारता है, वायलिन का नाद गांभीर्य और जहाँ तहाँ मृदंग की थाप भी। केदार संघर्ष और चुनौतियों के कवि हैं। गद्य में जहाँ उदात्त स्तर पर उनके स्वर फूटते हैं, वहाँ सारंगी की पहुँच नहीं है। राम की शक्तिपूजा की संगीतमय व्यंजना वीणा, वायलिन और मृदंग से सम्भव है, सारंगी से नहीं।' (वही पृ.13)

शमशेर गद्य और पद्य की भिन्न भावदशाओं और मुद्राओं में खुलेपन से बातचीत करते हैं। उनका गद्य पढ़ना आज भी पाठकों के लिए एक उपयोगी और संगीत-सी स्वाभाविक कला है। यह मीर, ग़ालिब के साथ स्पेनिश कवि पाब्लो नेरूदा और त्रिलोचन से अपने बेसँभाल और उनके एकदम तटस्थ, तर्क का सूत कातते हुए मन ही मन बोलना बतियाना ही है। कहीं शमशेर का पूरा जीवन कलात्मक प्रयोगशाला में संघर्ष और चुनौती भरा रहा है। उनकी डायरी, उनका गुप्त रहस्य नहीं है। वह आने वाले भारती की चुनौती भरा खुला इतिहास है, जहाँ उर्दू-हिन्दी एक नए सांस्कृतिक और भाषाई मुहावरे का व्यावहारिक रास्ता खोलती है। काल से होड़ लेते शमशेर का कवि और गद्य लेखक कई बार आपको सावधान करता है। यह सावधानी भावी भारत की कहानी कभी बनेगी। शमशेर ने डायरी में लिखा था, "मैं एक हिन्दी नॉवल का इतिहास लिखूँगा, जिसमें उर्दू-हिन्दी का भेद कतई न होगा, कतई न होगा। उपन्यास की दुनिया का धारा सरशाह वगैरह से शुरू होता हुआ।' (डायरी पृ. 325) यह इतिहास जब लिखा जाएगा तो रामविलास शर्मा का गद्य, बार-बार याद आएगा...यहाँ 'सहज विलंबित मंथर' गति का मद्य है अभी लिखा जाना है। संगीत की तरह शमशेर का अपना घराना है। मैं उसी घराने का एक अच्छा लेखक बनना चाहता हूँ।

लोक-परम्परा के पारखी यह जानते हैं कि जनता के भावबोध के मानसिक धरातल को ऊँचा उठाने के लिए कबीर और तुलसीदास ने लोक-साहित्य के अलावा अपने समय की अनेक शिष्ट शैलियों का भरपूर प्रयोग अपनी कविता के यथार्थ को ध्यान में रखकर किया था। इसी परम्परा में निराला ने राजनीतिक कजरी लिखी थी : 'न आए वीर जवाहर लाल।' लोकनाट्य और लोकशैली के बावजूद डॉ. शर्मा की ज्यादातर कविताएँ पार्टी लाइन की वाम कविता ही हैं देश में दंगा फैला था। कम्यूनिस्ट कवि तब 'फूट के टेसू' जैसी कविता सुनाता है :

लाखों पहरू ने खायी नरंगी। पच गया पेट में गोरा फिरंगी।
हमने गीत सुनाया कैसा?
दंगा रोकने का लाओ पैसा। (पृ. 161)

आज के दिल्ली दरबार में न वाम कवि, जनकवि बनने को बेचैन हैं, न जनवादी दल ही जनता के बीच से आन्दोलन चला रहे हैं। डॉ. शर्मा की कविताएँ इस आन्दोलन विहीन दौर में भी कवियों का नेतृत्व कर सकती है।

आलोचक का मानस

कब आलोचक बचपन से वयस्क और वयस्क से अचानक प्रौढ़ हो जाता है? यह आलोचक के 'मानस' की खोज-खबर का एक जटिल सिलसिला है? क्या आलोचक का इंद्रियबोध, कवि के इंद्रियबोध से भिन्न ढंग से काम करता है? आचार्य रामचन्द्र शुक्ल परिपक्व मानस के आलोचक थे, पर निराला की कविता के सामने उनकी कविताएँ बच्चों का खेल लगती हैं। आलोचक रामविलास शर्मा की कविताएँ फिर भी कहीं नागार्जुन से हाथ मिलाती हैं, कहीं निराला से अनवरत संवाद करती हैं। कवि रामविलास शर्मा के आलोचक के संघर्ष की कथा है उनका मानस। भाषाविज्ञान में वह परिपक्व भाषाविद हैं। इतिहास में वह गहन इतिहासविद हैं। कविता के समाजशास्त्र में वह प्रौढ़ समाजवैज्ञानिक आलोचक हैं। मार्क्स और एंगेल्स के वैज्ञानिक मानस की खोज करने पर रामविलास शर्मा का मानस, मार्क्सवाद का दार्शनिक अन्वेषक है। यह एक सिलसिला या बोध की प्रक्रिया है। कोई सवाल सीधा-सरल नहीं है। प्रदीप सक्सेना इन्हीं सवालों पर मुझसे रामविलास जी और मुक्तिबोध के मानस पर विचार चाहते थे। वह मार्क्सवाद का गम्भीर प्रश्न है।

फिर भी आलोचक के मानस का स्थापत्य क्या है? कहाँ वह परिपक्व मानस का दार्शनिक है? कहाँ वह भाषा और समाज का इतिहासकार है? उसके मानस का सारतत्व क्या है? इतिहास, भाषाविज्ञान, कविता और साहित्य के स्वायत्त अनुशासन में क्या उसके मानस को खोजा जाना चाहिए? या आलोचक स्वभाव, संस्कार, इतिहास दृष्टि और जीवन-यात्रा से बनता है उसका मानस? वयस्क से प्रौढ़ होते उसके व्यक्तित्व की यह क्या चीज़ है जिसे उसके मानस का माप कह सकते हैं?

शिखर पुरस्कार, मैथिलीशरण गुप्त सम्मान और कबीर सम्मान से अलंकृत होने के बाद कवि शमशेर बहादुर सिंह का व्यक्तित्व अधिक निखरा या शलाका पुरस्कार, भारत भारती पुरस्कार के बाद वेदव्यास पुरस्कार को लेने से इंकार करने पर आलोचक रामविलास शर्मा का व्यक्तित्व लोक में अधिक ऊँचा उठा? पूँजीवादी देशों में पुरस्कार सम्मान न होकर लॉटरी में बदल गया है।

एक मुलाकात में डॉ. रामविलास शर्मा ने 'जनसत्ता' संवददाता सुरेन्द्र शर्मा को बताया कि 'हिन्दी भाषी क्षेत्र निरक्षरता से काफी आगे हैं। यह स्थिति साहित्य और देश के लिए चिन्ताजनक है। केरल सरकार का दावा है कि सन् दो हजार तक वह अपने राज्य में निरक्षरता खत्म कर देगी। यह काम हिन्दी भाषी राज्यों में भी हो सकता है।

डॉ. शर्मा ने कहा कि हिन्दी भाषा के साहित्यकारों को कुल मिलाकर जितने पुरस्कार दिए जाते हैं उतने शायद किसी भाषा के साहित्यकारों को नहीं दिए जाते। यदि वह सारी रकम गरीब छात्रों में बाँट दी जाए और उन्हें साक्षरता के प्रसार में लगाया जाए तो हम केरल के बराबर आ सकते हैं।

डॉ. शर्मा ने कहा कि साहित्य संस्थान ऐसे होने चाहिए कि वह अगर किसी को फूलों की माला पहनाएँ तो सम्मानित स्वयं गौरवान्वित महसूस करे। कौन लेखक कितना अधिक सम्मानित हुआ यह पुरस्कार की राशि से आँका जाता है। साहित्य के क्षेत्र, में केवल पैसे के आधार पर जो सम्मान की ऊँचाई मापी जाती है, यह बात खत्म होनी चाहिए।' (जनसत्ता, 7.9.1990)

आलोचक के मानस के यहाँ तीन धरातल हैं। एक, 'पिछड़ा हिन्दी भाषी जन-मानस के धरातल है, जिसे वह ऊँचे उठाना चाहता है। दूसरा, वह कोमल संवेदनशील साहित्यकार नहीं है, बल्कि समाजचेतक विचारक है। तीसरा, पूँजीवादी व्यवस्था की धन की ऊँचाई के माप को वह ध्वस्त करता है। क्या यही धरातल आज विराट व्यक्तित्व के मार्क्सवाद के मानक हैं?

अमेरिका से जापान तक के साम्राज्यवाद की शक्ति आज भी पैसा है। पूँजीवादी सम्मान का मानदण्ड धन रहा है। डॉ. शर्मा मार्क्स और एंगेल्स की परम्परा में साहित्य के सम्मान की जनवादी ऊँचाई की पद्धति पर जोर देते हैं। यही देश के एक कर्मठ मार्क्सवादी की भूमिका रही है। इसके विपरीत आते हैं अकर्मण्य मार्क्सवादी।

अकर्मक मार्क्सवादी वह है जिन्हें किताबी मार्क्सवादी भी कहा जाता है। वह अपनी-अपनी 'खोज' और 'परम्परा' की स्थापनाएँ बार-बार दुहराते हैं और जनक्रांति के संघर्ष को भुला देते हैं। उनकी मानसिक उलझनें उन्हें हिन्दी भाषी जनता के प्रश्न, उनके विचार के विश्लेषण और पूँजीवादी समाज के जनवादी निष्कर्ष से अलग-थलग रखती है।

कर्मठ मार्क्सवादी आज तक स्व. गजानन माधव मुक्तिबोध और स्व. शमशेर थे या स्व. डॉ. रामविलास शर्मा थे। तीनों अपने आलोचक के मानस से प्रश्न पूछते हैं, उनका विश्लेषण करते हैं और आलोचक की बौद्धिक क्रिया का आदर करते हैं। फिर भी तीनों का मानस स्वभाव और संस्कार में कहीं न कहीं भिन्न है, जैसे 'वैराग्य और अन्य कविताएँ' (कवि रामविलास शर्मा की प्रारम्भिक कविताएँ) देखने

पर जाना जा सकता है कि निराला की भाषा, छंद और कला ने कैसे रामविलास जी के कवि को बनाया ?

18 वीं शताब्दी के प्रमुख ज्ञान-प्रसारक थे गोट्होल्ड् एफ्राइम लेसिंग (1729-1781)। वह जर्मन लेखक, समालोचक और दार्शनिक थे। कार्ल मार्क्स ने आलोचक लेसिंग के मानस में झाँकते हुए दो काम किए थे। एक, पीछे मुड़कर जर्मन इतिहास पर नज़र डाली थी। दूसरे, यह प्रश्न पूछा था, 'लेखकों का 'सुयोग्य' तथा 'अयोग्य' श्रेणियों में यह विभाजन किसके लिए है?' आचार्य रामचन्द्र शुक्ल इतिहास पर नजर रखने वाले वैसे ही आलोचक थे। डॉ. शर्मा उनके बाद परम्परा की खोई हुई इतिहास की कड़ियों को जोड़ते हैं, उनके मानस की उधेड़बुन की कहानी है, इतिहास का दर्शन।

मैंने डॉ. रामविलास शर्मा से एक प्रश्न पूछा था, 'क्या आलोचक और कवि का मानस परस्पर विरोधी होता है?'

5.12.91 के कार्ड में डॉ. शर्मा ने उत्तर दिया, 'आलोचक और कवि के मानस परस्पर विरोधी नहीं, एक दूसरे के पूरक हैं। हर कवि अपनी, अपनी से ज्यादा दूसरों की कविता को आलोचनात्मक निगाह से देखता ही है। बेशक आलोचक काव्य रचना प्रक्रिया को भीतर से नहीं देख पाता। और कवि भी इसके प्रति अधिकतर अचेत ही रहते हैं।'

निराला कवि और आलोचक दोनों थे। वह 'रविन्द्र कविता कानन' में रविन्द्र की काव्य रचना प्रक्रिया को भीतर से देखते हैं। बंगाल में सोमेन्द्र बन्धोपध्याय ने इसी तरह रवीन्द्रनाथ टैगोर की कविता और पेंटिंग और शिल्पी रामकिंकर के स्थापत्य को भीतर से देखा है। दूसरे व्यावहारिक आलोचक-कवि थे शमशेर बहादुर सिंह। अपनी डायरी में वह ग़ालिब का शेर देने के बाद लिखते हैं

'फरियाद की कोई लय नहीं है।
नाला पाबंदे – नै नहीं है।'

'कोई बाँसुरी बजा रहा, बजा नहीं रहा है, अपने दुखते हुए जख्म को सहला रहा है। 'नाला' यानी आह-कराह, रोना-धोना। 'नै' बाँसुरी। बाँसुरी कभी अन्तर की आह-कराह को बाँध नहीं सकती, क्योंकि 'नाला' बाँसुरी बजाने की कला के अधीन है, इससे आजाद है।

इस आजादी की खोज मेरी कविता है।' (डायरी, पृ. 8)

शमशेर की आजादी की खोज को नकार कर विजयदेव नारायण साही मलार्मे की कविता की बनावट में शमशेर के काव्य संस्कार को कसना चाहते हैं, और डॉ. रामविलास शर्मा उनके मानस में रीतियुग और 'अस्तित्ववाद' का खाका खोजते हैं।

शमशेर कवि होने के नाते क्या ग़ालिब की काव्य रचना प्रक्रिया को भीतर से देखने में सफल हुए? डॉ. रामविलास शर्मा और डॉ. नामवर सिंह भी कवि हैं।

डॉ. नामवर सिंह ने '60 के बाद कविता नहीं लिखी। डॉ. रामविलास शर्मा आलोचना, शोध, आदि कार्यों के बीच कविताएं लिखते जरूर रहे। उनके तीन संग्रह भी छपे। कविता लिखना छोड़ देने वाले आलोचक हैं डॉ. नामवर सिंह। सवाल पैदा होता है क्या आज की कविता के वह अच्छे पाठक हैं? काव्य की रचना प्रक्रिया को भीतर से देखना क्या उनकी व्यावहारिक समीक्षा की कसौटी रही है?

डॉ. शर्मा ने भी अपनी कविता की रचना प्रक्रिया पर कुछ नहीं लिखा है। सिर्फ 'रात के तीसरे पहर' निबन्ध में अपने आलोचक की डायरी जरूर उन्होंने लिखी है। मुक्तिबोध यह काम 'एक साहित्यिक की डायरी' में करते हैं। शमशेर और मुक्तिबोध की कविता से उनके समकालीन कवि एक स्तर तक उनसे उदासीन रहे हैं। केदारनाथ अग्रवाल ने कभी दूरदर्शन पर मुक्तिबोध की कविता को जटिल कहा था। शमशेर को कवि या प्रगतिशील या घटिया कवि मानने वालों की कमी नहीं है। वह शमशेर और मुक्तिबोध की कविता को भीतर से जानने की कोशिश तक नहीं करते? केदारनाथ अग्रवाल के ठहरे हुए मानस से शमशेर और मुक्तिबोध की कविता के विकास का विश्लेषण या उसके सौन्दर्यबोध पर निष्कर्ष निकालना सम्भव नहीं है। चाहे आप विश्वनाथ त्रिपाठी की केदारनाथ अग्रवाल पर लिखी आलोचना पर इसी दृष्टि से विचार कर सकते हैं। (पेड़ का हाथ)।

'कवि और आलोचक के मानस परस्पर विरोधी नहीं, एक दूसरे के पूरक हैं। यह सरल सूत्र नहीं है। केदारनाथ अग्रवाल की आलोचना और मुक्तिबोध की काव्य रचना प्रक्रिया पर कोई निष्कर्ष निकालना खतरे से खाली नहीं है। दोनों की मानसिकता का अन्तर पाठक को उनकी कविताएं पढ़ते समय नजर भी आता है, पर वह क्या है यही विवेचन आलोचक का काम है। यहां सिर्फ यही कहा जा सकता है कि मुक्तिबोध की कविता के प्रति केदारनाथ अग्रवाल का कवि अचेत है। वह भावबोध में मुक्तिबोध से दूर हैं और विवेक में उनके सामने बच्चा हैं।

आचार्य रामचन्द्र शुक्ल ने इसी गुत्थी को सुलझाने में केदारनाथ अग्रवाल की मदद की थी। 'भाव या मनोविकार' निबन्ध का पहला ही वाक्य है, 'अनुभूति के द्वन्द्व ही से प्राणी के जीवन का आरम्भ होता है।' यह अनुभूति का द्वन्द्व क्या है? क्या वह केदारनाथ अग्रवाल के कवि को मुक्तिबोध की कविता की मानसिकता से भिन्न संस्कार का कवि नहीं बनाता है? मुक्तिबोध मध्ययुग और आधुनिक युग की कविता धारा में सहज कविता और जटिल कविता की विभाजक रेखा नहीं खींचते हैं। वह व्यक्तित्व के अध्ययन की अद्यतन खोजों से कवि और आलोचक की अनुभूति के द्वन्द्व की पहचान करते हैं। इसमें एक पैरा लिखने के लिए एक हजार पन्नों से गुजरने के बाद एक निर्णायक सत्य आलोचक को मिलता है। 'हाशिए पर कुछ नोट्स' में मुक्तिबोध निकट से अपने चरित्र के अध्ययन करने की पद्धति विकसित करते हैं। लिखा है, 'मैं कॉलेज का एक लड़का था। तब उस

महान व्यक्ति से मेरा स्नेह हो गया। वह सचमुच का था या झूठमूठ का था, मैं नहीं कह सकता। लेकिन यह सही है कि मेरे दिमाग में एक ख्याली नशीली धुंध जमी रहती।

'अब होते-हुआते एक बात यों पैदा हुई कि उसने मुझे काफी झमेले में डाल दिया। वह यह कि उसके व्यक्तित्व की चन्द बातें, कुछ ख्यालात, कुछ रवायात, कुछ तर्जो-अंदाज, कुछ तौर-तरीके मुझे पसंद नहीं आए।'

यहाँ विचार के लिए निराला के समकालीनों के दिमाग में उनके ख्याली धुंध की पहचान की जानी चाहिए।

यह 'काव्य प्रक्रिया' कवि और आलोचक के मानस में भीतर पैठने की एक पद्धति है। कवि और आलोचक का 'मानस' यहाँ एक काम करता है। दोनों अपने-अपने अनुभव के द्वन्द्व से अपनी-अपनी पद्धति विकसित करते हैं। मुक्तिबोध की काव्य प्रक्रिया की पद्धति के मूल में है 'ईमानदारी'। शमशेर की काव्य प्रक्रिया को भीतर से परखने की पद्धति है, 'कवि के मानसिक परिवेश को निकट से पहचानना।'

डॉ. रामविलास शर्मा की एक निजी रचना मंडली या परिवेश रहा है। निराला को उसी परिवेश में निकट से देखने के बाद ही वह 'निराला की साहित्य साधना' लिख सके। निराला को समझने की ऐसी मानसिक तैयारी न त्रिलोचन ने की, न जानकी वल्लभ शास्त्री ने। केदारनाथ अग्रवाल के प्रति डॉ. शर्मा का लगाव गहरा भी है और वह केदारनाथ अग्रवाल से अकसर आलोचक के मानस पर संवाद भी करते रहे हैं। उनके और केदारनाथ अग्रवाल के पत्रों का 'मानस' एक-दूसरे को सहानुभूति से परखता और उधेड़ता भी रहा है। कवि और आलोचक जितने एक-दूसरे के निकट होते हैं, वह वैसी ही आलोचना की अंतरंग पद्धति भी विकसित करते हैं। ('मित्र संवाद' के पत्राचार देखें)

शमशेर अपनी कविता और मुक्तिबोध की कविता पर ऐसी ही अंतरंग पद्धति की समीक्षा 'चाँद का मुँह टेढ़ा है' की भूमिका में करते हैं। यह एक्स-रे से खींची कवि के 'भीतर' की तस्वीर है। मुक्तिबोध के भीतर के मानसिक परिवेश को टटोलने की यह एक पद्धति है। 'काल तुझसे होड़ है मेरी' कविता संग्रह में शमशेर अपने मानस पर लिखते हैं, 'मैं सदा ही अपने मानसिक परिवेश को चित्रित करता रहा हूँ। परिवेश के साथ-साथ उसके माहौल को भी 'अपने पास' 'इतने पास अपने' खींचता रहा हूँ कि 'मेरा अंदरूनी व्यक्तित्व, अंदरूनी कवि और चित्रकार अपने अक्स को उसमें उतारने से बाज नहीं रख सकते।' (पृ. 8)

जानकीवल्लभ शास्त्री को निराला ने जो सौ पत्र लिखे थे, उसमें दोनों का अंदरूनी व्यक्तित्व और अंदरूनी कवि और मानस एक स्तर का नहीं है। यही बात निराला के 'चाबुक' के निबन्धों में भी है। वह अपने विरोधियों से ऊँचे नजर आते

हैं। ऐसी ऊँचाई और खरापन विजयदेव नारायण साही और डॉ. नामवर सिंह में नहीं है। सीधा प्रहार निराला करते हैं – तीखा, भावावेगपूर्ण और तर्कयुक्त। डॉ. रामविलास शर्मा ने 'कवियों के पत्र' में इस पद्धति पर लिखा है :

'आलोचक का मानस नदी की तरह कहीं गहरा, कहीं फैला, कहीं तीखा होते हुए बदलता भी रहता है। कभी एक सा, या एक स्तर का नहीं होता है आलोचक का मानस।' डॉ. रामविलास शर्मा के मालन के इसी नाते कई स्तर हैं। एक स्तर पर वह निराला की तरह चाबुक मारते हैं। दूसरे मानसिक स्तर पर वह बड़े धैर्य से और दिमाग को थका देने वाली एकाग्रता से अपने प्रिय कवि निराला या केदार या त्रिलोचन की कविता पर काम करते हैं।'

डॉ. शर्मा ने 'सूफी कवि केदारनाथ अग्रवाल' संस्मरण में लिखा :

'केन किनारे पल्थी मारे
पत्थर बैठा गुमसुम।'

'पाल्थी मारे बैठे थे वकील साहब खुद, लिख गए पत्थर पाल्थी मारे बैठा है। ऐसे आदमी की वकालत क्या खाक चलेगी?'

'बीस साल वकालत करने के बाद उनके मन में शक पैदा हुआ कि पेशा गलत तो नहीं चुना है। दुनिया के मामलों में मुझे बहुत अनुभवी समझ कर उन्होंने अपनी मुसीबत बयान की और राय माँगी– 'मैं तो पाँव बाँध कर यहाँ रुपए चुगने की टोह में राज न्यायालय के चक्कर काटता हूँ, परन्तु एक भी मुवक्किल आजकल नजर नहीं आता । पता नहीं अब क्या काम करना पड़े। कुछ तो राय दो। वरना धूल फाँक कर पेट पालना असम्भव है।' (26.12.55) (पंचरत्न, पृ. 27) शमशेर, मुक्तिबोध और त्रिलोचन के पाँव बाँधकर रुपये चुगने की जीवन-यात्रा डॉ. शर्मा ने अभी तक नहीं परखी थी। मुक्तिबोध की इसी अन्तरंग पद्धति को नेमिचन्द्र जैन ने 'पाया पत्र तुम्हारा' में कुछ देखा-परखा है या मैंने 'मुक्तिबोध की आत्मकथा' के इसी सिलसिले में उनकी जीवन-यात्रा का विश्लेषण किया है।

युवक चन्द्रबली शास्त्री ने कभी मार्क्सवादी आलोचक प्रो. चन्द्रबली सिंह से यह सवाल पूछा था, 'मुक्तिबोध ने रचनाकार और कार्यकर्ता के अंतःसम्बन्ध की गुत्थियों को अपने अनुभव में महसूस किया था और आलोचना में परखा था। आप कार्यकर्ता, लेखक और यथार्थवादी विचारक से जो मार्क्सवादी पार्टी से किसी प्रकार सम्बद्ध नहीं हैं, को किस तरह परखते हैं?'

प्रो. चन्द्रबली सिंह, 'एक ही व्यक्ति रचनाकार और मार्क्सवादी पार्टी का कार्यकर्ता हो सकता है, लेकिन रचनाकार होने के लिए कुछ ऐसी शर्तें हैं, जो अनिवार्य हैं। मोटे तौर पर तो कोई भी रचना तब तक रचना नहीं बनती जब तक वह सम्वेदना के स्तर पर जुड़ी न हो। उसमें सौन्दर्यबोध होना चाहिए। पार्टी

कार्यकर्ता के काम के लिए कुछ शर्तें हैं। वह उतना ही अचछा कार्यकर्ता होगा, जितनी गहरी उसकी राजनीतिक या सामाजिक समझ होगी। कुछ ऐसे लेखक हैं जो मार्क्सवाद में विश्वास करते हैं, लेकिन पार्टी के कार्यकर्ता नहीं हैं। और कुछ ऐसे लेखक दोनों तो नहीं हैं, लेकिन यथार्थवादी हैं। हम साहित्य में विचारधारा को महत्व देते हैं, लेकिन साहित्य रचना विचारधारा से नहीं होती। रचनाकार के लिए सबसे जरूरी है कि वह जीवन के यथार्थ को समझे। उदाहरण के लिए टॉलस्टाय विचारधारा के स्तर पर बहुत पिछड़े हैं, लेकिन बावजूद इसके स्पस्ट कहा जा सकता है कि उनका यथार्थवादी साहित्य रूसी जाति का दर्पण है। प्राचीन यूनानी नाटककार एपिकुरुस और आधुनिक नाटककार शेक्सपियर आदि ने हमारे सामने साहित्य के प्रतिमान या परख की जो सही और वैज्ञानिक कसौटी को रखा, वही तरीका हमारे साहित्य का मूल्यांकन है।'

मैं इस बात के बाद निष्कर्ष निकाल सकता हूँ कि कवि केदारनाथ अग्रवाल कहाँ पिछड़े हैं और डॉ. नामवर सिंह कहाँ अवैज्ञानिक, यह देखना कलानुक्रम के इतिहास के आलोचक का काम है।

डॉ. नामवर सिंह अपने भाषणों में कई नाम उछालते हैं, पर नेमिचन्द्र जैन ने रघुवीर सहाय के साथ धूमिल की कविताओं का जैसा मूल्यांकन किया है, वैसा डॉ. सिंह, कवि केदारनाथ अग्रवाल की राजनीति और उनके संस्कार का अध्ययन आज तक नहीं कर सके हैं? डॉ. शर्मा ने लिखा, 'केदार ने देखा है,

काल काग की तरह ठूँठ पर गुमसुम बैठा।'

'कवि राबर्ट फ्रॉस्ट की रचनाओं में अनेक बार उस क्षण के दर्शन होते हैं जब मनुष्य समय यों देख लेता है जैसे डाल पर पक्षी बैठा हो। वही दृष्टि केदार के पास है। रूप जहाँ काल की साँकल हटाकर खुल गया है और गंध पीने के लिए आसमान झुक आया है, वहाँ केदार का मन कविता का मर्म टटोलता है। उजाला जहाँ रूप-गंध की गाँठ खोलता है, वहाँ केदार छंद रचते हैं।' (पंचरत्न, पृ. 28) मुक्तिबोध और केदार की चित्तवृत्तियों का अंतर स्पष्ट करने के बावजूद आलोचक एक कवि के मन की सांकल खोलता है, दूसरे कवि के लिए अचेत रहता है। यहाँ आलोचक डॉ. शर्मा की ईमानदारी और समझ मुक्तिबोध के प्रति अचेत रहती है।

डॉ. नावर सिंह, त्रिलोचन की प्रगतिशील कविता की पृष्ठभूमि तलाशते हुए यह कुतर्क देते हैं। कि वह इलाहाबाद में रहते तो शमशेर-से होते। इलाहाबाद में निराला, पंत और महादेवी भी थीं, यह बात डॉ. नामवर सिंह भूल जाते हैं। कब आलोचक घर-बाहर की क्रांति का इतिहास भूल जाए और आस्था के बदले आलोचना को तर्क का खेल बना दे, यही देखने के लिए मार्क्स और एंगेल्स की इतिहास दृष्टि जरूरी है।

चन्द्रबली शास्त्री ने आलोचक की ऐतिहासिक भूमिका पर एक सवाल पूछा।

प्रो. चन्द्रबली सिंह से। प्रश्न था, 'आपने एक समय व्यक्तिवादी और प्रतिक्रियावादी लेखकों की सफाई का अभियान चलाया था, इसमें आप कहाँ तक सफल रहे?'

प्रो. चन्द्रबली सिंह : 'इस बात का श्रेय मुझे ही देना गलत है। मेरे लिखने से पहले और मुझसे बड़े लेखकों ने साहित्य में इस तरह के आन्दोलन का सूत्रपात किया था। मैं इस आन्दोलन का एक हिस्सा भर ही रहा हूँ। यह हमारा सामूहिक प्रयास रहा है और उसमें व्यक्तिगत स्तर पर सफलता या असफलता की बात उचित जान नहीं पड़ती।' काश यह बात कहते समय प्रो. चन्द्रबली सिंह, शिवदान सिंह चौहान के 'हंस' से 'आलोचना' तक के सामूहिक प्रयास का भी मूल्यांकन कर पाते। तब उनकी और डॉ. शर्मा के सामूहिक प्रयास की भूलों का इतिहास में विश्लेषण हो जाता। हमारा यह आन्दोलन साम्राज्यवादी व्यवस्था के शोषण की मनोवृत्ति के विरुद्ध रहा है। 'उसके प्रचार-प्रसार के माध्यम रेडियो, टेलीविजन आदि हैं। इन सबका असर हमारे लेखकों पर भी भारी पड़ा है। और वे गुमराह हो जाते हैं। आजादी के बाद आप लेखकों में इस प्रकार के गुमराही बुद्धिजीवियों को देख ही रहे हैं।'

आजादी के बाद आलोचक कहाँ गुमराह हुआ? कहाँ दलबंदी में उसका विवेक जड़ हुआ? कहाँ वह डर कर अपनी ही पूर्व स्थापना को नकारता रहा? जैसे नेमिचन्द्र जैन और डॉ. नामवर सिंह 57 से 67 तक मार्क्सवादी थे, बाद में वह अपनी-अपनी स्थापनाओं में गैर-मार्क्सवादी होते गए। फिर भी बुनियाद वही रही। यह सारे सवाल आलोचक के मानस का इतिहास लिखने में मददगार हो सकते हैं। हजारी प्रसाद द्विवेदी की व्यक्तिगत सफलता का राग बहुत अलापा गया, पर उनके 'मानस' की रचनाधर्मिता पर आलोचक चुप्पी साधे रहे। आचार्य रामचन्द्र शुक्ल के कवि, निबन्ध और इतिहास में उनका रचनाकार कहाँ विवेकशील और प्रौढ़ है, कहाँ उनके 'मानस' में उदासीनता, अलगाव और उपेक्षा की गाँठ पड़ गई थी? यह उस समय के सामूहिक प्रयासों के बीच उनके आलोचक की हिस्सेदारी और उसकी भूमिका को जानने के बाद ही परखा जा सकता है।

डॉ. रामविलास शर्मा के 'मानस' में मार्क्सवाद का इतिहास, उसकी परम्परा, उसका संघर्ष, उसमें मार्क्स, एंगेल्स के स्तर की वैज्ञानिक होड़ की निष्ठा, सभी का उतार-चढ़ाव रक्त की धड़कन या ग्राफ-सा साफ-साफ देखा जा सकता है। यह उनकी सौ साल के जनवाद के इतिहासः 'घर की बात' में भी दर्ज़ है। 'विराम चिह्न' के निबन्धों और 'आस्था और सौन्दर्य' की मार्क्सवादी स्थापना में भी बद्धमूल है।

डॉ. शर्मा के अवचेतन मन में एक महापंडित राहुल सांकृत्यायन भी था, जिससे वह लड़ते रहे, जिसकी हर जमीन पर वह अपनी कहानी दुहराते भी रहे।

यह आलोचक के मानस का अन्तरंग सत्य है। (प्रमोद वर्मा ने इसी नाते उन्हें महापंडित कहा) और आचार्य रामचन्द्र शुक्ल के अवचेतन मन में एक काशीप्रसाद जायसवाल कितना गहरा, चुनौतीपूर्ण था, इसकी अभी उसके जीवनीकार को खोज करनी है।

शमशेर के मानस में चालाक और विचारहीन आलोचक के लिए कोई सहानुभूति कभी नहीं रही। आलोचक की वैचारिक धूर्तता और घालमेल को उनके राजनीतिक विभ्रम की शव परीक्षा के बाद ही खोजा जा सकता है। इसी धूर्तता भरी आलोचना और शमशेर की मार्क्सवादी आलोचना में एक बुनियादी फर्क है। यह घालमेल भरे आधुनिकतावादी आलोचक धर्म, संस्कृति और कविता पर ढेरों विदेशी लेखकों की वैसाखी लगाने के बावजूद भारतीय इतिहास में आज तक दो डग चल नहीं सके हैं। न चलने पर जैसे जल सड़ जाता है, वैसे ही 'भारतीयता' उसके लिए ठहरा हुआ शब्द 'अध्यात्म' बन गया।

मार्क्स की परम्परा के अनुसार डॉ. शर्मा मार्क्सवादी हैं। सत्ता और मार्क्सवाद क्रांति और इतिहासदर्शन पर डॉ. शर्मा ने मार्क्स पूर्व के भारत की खोज की है। वह खोज आज तक कायम है। 'भारत के प्राचीन भाषा परिवार और हिन्दी' पुस्तक में दामोदर पंडित के साथ पाणिनि पर और 'मार्क्स और पिछड़े हुए समाज' पुस्तक में पगारजीवी श्रम के जरिए चाणक्य और उनके 'अर्थशास्त्र' पर जातीय गर्व को जगाने वाला काम उन्होंने किया है। उसी परम्परा में यहाँ आस्था और सौन्दर्य में 1857 में इंजीनियर मोहम्मद अली खाँ की खोज की है डॉ. शर्मा ने।

डॉ. शर्मा का कार्य जितना गम्भीर है, उतनी ही उनकी भाषा जीवंत है, और उस भाषा में निहित है तीखा भीतरी व्यंग्य। लिखा है, 'फ्रांसीसी क्रान्ति ने समस्त यूरोप के चिन्तन को प्रभावित किया, यह तथ्य निर्विवाद है। बानगी के तौर पर लेख में अंग्रेज कवियों के नए दृष्टिकोण की चर्चा है। यह दृष्टिकोण उपनिवेशवाद का विरोधी, भारतीय स्वाधीनता का समर्थक था। चार्टिस्ट आन्दोलन के नेताओं ने यह दृष्टिकोण अपनाया और 1857 में घोर कठिनाइयों का सामना करते हुए उन्होंने हमारे स्वाधीनता-संग्राम का समर्थन किया। इंग्लैंड में जो उपनिवेशवाद के समर्थक थे, वे फ्रांसीसी राज्यक्रांति के विरोधी थे, इस क्रांति से प्रभावित अंग्रेजी कविता के विरोधी थे। वे हिन्दी की नई कविता के आचार्यों के गुरु थे।'

यूरोप में नई कविता के आचार्य थे एजरा पाउण्ड और उनके व्याख्याकार थे कवि और दार्शनिक टी. एस. इलियट। 'अज्ञेय हिन्दी की 'नई कविता' के गुरु थे। वह जीवन भर इलियट के विचारों का उल्था करते रहे यानी अपनी अशांत आन्तरिक आत्मा की खोज करते रहे। अशोक वाजपेयी और नामवर सिंह में आज कौन नई कविता का आचार्य है, कौन गुरु, यह आस्था और सौन्दर्य का पाठक खुद अपने विवेक से बता सकते हैं। मार्क्सवादी चिन्तन में, घर-बाहर जहाँ भी

अवसरवाद का घालमेल फैला, वहाँ की सरकारों ने एक 'भारत भवन' की नींव रखी। भोपाल से जो 'भारत भवन' सरकारी जोड़-तोड़ के बाद उखड़ा उसे दिल्ली की सरकार ने शरण दी। अनास्थावादी बुद्धिजीवियों का दिल्ली अकादमियों के इर्द-गिर्द उत्सव शुरू हो गया है। वह 'भारत भवन' और उसका इतिहास दर्शन कितना 'नया' है उस पर कभी डॉ. केदारनाथ सिंह जरूर लिखेंगे। मनमोहन सिंह सरकार के बाद शायद वह 'शब्द' की अपनी खोई ताकत पा सके। यह सत्ता के गलियारे में उखड़े हुए बुद्धिजीवियों का कैसा 'दया बनाम सहानुभूति' भरा अखाड़ा है, उस पर डॉ. विजय मोहन सिंह ने ईमानदारी से लिखा नहीं है। वह जब-तब लुकाच और यथार्थवाद को कोसते जरूर रहे। अज्ञेय के बाद यह दिल्ली दरबार कितना मार्क्सवाद विरोधी है, यह खोज अभी आस्था और क्रांतिकारी लेखकों को करनी है। 'आस्था और सौन्दर्य का विरोध' वास्तव में भारत में मार्क्सवाद विरोध की ही कहानी है। यही है 'नया' या 'उत्तर आधुनिकतावाद'। दूरदर्शन, दिल्ली, हिन्दी अकादमी और बुद्धिजीवियों, कवियों को विदेश भेजने के गुप्तचर केन्द्रों में मार्क्सवाद विरोध की 'उत्तर आधुनिकता' की कथा अभी गढ़ी जा रही है। शमशेर इस तरफ की गढ़न से नफरत भी करते थे और खुद को उससे दूर भी रखते रहे फिर भी रूपवादियों ने उन्हें मरते दम तक इस्तेमाल किया।

इस उत्तर आधुनिकता का एक छोर हरिशंकर परसाई के हाथ में है, दूसरा छोर डॉ. रामविलास शर्मा के हाथ में। हरिशंकर परसाई ने श्रीकांत वर्मा पर सहानुभूति से संस्मरण ('जाने-पहचाने लोग' में) लिखा है। खुद श्रीकांत वर्मा ने अपनी डायरी (1984-85) 'साक्षात्कार' अप्रैल 2004 में पतनशील कांग्रेस संस्कृति का अता-पता दिया है। डॉ. रामविलास शर्मा ने 'उत्तर आधुनिक' विचारधारा की शव परीक्षा ('नई कविता और अस्तित्ववाद' में) की है। क्या इस सहानुभूति और चीरफाड़ का मार्क्सवाद की सैद्धान्तिक और व्यावहारिक समीक्षा से कोई सरोकार है? 'दोआब' की समीक्षा फिर भी यहाँ हमारी मदद कर सकती है।

हिन्दी भाषा आज सत्ता का 'मीडिया' है। पिछली भाजपा सरकार में वह झूठ का नंगा प्रचार कर चुकी है। कहाँ वह भाषा अधिक बिगड़ी है? बड़े सेठाश्रयी अखबार में वह अधिक चौपट हुई। अनुदान पोषित 'अंग्रेजी में विचार करने वालों' के दिल्ली दरबार में वह जीवन मृत हुई है। 'हिन्दी साहित्य के इतिहास' में कभी आचार्य रामचन्द्र शुक्ल ने इस पर सवाल जरूर उड़ाया था। लिखा है, 'इस कालखण्ड के बीच हिन्दी लेखकों की तारीफ में प्रायः यही कहा सुना जाता है कि ये संस्कृत बहुत अच्छी जानते हैं, ये अरबी फारसी के पूरे विद्वान हैं, ये अंग्रेजी के अच्छे पंडित हैं। यह मालूम नहीं होता था कि हिन्दी भी कोई जानने की चीज़ है।' (पृ. 466) 'दोआब' में शमशेर ने इसे ही हिन्दवी की संस्कृति कहा है।

अपनी परम्परा और जातीय भविष्य के प्रति अस्थिर लोग हैं, जिन्हें हिन्दी में

भी कुछ जानने की चीज़ नजर नहीं आती। उन 'दरबारी' लोगों की भाषा की अस्थिरता, उनके विचारों में घालमेल से पैदा हुई है। वह देश में रहते जरूर हैं, पर अपना अमेरिकादानी, सोवियतदानी, जर्मनदानी (लुथार लुथ्शे एक ऐसे ही मण्डल को जर्मनी में देखते हैं।) और उस निवेशिक गुलामी की अंग्रेज़ीदानी को जीते हैं। ऋग्वेद के कवि, आदिकवि और अंग्रेज़ीदानी को देखते हैं। विदेश के दिमागी मलबे? को वह आधुनिक या उत्तर आधुनिक 'विचार' मानते हैं। उन विचारों का जीवन में शब्दानुवाद करते हैं। हाँ, 'बेचारी' हिन्दी को कोसने में वे वाकई 'प्रगतिशील' हैं। उनकी प्रगतिशीलता अपना ढोल बजाने में भी है। शमशेर की कला साधना इन्हीं के विरोध में खड़ी है।

आचार्य शुक्ल के बाद डॉक्टर रामविलास शर्मा ने ऐसे अंग्रेजदानों की समझ की नकली भाषा और रहस्यवादी, अस्त्विवादी और अवसरवादी रुझान की अच्छी खबर ली है। भारतेन्दु युग, महावीर प्रसाद द्विवेदी, निराला, प्रेमचन्द्र की अप्रासंगिक कहने वाले वास्तव में जातीय आस्था और भारतीय क्रांतिकारी सौन्दर्य का मजाक उड़ाने वाले ऐसे ही बुद्धिजीवी हैं। हिन्दी के रचनाकार की यह अजीब विडम्बना है। वह भोपाल से दिल्ली तक भारतीय क्रांति और भारतीय मानस की उर्जस्विता को नकारता है। डॉ. शर्मा ऋग्वेद, कालिदास और भवभूति को भी मार्क्सवादी जीवन दृष्टि से परख चुके हैं।। मार्क्स के प्रिय सामायिक रचनाकारों मे गेटे, शेक्सपियर और बाल्जाक थे। डॉ. शर्मा ने शेक्सपियर के अलावा यूरोप के रोमांटिक कवियों की नैतिक मूल्यों से मार्क्सवादी समीक्षा की है।

प्रेमचन्द और निराला, अमृतलाल नागर और वृन्दावन लाल शर्मा मार्क्सवादियों के प्रिय होने के नाते प्रगतिशील दल के केन्द्र में रहे। डॉ. शर्मा के मार्क्सवाद की यही लोग धुरी रहे हैं। क्यों डॉ. शर्मा की आदर्श साहित्य-साधनों का दायरा सिमटता गया। राहुल सांकृत्यायन के 'मधुर स्वपन', 'दिवोदास' जैसे ऐतिहासिक उपन्यास और हजारी प्रसाद द्विवेदी के उपन्यासों की आस्था और सौन्दर्य के प्रति वे उदासीन रहे? क्यों प्रेमचन्द्र की परम्परा में वह रेणु के बाद रांगेय राघव और श्रीलाल शुक्ल को पढ़ना भी गवारा नहीं करते? ठीक है बोरिस पास्तरनाक का उपन्यास 'ज़िवागो' आस्थाहीन जीयन-दृष्टि का उपन्यास है। क्या श्रीलाल शुक्ल के 'राग दरबारी' से 'पहला पड़ाव' जैसे उपन्यास जनता की त्रासदी के उपन्यास नहीं हैं? डॉ. शर्मा के मुकाबले शमशेर का दायरा लगातार व्यापक होता गया।

डॉ. शर्मा मूलतः काव्य-प्रक्रिया के समीक्षक हैं। वह क्रांति और यथार्थवाद की डायलेक्टिक्स को लागू करने वाले हिन्दी के पहले मार्क्सवादी समीक्षक हैं। भारत की 1857 की क्रांति पर मार्क्स का विवेक कैसे सक्रिय हुआ, आयरलैंड और भारत की आज़ादी का भावबोध कैसे कवियों और विचारकों में फला-फूला, इसके लिए आस्था और सौन्दर्य के दो निबन्ध आधार तैयार करते हैं। एक, निबन्ध भारत की

गैर-गांधीवादी क्रांति पर है : 'आस्थाः फाँसी के तख्ते के साए में'। दूसरा निबन्ध, फ्रांस, रूसी और भारतीय क्रांति का दस्तावेज़ है। 'फ्रांसीसी राज्यक्रांति और मानव जाति के सांस्कृतिक विकास की समस्या।' यथार्थवादी लेखक में भावबोध के साथ विवेक सक्रिय होता है। उसके सक्रिय विवेक से ही मानव जाति का सांस्कृतिक विकास हुआ है, वह सूत्र डॉक्टर साहब के क्रांति और यथार्थवाद की डायलेक्टिक्स का है। क्या यह 'डायलेक्टिक्स' शमशेर और मुक्तिबोध में नदारद है? यह आलोचक शर्मा नहीं देखते।

डॉ. शर्मा और हिन्दी के मार्क्सवादी मनुष्य चेतना के स्तर पर भिन्न हैं। हिन्दी के मार्क्सवादी रूसी, चीनी, भारतीय और फ्रांसीसी क्रांति से यथार्थवाद का द्वन्द्ववाद देख नहीं पाते। जो देश के यथार्थ में नहीं देखा जाता उसे 'रूस विरोधी' शीतयुद्ध के दौर के 'नए वाम' या 'अमेरिकी वाम' जैसे 'पोलमिक्स' के सहारे वह अपने मानस में सजाते हैं। डॉ. शर्मा द्वन्द्ववाद और काव्य-प्रक्रिया के जरिए मार्क्सवाद के मूल चिन्तकों और इतिहासदृष्टि के कवियों की जातीय शक्ति का समाजशास्त्रीय सूत्र खोजते हैं।

शमशेर कॉलरिज को मानव जाति के सांस्कृतिक विकास के लिए याद करते हैं। डॉ. शर्मा ने लिखा है : 'कॉलरिज की सिद्धान्त चर्चा में नई बात यह है कि वह काव्य-प्रक्रिया में दो पक्ष देखते हैं। एक है उसका स्वतः स्फूर्त पक्ष और दूसरा है उसका विवेक नियन्त्रित पक्ष। भावबोध के साथ विवेक सक्रिय है। यह द्वन्द्ववाद है, डायलेक्टिक्स को लागू करने का प्रयास है और शायद कॉलरिज पहले आलोचक हैं जिन्होंने अंग्रेजी आलोचना में डायलेक्टिक्स के सिद्धान्त को लागू किया।' (पृ. 202) शमशेर भावबोध की काव्य-प्रक्रिया में कॉलरिज को टटोलते हैं, डॉ. शर्मा भारत में मार्क्स पूर्व और उनके समकालीन भौतिकवाद से। आचार्य रामचन्द्र शुक्ल के साथ वह इतिहास में कॉलरिज की विकास प्रक्रिया को टटोलते हैं। डॉ. शर्मा की आस्था मानव-जाति की संस्कृति और उसकी क्रांति को कॉलरिज के बाद के विश्व में मार्क्सवादी दृष्टि से देखती है। डॉ. शर्मा ने लिखा है, 'कॉलरिज ने मनुष्य की चेतना के नए स्तरों को टटोला। उन्होंने शेक्सपियर के नायकों के मन में पैठने की चेष्टा की थी; वैसे ही उन्होंने अपने मन में पैठने का भी प्रयत्न किया था।' (पृ. 202) डॉ. शर्मा और मुक्तिबोध तथा शमशेर की जातीय आस्था और क्रांतिकारी सौन्दर्य का भी इतिहास सम्मत यही सूत्र रहा है। तीनों जितना वाल्मीकि, कालिदास, ग़ालिब, निराला, केदार के मन में पैठते हैं, उतना ही अपने समय में पैठ कर मार्क्सवाद को टटोलते भी रहे हैं।

आगे के लेखों में शमशेर को मैं इसी पद्धति से देख रहा हूँ।

आलोचना की रचना प्रक्रिया : कुछ ठोस सवाल

देवीशंकर अवस्थी के बहाने आलोचना और अनुशासन विषय पर एक गोष्ठी हुई थी। उसमें आलोचना के बहाने पत्रकारिता का अनुशासन देखने को मिला। खुद पुरष्कृत व्यक्ति वीरेन्द्र यादव का निबन्ध पत्रकारिता के खाते में ही फिट होता है। नामवर सिंह ने जरूर आलोचना को आस्वाद से अलग एक रचना प्रक्रिया कहा था।

रामविलास शर्मा के वर्ग संघर्ष की खोज खबर 'राष्ट्रीय सहारा' के सलाहकार सम्पादक नहीं लेते हैं। यह उनके वर्गहित में शायद ठीक नहीं था। बेटे की निर्मम मौत के बाद डॉ. मैंनेजर पाण्डेय की पुस्तक 'अनभै साँचा' छपी है। निजी आघात में भी वह रामविलास शर्मा के यथार्थ से टकराना चाहते हैं, पर उन्हें यथार्थवाद और मार्क्सवाद के बीच अकसर रामविलास शर्मा का प्रेत मिल जाता है। डॉ. रामविलास शर्मा का प्रेत जे.एन.यू., दिल्ली विश्वविद्यालय और जामिया मिलिया में अकसर बुद्धिजीवियों की नींद हराम कर देता है। सिर्फ बाबा आम्टे का कवि है जो लहूलुहान गीत लिखता है और रामविलास शर्मा की तरह यथार्थ है :

> पर शिद्दत से सोचते मैं। विलाप के साथ कोई लेन-देन नहीं रखता
> मेरे पास कोई पद नहीं, न मठ, न दर्शन
> अब मैं एक निसंग तट हूँ, नर्मका का/
> खड़ा हूँ जहाँ अपनी खरी आत्मा के साथ
> जीवन का हर पल प्रकाशित करता हुआ
> करता हूँ, मैं एक अनन्त पद यात्रा
> तुम नहीं जानते कि निहित स्वार्थ
> किस तरह पी रहे हैं रक्त
> दीन आदिवासियों के माथों से

'संधान' के सम्पादक डॉ. लाल बहादुर वर्मा बुद्धिजीवियों में आधुनिकता की खोज करते हुए रक्तस्रावी कंठ की देश की आवाज नहीं सुनाई पड़ते हैं। जो आधुनिक हैं उनके पास निहित स्वार्थ का दर्शन है, उनके पास अपनी सुविधा का आधुनिकतम मठ है। उनके पास सिर्फ रामविलास शर्मा का वर्ग संघर्ष और

यथार्थवाद नहीं है! डॉ. शर्मा का 'घर' है, जिसकी बात वह गाहे-बे-गाहे लिखते रहे हैं। उसके ईमानदार अनुयायी विजय कुमार शर्मा भी है। और कामरेड मुंशी भी पर ऐसे ईमानदार अनुयायी ने डॉ. रामविलास शर्मा को शिखर पुरुष तो बना दिया, पर उनके मार्क्सवाद को घरेलू पत्रिका 'संचेतक' में बंद कर दिया है।

माया में फँसे नामवर सिंह, केदारनाथ सिंह, मैनेजर पाण्डेय और अशोक वाजपेयी यहाँ अपने-अपने 'फाँस' का खाता नहीं खोलते हैं। कबीर के समय की ठगिनी को आज तक 'बाउल' के सम्पादक डॉ. हरिशचन्द्र मिश्र देख-परख रहे हैं। 'सर्वनाम' में उस पर बहस डॉ. शिवनाथ जी ने की भी थी। पर दिल्ली और अमेरिका ने ठगनी माया को अपना लिया। आज ऐसे बुद्धजीवी दिल्ली, मुम्बई, कलकत्ता और न्यूयार्क के मंच पर आगे आये हैं जो इच्छा करते हैं दुनिया को बदलने की; पर खुद की खबर लेने से बचते हैं। खुद की खबर लेने का आत्मसंघर्ष उनमें नहीं जगा है। व्यक्तिगत सम्पत्ति के संचयन से बदतर होती दुनिया में गुजरात के नागरिक साँस ले रहे हैं जहाँ मानसिक अशांति का बोलबाला है। ऐसे व्यक्ति इधर लगातार बेंजामिन और च्योम्स्की से अपने यथार्थ को बदलने का पाठ पढ़ या सीख रहे हैं। रामविलास जी ने 'भारतीय संस्कृति और हिन्दी प्रदेश' पुस्तक में 'अमेरिकी समाज और हिंसा' पर विचार किया है जिसकी झलक 'कथन' के खतों में भी मिलती है। लिखा है–

"सम्पादकों ने च्योम्स्की की पुस्तकों का जिक्र किया है। उसमें प्रचार माध्यमों की उस भूमिका का जिक्र था, जिनके द्वारा जनता को गुमराह किया जाता है। च्योम्स्की ने लिखा भी था कि जनता में जिन सामाजिक मूल्यों पर बहुत जोर दिया जाता है, वे निष्क्रियता, अधिकारी के प्रति ताबेदारी, सर्वोपरि लोक और व्यक्तिगत लाभ हैं, दूसरों के प्रति सरोकार का अभाव है। वास्तविक तथा काल्पनिक शत्रुओं से भय है इत्यादि। (उद्देश्य यह है कि जिस जनता के होश हवास हिन्दुत्व के वोट बैंक खड़े करने के नाते गुम हैं उसे वैसा ही रखा जाय। दुनिया में क्या हो रहा है उसकी तरफ ध्यान देना उसका काम नहीं है। दरअसल ऐसा अवांछीय होगा।) यदि वह यथार्थ को देख लेगी तो हो सकता है वह उसे बदलने की ओर प्रवृत्त हो।" (परिशिष्ट-3, पृष्ठ 735)

देश को बदलने का ताजा समाचार अर्जेंटिना का है। इसके विपरीत रामविलास को कोस कर नामवर सिंह अपनी आलोचक की निष्क्रियता, अधिकारी के प्रति ताबेदारी, सर्वोपरि लोक और व्यक्तिगत लाभ का प्रदर्शन कर रहे हैं। यही है उनकी आलोचना की आधुनिक (शुक्ल जी के बाद की) रचना प्रक्रिया। यथार्थ को देखने वाले रामविलास शर्मा बेजोड़ आलोचक थे, (क्षमा करे ज्ञानरंजन, कात्यायनी, नामवर सिंह, पी.सी. जोशी) वह लगातार जनता के यथार्थ को जनता के बीच, जनता के होशो-हवास गुम हुई वास्तविकता में देखते हैं। केदारनाथ

अग्रवाल से वह इसी धरातल पर मित्र-संवाद करते रहे। इसी धरातल पर कुटुम्ब से उदासीन नारीवादी या दलितवादी लेखकों से वह अपने 'घर की बात' किया करते थे। वह खुद सौ साल के परिवार के बदलते हुए कुटुम्ब के जनवाद को देखने की शुरूआत कर चुके थे। बाबा आम्टे की तरह उनका भी विलाप के साथ कोई लेन-देन नहीं था। वह बताते–'मित्र की ठंडाई पिसने वाले हाथ कलम पकड़ते कॉपते हैं। मन से चंगा हूँ वह अपनी व्यथा-कथा को आलोचक की तार्किकता से देखते हैं। यहाँ 'आन्त्रशोध विशेषज्ञों के सम्मेलन' से दो बातें स्पष्ट हुई। एक यह बीमारी यहाँ बहुत लोगों की होती है। दूसरा-इसका मुख्य कारण जलवायु का प्रदूषण है।' (81/21.3.93)।–मन से बीमार लेखक दिल्ली या अमेरिका में दो काम करता है। एक–मनोचिकित्सक की ताबेदारी। दूसरा काल्पनिक शत्रु से भय का आध्यात्मिक उपचार। ऐसे बुद्धिजीवी डर कर कभी कुंडली, कभी गणेश को दूध या स्टोव–देवता की शरण में जाते हैं। डॉ. शर्मा उनको दो टूक बात बताते हैं: 'कुंडली आदि बातें व्यर्थ हैं।–(80/12.3.93) उसी समय उनकी आँतों का ऑपरेशन हुआ था। उसका एक फुट भाग काट कर निकाला गया था।

उस समय तक डॉ. शर्मा के सरोकार थे–एक, मार्क्सवाद पर एक अध्यापक की तरह बातचीत करना। दूसरा, अपने समय के वास्तविक और काल्पनिक शत्रु की छानबीन करना। 'मित्र-संवाद' में वे स्वीकार करते हैं–"पार्टी के नये पुराने लोगों से मेरा सम्पर्क नहीं के बराबर है। मैं अतीत के बारे में बहुत कम सोचता हूँ, ध्यान वर्तमान पर ही अधिक रहता है।" (पृ. 78-79) घर के पत्र 'सचेतक' से इसीलिए मार्क्सवाद या डॉ. रामविलास शर्मा के मार्क्सवाद को निकाल बाहर कर दिया है।

दिल्ली में कौन-कौन बुद्धिजीवि हैं जो मार्क्सवादी भी है, और नये-पुराने पार्टी के लोगों से अलग और दूर भी हैं? कौन-कौन हैं जो सिर्फ मुड़-मुड़ कर अतीत का फार्मूला रच रहे हैं। प्रेम यानी पत्नी, प्रेमिका के त्रिकोण में ही जीते हैं? कौन बुद्धिजीवी हैं जो पत्नी-प्रेमिका भय के बाहर त्रिलोचन, मुक्तिबोध, नागार्जुन की तरह यथार्थ को करीब से देख रहे थे। डॉ. शर्मा मित्र को बताते हैं–"बहू सबेरे पढ़ाने जाती है और तीन बजे लौटती है। घर का काम, स्कूल का काम से थककर चूर हो जाती है। मेरी देखभाल उसी को करनी होती है क्योंकि यह घर का काम है। इन लोगों के साथ रहने से मैं थोड़ा लिख-पढ़ लेता हूँ। अकेला होता तो गाड़ी कभी की ठप हो गयी होती।' (77/7.2.92) (नामवर जी इसीलिए घर की बात से बच रहे हैं) नारीवादी लेखक या दलित बुद्धिजीवी इस कटु सत्य को देखकर भी अनदेखा कर मार्क्सवादी नहीं रहते। उनके पास बाबा आम्टे का वह व्यक्तित्व भी नहीं है जो बताता है रुपान्तरित होने का मंत्र यानी अनुभव भरी आस्था :

"मैं आहत से पूछता नहीं कि उसे कैसा लग रहा है

मैं खुद ही बन जाता हूँ आहत व्यक्ति"

—अंग्रेजी से अनुवाद—ओम भारती, 'पहल' अंक-70 आपको मिल सकते हैं। कैसे रामविलास शर्मा बन जाते खुद आहत व्यक्ति यह देखने के कई जरिये आपको मिल सकते हैं। यदि आपके मन में कुछ बन जाने की चाह हो। (इधर भगवान सिंह ने जिस तरह ऋग्वेद, इतिहास की निर्मित और मार्क्सवाद पर सीधे राम विलास शर्मा की बातें की हैं। 'आकार' में इधर रामविलास ग्रंथ के रोगी नामवर सिंह सिर्फ सफाई दे रहे हैं, अपने अकेलेपन की, अपने बंद आलोचक की समझ की। कथन जनवरी-मार्च-2002 में रामविलास शर्मा के पत्र एक कवि मित्र के नाम छपे हैं। सम्पादक संज्ञा उपाध्याय ने उन पत्रों को हमारी विरासत तो कहा है, उस पर दायित्वपूर्वक वह लिखती हैं—'संयोग' से ये पत्र उस समय प्रकाशित हो रहे हैं जब रामविलास शर्मा की बरसी पर निकले/आलोचन अंक पर विवाद छिड़ा हुआ हैं इनमें से अनेक पत्र उस समय लिखे गये थे जब रामविलास जी ऋग्वेद पर काम कर रहे थे और जो इस विवाद में रामविलास जी द्वारा 'इतिहास की शव साधना' करने का समय बताया जा रहा हैं। यह पत्र उस विवाद में उठायी जा रही बहुत-सी बातों का स्वयं खण्डन कर देते हैं।' संज्ञा उपाध्याय को डॉ. नामवर सिंह का नाम याद नहीं रहा या जानकर ही उनके पिता ने यह रास्ता सिखाया है कि सत्य कहो पर ख़तरा मत मोल लो। खतरा लेने पर नौकरी का रास्ता बंद हो सकता है।

छत्तीसवाँ पत्र नयी दिल्ली—18, से दिनांक 7/2/89 को पाषाण जी यानी जगदीश जी को लिखा था—'आदमी जमाने से परेशान हो खुद से न हो, तो निभ जाती है, अब वे खुद बहुत तरह के होते हैं। ऐसा खुद जो क्रांति की राह देखता रहा हो, पर क्रांति के बदले हर तरफ बिखराव देखे तो वह बड़ी मुश्किल से काबू में आता है। क्रांति करने वालों पर से आस्था उठ जाये कोई बात नहीं। जनता और खुद अपने पर आस्था बनी रहे तो बड़ी बात है। आदमी कोई ऐसा काम करता रहे, जिससे जनता से उसका सम्पर्क बना रहे, तो उसे यह न लगेगा कि उसका समय व्यर्थ बीत रहा है। मान लो, वह लिखने के अलावा कुछ नहीं कर सकता तो उसे ऐसी तरकीब निकालनी चाहिए कि उसका लिखा बहुत लोगों तक नहीं तो दस पाँच लोगों तक भी पहुँचता रहे। हफ़्ते पखवारे में इस पाँच लोगों को गोष्ठियों के लिये बटोरना बहुत मुश्किल न होगा।'

अभी यह मानकर अशोक बाजपेयी ने ध्रुव शुक्ल को त्रिलोचन की एक रचना का चयन करने की दावत दी और ध्रुव शुक्ल ने प्रगतिवाद के इतिहास से उन्हें बाहर निकाल कर 'महात्मा गाँधी अन्तरराष्ट्रीय हिन्दी विश्वविद्यालय' की माया का एक कार्टून या भ्रम बना दिया। खुद त्रिलोचन माया और इतिहास के इस खेल में मंद-मंद हँसते हुए देखे गए थे। 'प्रेम के रूप' दूसरा संग्रह है जिसे कभी एम.ए.

करते समय तरकीब से देखा था अशोक वाजपेयी ने जब छपा तो प्रेम की अपनी छवियों पर लहालोट होती हुई रचनाएँ उसमें सँवार दी। यानी आधुनिक 'खुद' का एक रूप यह भी है—आत्मानंद रूप।

'पुराने वैष्णव कवियों को कृष्ण पर बड़ी आस्था थी, बेईमानी, लुच्चई उनके जमाने में भी थीं, पर वे इससे परेशान नहीं दिखाई देते। और सारी दुनिया कृष्णभक्त हो ऐसा नहीं था। सवाल यह है कि आज के क्रांतिकारी लेखन को जनता पर क्या उतनी आस्था है? जितनी उन वैष्णव भक्तों की कृष्ण पर थी? वे तो कृष्ण प्रेम के गीत गाकर जीवन सार्थक करते थे, पर क्रांतिकारी लेखक? कविता न छापे (छपे) तो क्या करे? वह सोचे और तय करे।'

'कथन' 33 में डॉ. शर्मा का यह कथन आलोचना में बेईमानी और लुच्चई का खुलासा करता है। और इसीलिए कभी मुक्तिबोध को, कभी अज्ञेय को, कभी त्रिलोचन को भक्ति और क्रांति से काट कर निरीह कवि बनाकर इस्तेमाल किया जाता है।

जो वर्ग संघर्ष को पुराना मान चुके हैं वह कैसी मानसिक अशांति में ही जीते हैं। इसके लिए इधर छपी चन्द आत्मकथाएँ देख लें। त्रिलोचन की आस्था और उनकी अशांति का अता-पता आपको मिल जाएगा।

23/3/89 के खत में डॉ. शर्मा प्रिय जगदीश जी से दूसरे विषय पर संवाद करते हैं :

"हम मार्क्सवादियों के साथ बड़ी मुसीबत यह है कि एक-दो नहीं सारी दुनिया को बदलने में विश्वास करते हैं। जब दुनिया हमारी इच्छाओं के अनुसार बदलने का नाम नहीं लेती या बदल कर बदतर हो जाती है तो हम बेहद परेशान होते हैं। संतों के जमाने में भक्तों की कमीं नहीं थी। हमारे दुनिया—बदल युग में क्रांतिकारियों (ईमानदार अनुयायियों) की कमी है। यह स्वाभाविक है कि दुनिया को बदलने की परेशानी में हम खुद को बदलने में जरा कम ध्यान देते हैं। इसलिए संतों की अपेक्षा हम मानसिक अशांति से पीड़ित होते हैं। यदि हमें अपने काम से संतोष हो, तो मानसिक अशांति भी कम हो। आखिर व्यक्तिगत सम्पत्ति की दुनिया बहुत पुरानी है, दुनिया बदलने वालों को भी फँसा लेती है। ठगिनी क्यों नैना झमकावे। सस्नेह रामविलास।" (वही, पृष्ठ 19) इसका एक उदाहरण खुद परोस देते हैं। वह क्या लिखते हैं, इसे रामविलास जी न पढ़ रहे हों, पर हम जो उसे पढ़ते हैं और भय या मानसिक उधेड़बुन में उसके साहित्य से उदासीन होते जाते हैं। यह सवाल बहुत उछाला जा रहा है 'विश्व पुस्तक मेले' या 'मीडिया' में कि 'हिन्दी के पाठक गुम हो रहे हैं'। पर इसे संवाद प्रकाशन के अनुभव से आलोक श्रीवास्तव ने खुलासा कर दिया है कि कितने बुद्धिजीवी क्या पढ़ते हैं। और कितनी किताबें मुफ़्त में मारने के बावजूद पढ़ने से बिदकते हैं। (अप्रैल,

समयान्तर)। ऐसे बुद्धिजीवी भी है जो दिल्ली में अपनी पुस्तक छपाने के लिए प्रकाशक के दलाल बनते हैं। ये दलाल लेखक आलोचक नहीं हैं पर अपनी शालीनता या मुखौटा लगाकर वह डॉ. शर्मा का मजाक जरूर उड़ाते हैं। ये लेखक पक्षधर या आस्थाशील लेखक हैं।

डॉ. शर्मा काम को बीच में छोड़ना ठीक नहीं समझते–"ऋग्वेद और भारतीय दर्शन वाले काम को पूरा कर ही डालना है। थोड़ा-थोड़ा करते रहने पर कुछ दिनों में पूरा हो जायेगा, उसके बाद सोचेंगे।" (74/18.11.91) न लिखने की पीड़ा से ग्रस्त लेखक हैं राजेन्द्र यादव। और उनके पड़ोसी बुद्धिजीवी डॉ. नामवर सिंह। अपनी 80 वीं वर्षगाँठ पर वह अपना लेखा-जोख मिला रहे थे और सोच रहे थे इतने अकेले भला क्यों है। मायावादी बुद्धजीवी निष्ठा और दृढ़ता पर वह सोचते भी नहीं, बस सिर्फ अपने को आइडेन्टिफाइ करते हैं–"मैं अपने आप को कामू के उपन्यास 'अजनबी' के नायक से अधिक आइडेन्टिफाइ कर पाता हूँ जिसकी संवेदनाएँ सूख गयी हैं।' (राजेन्द्र यादव–मुड़ मुड़ के देखता हूँ/पृ. 33)। आलोचना या आत्मसंघर्ष से भागने वाले आलोचक की संवेदना आज वाकई सूख गयी है। डॉ. रामविलास शर्मा की संवेदना सूखी नहीं थी। यह इन खतों से ही जाहिर होता है।

यह खत कहीं रेखाचित्र है, कहीं आत्मान्वेषण, तो कहीं डायरी, कहीं आत्मालाप के बावजूद बड़े-संसार को खोलते हैं–" 'ब्रदर्स कारवांजों' पढ़ा नहीं गया पर 'इडियट' पढ़ा है। दोस्तोवस्की का संसार बहुत सीमित है। मेहनत करने वाले लोग उसके बाहर हैं। जेन आस्टीन की तरह छोटे स्थान पर ध्यान केन्द्रित करके सूत कातते जाने की क्षमता उनमें है पर कुल मिलाकर उनके समाज में सड़ते पानी का ठहराव है।" (71/7.8.91) (इससे पहले आप चाहे तो नामवर सिंह के काशीनाथ सिंह के नाम लिखे खत 'काशी के नाम' पढ़ सकते हैं।) अब पिछले तीन दशकों का साहित्य क्यों सीमित होता जा रहा है? क्यों मेहनत करने वाले लोग साहित्य से बाहर होते जा रहे हैं? यह चिन्ता रामविलास शर्मा को है। डॉ. मैनेजर पाण्डेय यथार्थवाद से जब मुठभेड़ करते हैं तब उन्हें विद्यासागर नौटियाल के उपन्यास 'सूरज सबका है' का सत्य जाहिर नहीं होता। डॉ. शर्मा चिन्तक हैं इसलिए मूल पर सोचते हैं–"ट्रेजेडी आदर्श काव्य रूप में लिखे हुए नाटक उस तक नहीं पहुँचते। आदर्श ढाँचा अरस्तू के मन में है। प्लटो का आदर्श सौन्दर्य पार्थिव वस्तुओं में झाँकना है। प्लेटो उसकी झलक पर फ़िदा हैं–सूफियों की तरह। अरस्तु ढाँचे की हड्डियाँ गिनते हैं, उनकी आदर्श नाप-जोख बताते हैं। शैली के सौन्दर्यबोध का आधार प्लेटो है।" (70/12.7.91)

यह आदर्श साँचा पिछले सौ सालों में कहाँ बदला? कैसे उसमें बदलाव आया? कब वहाँ आलोचक सिर्फ ढाँचे की हड्डियाँ गिनता रहा? वह आज के बुद्धिजीवियों को परेशान नहीं करता। क्योंकि वह सिर्फ ठहरा हुआ आलोचक हैं

और स्वीकार करता है–"आज अनुमान होता है कि शायद व्यक्तित्व के विरोध की ये जड़े मेरे अधूरे होने की सुरक्षा बोध हो, सच्चाई चाहे जो हो मुझे आश्रित और याचक किसी का नहीं होना है, दया मुझे चिढ़ाती है।" (मुड़-मुड़ के देखता हूँ) कौन अधिक आश्रित है–अशोक वाजपेयी, राजेन्द्र यादव या नामवर सिंह? कौन सत्ता की दया पर नामवर के करीब खड़ा है? डॉ. रामविलास शर्मा अपनी बेटी और दामाद–'सेवा और आत्माराम' को यथार्थ भूमि पर देखते हैं और उस पर सोचते हैं–'कोई विचारधारा हो मार्क्सवाद और एंगेल्स की सीख यह है कि जिन मौलिक परिस्थितियों में इसका उद्भव और विकास हुआ उनका अध्ययन करना चाहिए। इसके विपरीत भाववादी चिंतक विचारधारा को विशुद्ध चेतना की उत्पत्ति मानकर उसे भौतिक परिस्थितियों से अलग रख कर देखते हैं।' (67/25.3.91)

दिल्ली में आलोचक एक ओर वर्तमान को बदलने वाले हैं दूसरी ओर मातम करने वाले हैं। डॉ. शर्मा सोचते हैं–"यदि वाम पक्ष यह नहीं करता तो हम मातम करने नहीं बैठेंगे (फिर भी बंगाल में तृणमूल कांग्रेस मातम ही कर रही है और दिल्ली में गुजरात के दंगों पर विपक्ष मातम का ही प्रदर्शन कर रहा है) जितना और जैसा बन पड़ेगा करेंगे। लेनिन की सीख है, 'क्रान्तिकारी क्रांति अकेले नहीं करते ज़नता करती है।...धर्म ने कभी सम्पत्ति भेद को मिटाने का सक्रिय प्रयास नहीं किया यहीं मार्क्सवाद उससे आगे हैं। हम उसकी विजय के लिए जीते हैं।" (64/10.1.91)

कौन मुम्बई, कलकत्ता, दिल्ली में जनता से संवाद कर रहा है? कौन उसकी विजय के लिए जी रहा है? यह देखना ही डॉ. शर्मा का वर्ग-संघर्ष, यथार्थवाद और मार्क्सवाद है। तीनों एक दूसरे के पूरक हैं, विरोधी नहीं। कितना मार्क्सवाद यथार्थ से (आज के भारतीय यथार्थ से) दूर है यह देखने के लिए भी डॉ. शर्मा के इन खतों को देखा जा सकता है। "आजाद भारत में पूँजीवाद में बड़ी सम्पत्ति विराट हुई। छोटी सम्पत्ति वाले सम्पत्तिहीनों में मिलते चले गए। दूसरे देशों को गुलाम बनाना, विश्व युद्धों में अपने मुनाफे के लिए करोड़ों की हत्या करना, पहले सिफलिस फिर गनोरिया और अब एड्स का प्रचार-प्रसार करना यह सब पूंजीवाद की देन है। इस दुनिया को अब बदलना है इसको बदलने का तरीका मार्क्स और लेनिन ने बताया था। मुम्बई में फुटपाथ पर सोने वाले से कहो कि–'तुम आजाद हो।' यह आजादी का मजाक है, उन्हें रोटी, कपड़ा, मकान दो, उनका पेट धर्म से न भरेगा।" (63/12.12.90)

त्रिलोचन की उसी गोष्ठी में मैंने इसीलिए जोर देकर कहा था त्रिलोचन गरीबी की रेखा से नीचे रहने वाली जनता के कवि हैं। उनके आत्मचित्र गरीबी में जीने वाली जनता का आत्मचित्र है। वह दो महायुद्धों के ऐसे कवि हैं जो युद्धकाण्ड में प्रेम और सौन्दर्य दोनों के कवि हैं। उनके श्रेष्ठ काव्य का स्थापत्य वाल्मीकि के

'युद्ध कांड' का स्थापत्य है। इसे ही आठवें दशक में कठिनाइयों के बावजूद त्रिलोचन ने आत्मसात किया है।

लम्बे समय तक भारत और इंग्लैण्ड के इतिहास को समझने और दूसरों को समझाने के लिए डॉ. शर्मा क्या करते रहे हैं? परम्परा उनके लिए आत्ममंथन और नयी दिशा खोजने की प्रक्रिया है। वे लिखते हैं—"जीवन में दुःख ही अधिक है, शायद इतना दुःख न हो तो आदमी के लिए माया-मोह का बंधन तोड़ना असंभव हो जाए।...हाँ 'किंगलियर' पढ़ना बहुत कठिन होता है। किंगलियर जीवन मुक्त नहीं होता, कैडेलिया का शव हाथों में उठाये वह दैवीय और मानवीय न्याय का विरोध करता हुआ विदा होता है। शेक्सपीयर के बड़े नाटकों में अथाह निराशा है—सबसे ज्यादा 'किंगलियर' में। तुमने तुलसी दास की इस पंक्ति पर ध्यान दिया है—'कियो न कछु करिबो न कछु मारिबो ही रह्यौ है' और कबीर का 'जबते माई जनमियाँ कदे न जाना सुख/डाली डाली मैं फिरा पाता पाता दुःख।' बड़े लेखकों के मन में पैठने से बड़ा सुख और नहीं हैं।" (57/26.9.90) आलोचना में यह बड़े लेखक को पहचानने का सुख कम नज़र आता है। इसीलिए नामवर जी ने किसी बड़े लेखक में पैठ कर कुछ नहीं लिखा।

भारतेन्दु, महावीर प्रसाद द्विवेदी, रामचन्द्र शुक्ल और निराला जैसे बड़े लेखकों के मन में पैठने पर ही डॉ. रामविलास शर्मा ने जो सुख हासिल किया था, उसी से वह इतिहास में बने रहे। वर्ग-संघर्ष के योद्धा रहे। यथार्थवाद का आदर्श साँचा देखते हैं और मार्क्सवाद को बदलने वाले चिन्तक हैं। "कई लोगों का स्वभाव होता है कि न मुड़ने की हठ से टूट जाते हैं। मुड़ना कई तरह का होता है एक वह जिससे रीढ़ टेढी हो जाए, दूसरा वह जिससे रीढ़ में ताकत आए। सलाम-बंदगी के सहारे जीने से सीधे खड़े रह कर टूट जाना बेहतर है।" (57/14.9.90)

क्यों डॉ. शर्मा सीधे अपनी जमीन पर खड़े रहे? क्योंकि यही आलोचना की रचना प्रक्रिया है, जो उन्हें शुक्ल जी के बाद का बेजोड़ विचारक, इतिहासकार, आलोचक बनाती है। बाकी आलोचक उनके सामने बौने और खोखले हैं। वे जुझारू पार्टी के सचेत बुद्धिजीवी थे क्योंकि वे देखते रहे वर्तमान में वर्ग संघर्ष करती जनता का अन्तर्विरोध नित्य गहरा होता जा रहा है। और पार्टी उससे दूर पड़ गई है। अपनी आँखों देखा यथार्थ है जिसको एक बाप ही लिख सकता है बिंना विलाप किये : 'आत्माराम और सेवा' कई साल पहले खम्भा जा रहे थे। आत्माराम स्कूटर चला रहे थे, सेवा पीछे बैठी थी। रात में चले आ रहे थे कि अचानक बिजली चली गई और स्कूटर के साथ वे लोग पास के नाले में गिरे। पानी काफी था। डूबने से बचे। गाँव वालों ने रस्सी फेंक कर उन्हें ऊपर निकाला।" (54/29.6.90)

यह है मार्क्सवादी चिन्तक का कटुम्ब का ढाँचा जिसे बदल रहे थे डॉ. शर्मा। यह बदलाव की प्रक्रिया ही उनकी आलोचना है जहाँ वह कुछ ठोस सवाल उठाते हैं, उनसे मुठभेड़ करते हैं और समाज का नया संगठन करना चाहते हैं।

डॉ. रामविलास शर्मा की भारतीय साहित्य की भूमिका

अभी तक डॉ. रामविलास शर्मा के चिन्तन के केन्द्र में थी 1857 की जातीय लड़ाई। अब वे भक्ति आन्दोलन की तरह स्वदेशी आन्दोलन को अगला कदम मान रहे हैं। अंग्रेजी राज और आजादी के बाद से भारतीय नवजागरण की पहचान पर वे जोर दे भी रहे हैं। **"भारतीय साहित्य की भूमिका"** डॉ. शर्मा के विकासशील मूल्यों का एक ऐसा ही आधुनिक मानदण्ड है। वह पहली बार इस मानदण्ड से भारतीय नवजागरण में संगीत, तमिलनाडु में नवजागरण, विद्यापति युग और विलियम जोन्स और भारतीय संस्कृति का व्यापक धरातल पर सर्वेक्षण और मूल्यांकन कर रहे हैं। इस मूल्यांकन की कई मूलभूत स्थापनाएँ वह अपनी दूसरी पुस्तकों में भी सिद्ध कर चुके हैं। यहाँ उनका सही परिप्रेक्ष्य दो है। मूल्यांकन केन्द्रित है एक, वेद और आदिकाव्य से भारतीय साहित्य का सिलसिला तलाशने में। दूसरा, कल्पना और यथार्थ के द्वन्द्व के बीच भारतीय साहित्य की परम्परा को जातीय आन्दोलन के लिए सूत्रबद्ध करने में।

"भारतीय साहित्य की भूमिका" वास्तव में जातीय आन्दोलन की ही एक भूमिका है। भक्ति आन्दोलन में जैसे "शूद्रों, मुसलमानों और स्त्रियों ने बड़े पैमाने पर...आन्दोलन में भाग लिया था।" उसी तरह आजादी की पच्चासवीं वर्ष गाँठ पर वह प्रगतिशील और जनवादी लेखकों को आम जनता के सहयोग से विशाल हिन्दी प्रदेश में आन्दोलित करना चाहते हैं। वह मानते हैं कि भारत बहुजातीय देश है और तमिलनाडु और बंगाल जाति की तरह हिन्दी जाति को भी अपने इतिहास, दर्शन, साहित्य और संगीत की जातीय भूमिका पर गर्व करना चाहिए।

आज भारत में बहुराष्ट्रीय कम्पनियों का एकाधिकार मजबूत हुआ है। वह सोवियत संघ के पतन के बाद विशाल हिन्दी जाति को स्वदेशी आन्दोलन करने के लिए प्रेरित करना चाहते हैं। आप इसे "कम्यूनिस्ट घोषणा पत्र" की तरह "जातीय विकास की द्वन्द्वात्मक भूमिका का घोषणा-पत्र" भी कह सकते हैं। स्वदेशी आन्दोलन का एक कार्यक्रम भी डॉ. शर्मा ने यहाँ प्रस्तुत किया है। उसमें कई अन्तर्विरोध भी हैं, पर वह उन पर संवाद करना चाहते हैं। इसीलिए उन्होंने आन्दोलन की पृष्ठभूमि साफ करते हुए लिखा है : "अंग्रेजी राज में भारतीय

उद्योग-धंधे नष्ट किए गये, विनिमय के पुराने केन्द्र उजाड़े गये, भक्ति आन्दोलन के दौरान शूद्र ऊपर उठे थे, वे दबा दिये गये, पहले की अपेक्षा और नीचे दबाये गये।" "पृ. 119"

क्या डॉ. शर्मा भक्ति आन्दोलन की तरह, आज के समय में हिन्दी जाति का आन्दोलन एक–स्वतन्त्र मार्क्सवादी सिद्धान्तकार की तरह–चलाना चाहते हैं? एक सवाल है। क्या मनुस्मृति के बाद के भारतीय समज के अन्तर्विरोधों का सामना डॉ. शर्मा **"वेदान्त की प्रगतिशील भूमिका"** से कर सकते हैं? क्या सांख्ययोग और लोकायत दर्शन को अपना मार्गदर्शक बनाकर आज के अर्थशास्त्री, कौटिल्य के बाद के विश्व के इजारेदार पूँजीपतियों ("निगमों, विश्व बैंक आदि का") को आमूल-चूल बदल सकते हैं? इतिहास, दर्शन, साहित्य और संस्कृति के क्षेत्र में कभी डॉ. सम्पूर्णानन्द ने भी "वेदान्त की प्रगतिशील भूमिका" की वकालत अपनी 'चिद्विलास' पुस्तक में की थी। उससे भिन्न क्या है मार्क्सवादी चिन्तक डॉ. राम विलास शर्मा का? क्या मार्क्सवादी चिन्तक डॉ. शर्मा महज यथार्थवाद और दर्शन के भौतिकवादी आधार तलाश कर भारत का सिलसिलेवार इतिहास लिखने की भूमिका तैयार कर रहे हैं? उनकी कुछ स्थापनाएँ आर्यसमाजी और 'पुरोहित पंथी' हैं। समाजवादी डॉ. सम्पूर्णानन्द ने कुछ बातें "चिद्विलास" में कही थी, उसे 1996 में डॉ. रामविलास शर्मा अब जोर देकर बता रहे हैं।

डॉ. शर्मा की "भारतीय साहित्य की भूमिका" की एक बात है : "वेदांत का एक यथार्थवादी पक्ष है जो संसार को सत्य मानता है उसके अंदर ब्रह्म को निहित मानता है, संसार को मिथ्या नहीं मानता। यह दर्शन मनुष्य की प्रगति में सहायक होता है। वेदान्त के अलावा यहाँ न्याय, सांख्य, वैशेषिक यथार्थवादी दर्शन थे। पुरोहित वर्ग ने इनमें भी ईश्वरवाद का प्रवेश कराया है और भाववादी दार्शनिकों ने उनकी ऐसी व्याख्या की है जिससे मनुष्य सांसारिक कर्मों से विमुख हो। मूलतः वे दर्शन यथार्थवादी हैं, योग दर्शन भी यथार्थवादी हैं। इसका प्रमाण यह है कि कौटिल्य जैसे यथार्थवादी विचारक **अर्थशास्त्र** के आरम्भ में सांख्य, योग और लोकायत को अपना मार्गदर्शक मानते हैं। यदि ये दर्शन कौटिल्य के मार्गदर्शक हो सकते थे और उन्हें संसार के अर्थशास्त्र का पहला यथार्थवादी ग्रन्थ लिखने की प्रेरणा दे सकते थे तो अवश्य ही बीसवीं सदी में वे बंगाल और भारत के नौजवानों को यथार्थवादी चिन्तन की दिशा में आगे बढ़ने की प्रेरणा दे सकते थे। इससे यह स्पष्ट होता कि **भारतीय दर्शन के यथार्थवादी तत्वों** को ढूँढना आवश्यक है, उनको एक साथ हटा देने से काम नहीं चलेगा। कोई न कोई दर्शन तो लेना ही पड़ेगा और सामाजिक प्रगति करनी है तो उसके लिए यथार्थवादी दर्शन ही आवश्यक है।" (भारतीय साहित्य की भूमिका पृ. 313)।

पार्टी लेखन और मार्क्सवाद पर डॉ. शर्मा का यह दर्शन कहीं लचीला है और

कहीं वह पार्टी लाइन के विरुद्ध कड़ा रूख भी अख्तियार करते हैं। नजरूल मुजफ्फर अहमद के साथ भारतीय कम्यूनिस्ट पार्टी के संस्थापक सदस्य थे, यह अयोध्या सिंह ने स्वीकार किया है। खुद राम विलास शर्मा कब कम्यूनिस्ट पार्टी के आन्दोलनों में शरीक हुए। कैसे प्रगतिशील लेखक संघ के यह महामन्त्री बने, इस पर शिवदान सिंह चौहान ने कई पेंच रखे हैं। पार्टी लाइन से अलग डॉ. शर्मा का तर्क है–प्रेमचन्द्र, स्वदेशी आन्दोलन में जेल नहीं गए, पर वह यथार्थवादी लेखक थे, यहाँ पार्टी की सदस्यता या हिस्सेदारी का सवाल डॉ. शर्मा जरूरी नहीं समझते। डॉ. शर्मा ने निराला का मूल्यांकन करते हुए वह निर्णय भी देते हैं वह स्वदेशी आन्दोलनों के प्रभाव में आये और सन् 30-31 में उन्होंने अनपे गाँव-जिले के राजनीतिक आन्दोलन में सक्रिय भाग लिया। वह विचार क्षेत्र में मार्क्सवाद को पूरी तरह न स्वीरकार करके भी व्यवहार में हिन्दी के हर मार्क्सवादी लेखक से आगे थे। देश की दरिद्रता की जानकारी, जनता के संगठन और उसके आन्दोलन की कठिनाइयों का ज्ञान उनके साहित्य के लिए लाभदायी सिद्ध हुआ। (निराला की साहित्य साधना पृ.–537)

अब एक-एक पहलू पर पहले विचार करें। भारत में यथार्थवादी पक्ष का इतिहास में, दर्शन में, विज्ञान में और भाषा में था, पर इतिहासकार उससे उदासीन रहे। भारतीय दर्शन के अध्येता चारवाक यानी लोकायत दर्शन की खोज करने से डरते या बिदकते रहे। विज्ञान में यथार्थवाद, प्रयोगशालाओं में था, आर्य भट्ट, आईस्टीन से महादेव साहा तक ने देश में उसे जीवन में उतारने की इक्की-दुक्की कोशिशें भी की। भाषा में यथार्थवाद से मुँह फेर कर "आदि भाषा" का एक तिलस्म कुछ भाषाविदों ने बनाया था, उसे पूरी तरह ध्वस्त किया डॉ. शर्मा ने । क्या डॉ. शर्मा के चिन्तन के इस पक्ष की यथार्थवादी पहचान इतिहास, दर्शन, विज्ञान और भाषा के पंडितों ने की है?

दूसरा पहलू है : मार्क्स के पूर्व यथार्थवादी विचारक कौटिल्य के अर्थशास्त्र का। भारत में मार्क्स के पूर्ववर्ती अर्थशास्त्री और मार्क्स के समसामयिक अर्थशास्त्रियों ने कौटिल्य की यथार्थवादी अर्थनीति और शासन नीति की तलाश करना कभी जरूरी नहीं समझा। डॉ. शर्मा ने मार्क्सवाद की देश में (पार्टी लाइन से अलग) भूमिका पहचानी। एक, 1857 तक भारत के इतिहास के बारे में मार्क्स की मान्यताओं की भूलें उन्होने देखी-परखी। दूसरे, भारत में ऋग्वेद "या हड़प्पा, मोहनजोदड़ो की नगर सभ्यता" तो विश्व बैंक की भूमिका तक एक सिलसिलेवार भारतीय अर्थशास्त्र की विकास यात्रा लिखी और उसमें कौटिल्य के अर्थशास्त्र को कसौटी बनाया। दूसरे मार्क्सवादियों ने कौटिल्य और मार्क्स पर तुलनात्मक दृष्टि से विचार करना जरूरी नहीं समझा। क्योंकि पार्टी लाइन में हीगल और मार्क्स पर तो विचार करने की छूट थी, भारत के दर्शन और अर्थशास्त्र पर खोज करने की

कोई भूमिका कभी खोजी नहीं गई थी। डॉ. शर्मा ने खतरा उठाकर न केवल भारत में अर्थशास्त्र की लोकायत परम्परा का स्रोत खोजा, बल्कि कौटिल्य और मार्क्स को लोकायत दर्शन और मार्क्सवादी अर्थशास्त्र में पुनः स्थापित किया।

तीसरा पहलू है : "मार्क्सवाद को पूरी तरह न स्वीकार करके" भी भारतीय साहित्य में उसकी भूमिका रही है। 'निराला की साहित्य साधना' के तीनों खण्डों में इसके कई पहलुओं पर डॉ. शर्मा ने विचार किया है। प्रेमचन्द्र, महावीर प्रसाद द्विवेदी, रामचन्द्र शुक्ल को यथार्थवादी परम्परा में स्थापित करने के बाद लीक से हटकर डॉ. शर्मा आज भारतीय साहित्य की भूमिका में तमिलनाडु में नवजागरण, विद्यापति युग,भारतीय नवजागरण में संगीत और विलियम जोन्स तथा राजा राममोहन राय की भारतीय इतिहास में प्रगतिशील भूमिका स्थापित कर रहे हैं।

आज के बाजार युद्ध में देश में दो तरह के विचारक हैं। यह पुरोहित वर्ग के समर्थक मनुवादी इतिहासकार, दार्शनिक, भाषा वैज्ञानिक और साहित्यकार हैं। दूसरे नारी मुक्ति और दलित मुक्ति के आन्दोलनकर्ता हैं। डॉ. शर्मा इन दोनों के बीच भारतीय इतिहास की प्रगतिशील भूमिका का सिद्धान्त और इतिहास रखकर पूछते हैं : "क्या दर्शन के लिए बिना सिकन्दर भारत पर, या हिटलर सोवियत संघ पर आक्रमण कर सकता था? क्या मार्क्सवादी दर्शन के बिना सोवियत संघ में क्रांति हो सकी थी? क्या बिना सही परिप्रेक्ष्य से दर्शन को समझे, कोई भारत में क्रांतिकारी भूमिका स्थापित कर सकता है?

इन सवालों का व्यापक धरातल पर उत्तर देने के लिए लिखी है डॉ. रामविलास शर्मा ने "भारतीय साहित्य की भूमिका" पुस्तक। यह भारत की आजादी के 50 साल पूरा होने पर डॉ. शर्मा की यथार्थवादी भूमिका है। इसके विषय पर बात करने से पहले मैं भारत में अमेरिकी प्रभाव के "समाजशास्त्री इतिहास" का ख़तरा देख रहा हूँ। साहित्य के इतिहास को रीतिवादी इतिहास का एक फुटनोट बताने वाले विचारक डॉ. मैनेजर पाण्डेय और डॉ. बच्चन सिंह और डॉ. नामवर सिंह हैं। उनकी मान्यताओं को ध्यान में रखना मैं जरूरी समझता हूँ। "उत्तर आधुनिकता" और सोवियत संघ का विघटन, भारतीय साहित्य में एक दिन में अचानक जुड़वा भाई की तरह, नहीं पैदा हुआ, यह भी आप को याद रखना चाहिए।

काव्यशिल्प के आधुनिकतावादी या उत्तर आधुनिकतावादी विचारक **"ऋग्वेद में कवि और काव्यशिल्प"** जैसा निबन्ध नहीं लिखेंगे। वे 'शैली भेद' पर विचार करते समय वाक्य विन्यास' की परम्परा पर सोचना भी जरूरी नहीं समझते हैं। जबकि मैंने कभी "डब्लू.वी. ईट्स एण्ड पोस्ट मार्डनिज्म" पुस्तक पढ़ते समय बार-बार 'ध्वन्यालोककार को याद किया था। इलिएट ने "थ्री बायसेस ऑफ पोयट्री" लिखते समय "ध्वनि सौन्दर्य" की जरूरत बताई थी। मुक्तिबोध ने उसे

व्यापक धरातल पर रचना-प्रक्रिया की व्याख्या करने के लिए "कविता का तीसरा क्षण" लेख लिखा था। इस तरह मुक्तिबोध भारतीय काव्यशास्त्र की ही पुनर्व्याख्या कर रहे थे।

"ऋग्वेद में कवि और काव्यशिल्प" अध्याय में यथार्थवादी काव्य परम्परा के स्रोतों की ऐसी ही पुनर्व्याख्या डॉ. शर्मा ने की है। उनकी व्याख्या के यहाँ दो सिलसिले हैं। एक, एकेडेमिक चिन्तन में पहल करने का सिलसिला है; जैसे– 1. कवि, ऋषि, विप्र, 2. कवि, पुरोहित, विश्यति 3. गाथा, वाणी, सूक्त, 4. कवि, कीर, रेभ।

दूसरा सिलसिला है भारतीय परम्परा की खोज की अहम भूमिका का, जैसे 5. शैली भेद, 6. छन्द नियोजन, 7. काव्य विन्यास, 8. ध्वनि सौन्दर्य, 9. मन्त्रबंध, सूक्तबंध, 10. उत्तम पुरुष सर्वनाम 11. नयी पीढ़ी पुरानी पीढ़ी।

शुक्ल जी ने जैसे भारतीय काव्यशास्त्र की नयी व्याख्या की थी रस मीमाँसा में। यहाँ डॉ. शर्मा ने कवि की प्रतिभा और काव्य-शिल्प के स्रोतों को ऋग्वेद से पहली बार समग्र रूप में परिभाषित किया है। ऋग्वेद के कवि "कवियों के कवि हैं, वह दूरदर्शी हैं, उनकी दूरदर्शिता काव्य रूप में प्रकट होती है। कवि के सामान्य अर्थ से उन्हें अलग नहीं किया जा सकता।" "पृष्ठ– 23"

शुक्ल जी ने जैसे **रसमीमांसा** लिखकर भारतीय काव्य की नयी कसौटी या भूमिका तलाश की थी। शुक्ल जी उस काम को पूरा नहीं कर सके। राहुल जी ने वैदिक छन्द और जनपदीय बोलियों के छन्दों पर पहली बार विचार किया था। यहाँ डॉ. शर्मा ने व्यापक धरातल पर यह लिखा है : "कवित्त की गति बोलचाल के बहुत निकट है, यही हाल अनुष्टुप का है। ऋग्वेद में इस छंद का बहुत प्रयोग हुआ है और यह तथ्य महाकाव्यों से ऋग्वेद को जोड़ता है। दूसरी ओर ऋग्वेद में लंबी पंक्तियों के ऐसे छंद हैं जिनमें संस्कृत के गणवृत्तों का पूर्वाभास मिलता है।" (वही पृ.–33)

महाकाव्यों की परम्परा में अभी तक राहुल ने 'स्वयंभू' और तुलसीदास की रामायण की शैली और छन्द पर संधान किया था। डॉ. शर्मा ने ऋग्वेद को महाकाव्यों से जोड़ कर संगीत, छन्द, भाषा, और कहने की शैली और गाथा की परम्परा का आधार खोजा है। बाल्मीकि को आदिकवि कहने के साथ डॉ. शर्मा कला रूपों में पहली बार शिष्ट और लोककला का मूल्यांकन करते हैं। जातीय संगीत की चर्चा इसमें मुख्य है। भारतीय साहित्य की चेतना को आधुनिक काव्य परम्परा तक जोड़ने में डॉ. शर्मा की भूमिका महत्वपूर्ण है। आज की कविता निराला की हो या मुक्तिबोध की हो–उनके कौशल में संवाद एक मुख्य पहलू है। डॉ. शर्मा ने लिखा है : "ऋग्वेद के अधिकांश सूक्तों में संवाद है। कवि एक या एक से अधिक देवों को सम्बोधित करके अपनी बात कहते हैं। कभी-कभी देव

आपस में बातें करते हैं। इस कारण ऋग्वेद के दार्शनिक काव्य में विशेष प्रकार का नाटकीयता का समावेश हुआ है।" (वही पृ.–45)"

कविता में नाटकीयता का समावेश निराला और मुक्तिबोध की लम्बी कविता की विशेषता है। त्रिलोचन की कविता में उनके वाक्यों का नियोजन नाटकीय समावेश पैदा करना है। मूलतः वह तीनों कवि काव्य-पाठ के कवि हैं। इनकी कविता के पढ़ने से कहीं "वक्तृ कला" और कहीं "लोक भाषा" के बोलने का कौशल नजर आता है। इस पर ध्यान देने वाले कवि, आधुनिक काव्य की दिशा बदल सकते हैं। डॉ. शर्मा ने लिखा है: "वस्तु केन्द्रित नाटकीयता में आत्मकेन्द्रित गेयता का मिश्रण" ऋग्वेदिक काव्य की प्रमुख विशेषता है। सूक्तों में गेयता के साथ वक्तृत्व कला भी है।...ऋचाओं और साम्गीतों में इसी तरह का सम्बन्ध है, फिर भी प्रधानता तत्व का, बोलने का है, इसी से ऋग्वेद नाम सार्थक होता है।...वस्तुकेन्द्रित नाटकीयता और आत्मकेन्द्रित गेयता–दोनों के विकास में सहयोग रहता है वक्तृत्व कला का।" वही पृ. 45)। यह महाकाव्य और लिरिक यानी गीत की लम्बी परम्परा का इतिहास है।'

आधुनिक काव्य के मूल्यांकन को एक ठोस एकेडमिक आधार मिला है डॉ. शर्मा के इस विवेचन से। लिखा है "ऋग्वेद में व्यक्ति वाचक सर्वनाम के उत्तम पुरुष एक वचन रूप "अहं, महयं, मम आदि" की प्रयोग बहुलता आश्चर्यजनक है।" यह आश्चर्यजनक प्रयोग बहुलता निराला और आज के कवियों को नया आधार देती है। लिखा है "होमर के काव्य में उत्तम पुरुष सर्वनाम जितना विरल है, वैदिक काव्य में वह उतना ही बहुल है। ऋग्वेद और होमर के काव्य भिन्न प्रकार के है, फिर भी उत्तम पुरुष सर्वनाम की प्रचुरता और बहुलता से भारतीय और यूनानी समाजों के विकास भेद का पता चलता है। होमर के समाज से वैदिक समाज बहुत अधिक विकसित है, उसमें कवि का व्यक्तित्व महत्वपूर्ण है।" (वही पृ. 49)।

बाल्मीकि, तुलसी, जायसी, के साथ विद्यापति और सूर के व्यक्त्त्वि को समझने के लिए ऐसी खोज पूर्ण टिप्पणियाँ डॉ. शर्मा ने इस ग्रन्थ में दी हैं जिनसे भारतीय मानस या चित्त की विभिन्नता और एकता का ठोस विकास हम कर सकते हैं। दुख की अनुभूति में ऋग्वेद के कवि से जैसे आदि कवि सीखते हैं, उसी तरह आज के कवि भी आदिकवि से अपनी काव्य सम्भावनाओं की तलाश कर सकते हैं। कोंई समर्थ कवि कभी परम्परा से सर्वथा विच्छिन्न नहीं होता, वह नयी परमपरा के ज़रिए ही नवजागरण की घोषणा करता है। भारतीय साहित्य में नवजागरण की विकासमान यह दृष्टि मैंने पहली बार देखी है। डॉ. शर्मा ने लिखा है : "भारत के सुदूर अतीत में यह नवजागरण की घोषणा है। ये कवि पुरानी देव कथाओं के प्रतीक ले रहे हैं और नया अर्थ दे रहे हैं। वे देवों की पृथक सत्ता मिटा

रहे हैं, एक अद्वैत शक्ति की व्याप्ति प्रतिपादित कर रहे हैं। पर वे कवि परम्परा से सर्वथा विच्छिन्न नही हैं। दार्शनिक स्तर पर वे उससे अलग हैं, दुःख की अनुभूति में वे उससे जुड़े हुए हैं।" (वही पृ. –53)

मेरे जैसे कई कवियों ने आदिकाव्य को पढ़ा है। पर डॉ. शर्मा ने "आदिकाव्यः कल्पना और यथार्थ" के विवेचन में, 1. प्राचीन कोसल और ऋग्वेद, 2. महाकाव्यों में मगध, 3. मगध-कोसल संघर्ष 4. बानर और राक्षस, 5. राक्षस-ऋग्वेद और रामायण में, 6. बाल्मीकि और नयी काव्यधारा, 7. परवर्ती क्षेपक परम्परा, 8. लोक भाषा और महाकाव्य, 9. प्राचीन भाषिक परम्परा और मकाकाव्य तथा 10. वैदिक अनुष्ठान और आख्यान गायन में जिस तरह इतिहास और काव्य का विकास पहचाना है वह एकदम मौलिक अनुष्ठान है।

एक मार्क्सवादी विचारक ही नयी काव्यधारा पर ऐसी टिप्पणी जड़ सकता है। यह शुक्ल जी के बाद की विकासमान काव्य धारा पर एक नोट है : "जैसे वैदिक काल कहने से ऋग्वेद और अन्य वेदों के बीच अन्तराल का पता नहीं चलता, वैसे ही महाकाव्य काल कहने से रामायण और महाभारत के बीच के फासले का पता नहीं चलता। राम रावण युद्ध जो महाभारत से पहले का है ही, ऋग्वेद के बाद बाल्मीकि नयी काव्य भाषा के निर्माता भी हैं, वह आदि कवि हैं। ऋग्वेद की भाषा उत्तर भारत में अन्तर्जनपदीय भाषा बन रही थी, उसकी उत्तराधिकारी है बाल्मीकि की भाषा। वह कथा-वाचकों की लोक भाषा है और इस भाषा के माध्यम से राम कथा दूर-दूर के जनपदों में पहुँची। बाल्मीकि ने काव्य रचा, उसे लवकुश को सिखाया, उन्होंने उसे गाकर दूसरों को सुनाया। इसी परम्परा की अनुकृति महाभारत में है। व्यास ने उसे रचा, सूतों ने बड़ी-बड़ी सभाओं में सुनाया। एक फर्क था। रामायण में जोर पात्र के गाने पर है, महाभारत में कथा कहने पर। बाल्मीकि सचेत कवि हैं, संगीत प्रेमी कलाकार हैं।" (वही, पृ.–74)

भारतीय दर्शन में राहुल जी बौद्ध दर्शन और संस्कृति की खोज करते हैं और सर्वात्मवाद की क्रांतिकारी भूमिका भारतीय इतिहास में वह बताते हैं। डॉ. शर्मा भारतीयदर्शन में वेदांत के बाद के काल पर—बौद्धदर्शन की क्रांतिकारी भूमिका को नहीं मानते। वह "भारतीय नवजागरण और यूरूप" पुस्तक की तरह "भारतीय साहित्य की भूमिका" पुस्तक में बुद्ध दर्शन और संस्कृति पर अपनी एकांकी स्थापनाएँ ही दुहराते हैं। लिखा है : "प्राचीन भारतीय दर्शन में एक धारा नियतिवाद की थी। जो कुछ होता है, वह कारण-कार्य परम्परा का परिणाम है। गौतम बुद्ध के बाद इस मत का प्रचार हुआ कि मनुष्य का दुख-सुख पूर्वजन्म के कर्मों का फल है। रामायण में किसी घटना की व्याख्या इस मत के आधार पर नहीं की गयी।" (वही, पृ. –75)।

जैसे रामविलास जी ने गौतम बुद्ध पर अपना निर्णय सुना दिया मूल बुद्ध

ग्रन्थों के अध्ययन के अभाव में राहुल जी यह नहीं करते। वह पूर्वजन्म और नियतिवाद के विरूद्ध सर्वात्मवादी बुद्ध को पहचानते और अपनी स्थापना को "बौद्धचर्या" में पुष्ट करते हैं। पुरोहित वर्ग ने रामायण, और जातक कथाओं का मनमाना अर्थ किया। क्षेपक जोड़कर उसकी मूल यथार्थवादी प्रवृत्ति को धूमिल किया। राहुल ने इसका विरोध रामविलास जी से अधिक "हिन्दी काव्यधारा" "संस्कृत–का काव्यधारा" आदि में किया है। राहुल जी ने बार-बार लोक भाषा और शिष्ट भाषा की पहचान इतिहास में की है। डॉ. शर्मा **यथार्थवाद** और **नवजागरण** की पहचान कराते हुए एक निष्कर्ष पर पहुँचते, इस निष्कर्ष में वह राहुल जी की तरह प्रक्षेपकों का सम्पादन करते हैं और पुरोहित वर्ग की जिसे वह ("ब्राह्मण वर्ग" करते हैं) (जिसके विरूद्ध सम्पूर्णानन्द "ब्राह्मण सावधान" पुस्तक लिखते हैं) आलोचना।

निराला, मुक्तिबोध और त्रिलोचन की कविता को यदि बाल्मीकि की लोक भाषा की यथार्थपरक परम्परा के साथ डॉ. शर्मा देखते तो उन्हें मुक्तिबोध और त्रिलोचन आदि कवि के अधिक निकट के कवि लगते। डॉ. शर्मा ने इस उद्धरण को नोट करते समय मुझे मुक्तिबोध की कविता का शिल्प या स्थापत्य और त्रिलोचन की यथार्थवादी कविता "नगई महरा" और "महाकुम्भ" के 27 सॉनेट वरबस याद आ गए थे।

डॉ. शर्मा ने लिखा है : "बाल्मीकि अतीत का चित्रण करते हैं, इसके लिए सामग्री समकालीन यथार्थ से प्राप्त करते हैं। कथा के अतिशयोक्ति पूर्ण और चमत्कारी अंश हटा दिये जायें तो बाल्मीकि के समय के अवध और बुन्देलखण्ड के, वहाँ के वन-पर्वत नदियों के इन जनपदों मे रहने वालों स्त्रियों और पुरूषों के वास्तविक चित्र मिल जाएँगे। नदियाँ पार करते उन्होंने सझघाट बनाये थे या दूसरों को बनाते देखा था। टूसू के पेड़ों में पत्ते नहीं है, फूल ही फूल हैं, पहाड़ फूलों से लदा हुआ है, मानो उसमें आग लगी हो, वह दृश्य उन्होंने अवश्य देखा था। इस तरह की खोहों और गुफाओं वाले पहाड़ों में वह घूमे थे, यह निश्चित है। यहाँ उन्होंने किसी अत्यन्त वृद्धा वनवासिनी स्त्री को देखा था :

शिथिलां वलितां वृद्धां जरापाण्डुरमूर्थजाम्।
सततं वेषमानाङ्गी प्रवाते कदली यथा।।

"शरीर बुढ़ापे के कारण शिथिल हो गया था। सब शरीर की खाल सिकुड़ गयी थी और सिर के बाल सफ़ेद हो गये थे। हवा के वेग से काँपते हुए केले के पेड़ की तरह...शरीर सदा काँपा करता था।" "चतुर्वेदी, अयोध्या, 117-18, वही पृ. –87"।

त्रिलोचन की कविता के जनपदीय चरित्र और अवधी "पूर्वी अवधी के है। 'अमोला' की" भाषा सौन्दर्य पर डॉ. शर्मा सचेत रूप में सोचते हैं, पर छत्तीसगढ़ी। राजनन्द गाँव (मराठी भाषी) (नागपुर) मुक्तिबोध की कविता के यथार्थ पर यह

उदासीन रहते हैं। मुक्तिबोध अतीत का चित्रण (काठ का रावण, ओराँग उटान, यह राक्षस) करते हैं, इसके लिए सामग्री समकालीन यथार्थ से प्राप्त करते हैं। मुक्तिबोध के वास्तविक चरित्र आज की हिन्दी कविता पर छाये हुए हैं। वह लम्बी कविताओं में चरित्र का पोर्ट्रेट भी रचते हैं, और प्रकृति तथा मानवीय यथार्थ का लेण्डस्केप भी बाल्मीकि की परम्परा में रचते हैं। केदारनाथ अग्रवाल के मुकाबले के बुन्देल खण्ड को भीतर से पहचानते हैं डॉ. शर्मा और मुक्तिबोध के यथार्थ पर शंकाएँ पैदा करते हैं। क्या वह भारतीय साहित्य की एकांगी भूमिका नहीं है। विद्यापति, सूर की पहचान करते समय वह एकांगिता डॉ. शर्मा में नजर नहीं आती।

वाल्मीकि की कविता में कल्पना और यथार्थ दोनों हैं। यह यथार्थ दो तरह का मुक्तिबोध में भी है। डॉ. शर्मा तुलसीदास के मानस को याद रखते हैं, पर मुक्तिबोध को महाकाव्यों की परम्परा में भुला देते हैं। लिखा है डॉ. शर्मा ने : "रामायण में कल्पना और यथार्थ दोनों हैं। यथार्थ दो तरह का है। यह वह है जो बाल्मीकि को परम्परा से प्राप्त हुआ है। इसमें कोसल और जनस्थान, राम रावण आदि सम्बन्धित घटनाएँ हैं, इनके साथ ऋग्वेद की काव्य परम्परा, लोक भाषा की परम्परा है बाल्मीकि का समकालीन यथार्थ दूसरी तरह का यथार्थ है। इसमें उसके समय की सामाजिक चेतना प्राकृतिक परिवेश, कथावाचक परम्परा हैं ये दोनों तरह के यथार्थ एक-दूसरे को पुष्ट करते हैं, रामायण के गहरे और स्थायी प्रभाव के मूलाधार हैं। इनके साथ कल्पना दो तरह की हैं एक कल्पना वह है जो अतीत को प्रत्यक्षवत् देखती है, उसे समकालीन यथार्थ से जोड़ती है, अनूठी उपमाओं में, काव्य की संरचना में प्रतिफलित होती है। यह कल्पना वाल्मीकि की अपनी है, काव्योत्कर्ष में सहायक है। इससे भिन्न कल्पना परवर्ती कवियों की है, वह कथा को नये-नये असम्भव रूप देती है और काव्य की प्रभाव क्षमता को नष्ट करती है।" (वही पृ.—94) मुक्तिबोध की लम्बी कविता वाल्मीकि की कल्पना को अपने समय की चेतना के नाते प्रत्यक्षवत् देखना सिखाती है।

"नगर सभ्यता और वर्णव्यवस्था" लेख वर्तमान भारत को समझने का एक जरूरी लेख है। जो हीगल के बहाने मार्क्स का हवाला देकर यह बताते रहे हैं कि भारत पिछड़ा यानी कृषि प्रधान देश है, उनकी आँख खोलने का काम लम्बे समय से डॉ. शर्मा करते आ रहे हैं। उन्होंने बताया था कि हीगल की भारत विरोधी समझ को बाद में अपने संधान से मार्क्स ने सुधारा था और 1857 के भारतीय नवजागरण पर पुनर्विचार किया था।

डॉ. शर्मा के चिन्तन का यहाँ दो आधार बिन्दु हैं, एक भारत की नगर सभ्यता और व्यापार दूसरा, उपनिवेशिक आजादी के बाद भारत के सांस्कृतिक स्रोतों का संधान।

अंग्रेज या उपनिवेशवादी विचारक यह मानते हैं कि अंग्रेजों ने भारत को आधुनिक बनाया यानी नगर सभ्यता का विकास किया और सामन्तवाद से उसे आधुनिक विश्व के साथ बैठाया। डॉ. शर्मा ने सामन्तवाद की काल सीमा का अद्यतन अध्ययन किया और बताया कि इंग्लैण्ड के संसद में तब सामन्तशाही का दबदवा था। वहाँ के मुकाबले भारत में व्यापारिक उद्योग का विकास इतना हो चुका था कि ईस्ट इंडिया कम्पनी यहाँ का जूट, कपड़ा, मसाला आदि चीज़ें नगद सोना देकर ले जाते थे। यहाँ तब तक व्यापार की मंडिया देश भर में सुनियोजित थी। चाणक्य ने अर्थ नीति और शासन नीति की इसी दिशा में नयी व्याख्या की थी जो मैकियावेली से आधुनिक और सुगठित थी।

ज्यादातर लोग भारत के व्यापार के विकास अंग्रेजों की देन मानते थे। उनके भ्रम को तोड़ते हुए डॉ. शर्मा ने "ऋग्वेद में पुर" लेख लिखा। उनकी स्थापना है : "किसान और कारीगर पुरों में रहते हैं, गाँवों में भी रहते हैं इस तरह दोनों में काफी समानता है। अन्तर यह है कि पुर सुरक्षित स्थान है, ग्राम उस तरह सुरक्षित नहीं है। ऋग्वेद के पुर नगरों का पूर्व रूप हैं। शीघ्र ही पुर और जनपद का भेद स्पष्ट हो जायेगा। यह सम्भव है कि ऋग्वैदिक काल में ही प्रत्येक जनपद का अपना केन्द्रीय नगर रहा हो पर ऋग्वेद में गणों, जनों राजाओं, ऋषियों आदि के नाम तो भरे पड़े हैं, पुरों (और ग्रामों) के नाम विरल हैं। (वही पृ.–99)".

डॉ. शर्मा ने उन इतिहासकारों का खाका खींच कर रख दिया है जो यह मानते हैं कि buying और परचेजिंग के लिए ऋग्वेद में कोई शब्द नहीं था। यह विद्वान है रामशरण शर्मा। डॉ. शर्मा ने लिखा "बेचने खरीदने का चलन अवश्य है पर विनिमय का माध्यम यहाँ गायें हैं, इससे आदिम अवस्था का पता चलता है। सम्भव है, मुद्रा के रूप में कनिष्क का उपयोग भी होता रहा हो।" (वही पृ.–100)।

आशंका थी कि यदि भारत में ऋग्वेद काल में "विनिमय और लेन देन" नहीं था तो पुर या व्यापार केन्द्र कैसे यहाँ विकसित हुए। **हरियूपीय** आर्यों का पुर था। एक अन्यपुर का नाम है **नार्मिणी**।... कौसांबी के अनुसार यह नगर **मोहनजोदड़ो** हो सकता है। (पृ.–68) "हडप्पा और उसके बाद" की नगर सभ्यता पर विद्वानों की खोज के बाद डॉ. शर्मा इस निष्कर्ष पर पहुँचते हैं "ऋग्वेद के पुर ही नहीं, ग्राम भी आदिम साम्यवाद के आगे की मंजिल हैं। व्यक्तिगत सम्पति का चलन हो गया है।" (वही पृ.–103)।

व्यक्तिगत सम्पत्ति राजसत्ता के चरित्र और वर्ग-संघर्ष को पैदा करता है। कुछ विद्वान इस भ्रम में हैं कि भारत में न गण व्यवस्था थी, बस 'वर्ण व्यवस्था थी। वह विद्वान भारतीय समाज के विकास की मंजिलों का अध्ययन करना जरूरी नहीं समझते। डॉ. शर्मा से पहले राहुल जी भारतीय प्राचीन समाजों में वर्ण व्यवस्था और वर्ण संकरता" पर इतिहासकारों का ध्यान केन्द्रित किया था। डॉ. शर्मा ने लिखा

है : "भारत के नये-पुराने इतिहास को समझने में बहुत बड़ी बाधा है। वर्ण धर्म की स्थिति के बारे में हमारी कल्पना जिसका आधार मनुस्मृति है। वास्तव में भारतीय इतिहास के किसी दौर में वह वर्ण व्यवस्था कभी प्रत्यक्ष नहीं हुई जिसका वर्णन स्मृतिकार ने किया है। (पृ.–105)" मनुस्मृति के बाद राजसत्ता में एक चरित्र विकसित होता है या उसकी भूमिका रूद्ध होती है, वह है **पुरोहित वर्ग।** यह वर्ग रंग, के आधार पर चार वर्णों का संगठन या एक वर्ण का विघटन करता-कराता है। डॉ. शर्मा ने वर्ण भेद को ऋग्वेद या उपनिषदों के बाद की एक कल्पना माना है। वह बताते हैं : "ब्रह्मा ने चार रंग के मनुष्य न बनाये थे, पहले सब एक ही वर्ण, सम्भवतः श्वेत वर्ण, के थे, फिर कर्म के प्रभाव से उनका रंग बदलता गया। इस कल्पना का आधार यह है कि शांति पर्व के रचनाकाल तक वहाँ के समाज में अनेक नस्लों का मिश्रण हो चुका था।" (पृ.–107)।

नस्लों का मिश्रण समाज में उनके काम के नाते हुआ। श्रम करने वाले को (चाहे विश्वकर्मा कहा हो) नीचा माना जाने लगा था। यह एक अतिकल्पना है कि चारों वर्ण कभी एक समान हो जाएंगे। अभी महाभारत से 50 साल बाद के आजाद भारत में भी जन्मगत श्रेष्ठता बरकरार है। डॉ. शर्मा एक सरलीकृत हल निकालते हैं कि "जन्मगत श्रेष्ठता समाप्त करके वित्त सबको एक ही सामाजिक स्तर पर ले आता है। इससे वर्ण संकरता बढ़ती है, साथ ही धनी और दरिद्र का भेद बढ़ता है। मनुस्मृति में दोनों बातें देखी जा सकती हैं। '(वही पृ.–112)।"

डॉ. शर्मा जातीय चेतना का इतिहास नहीं लिख रहे हैं, वह सिर्फ जातीय बदलाव के कुछ सूत्र हमारे सामने रखकर "भारतीय साहित्य की भूमिका" का आधार तैयार कर रहे हैं। जैसे कभी डॉ. हजारी प्रसाद द्विवेदी ने "हिन्दी साहित्य की भूमिका" लिखकर एक सांस्कृति सूत्र हमारे जीवन से खोजे थे, वैसे ही डॉ. शर्मा ने भारत को बाँटने, उसे विभाजित करने वालों के सामने एक ठोस सबूत हमारे सामने रखा है कि "ऋग्वेद में वर्ण उभर रहे हैं, ऋषियों में श्रम के प्रति अनादर का भाव नहीं है। उसके बाद क्या यजुर्वेद, क्या महाभारत, वर्ण संकरता ही है। भक्ति आन्दोलन में वर्ण धर्म की मर्यादाएँ टूट जाती हैं, और नयी लोक संस्कृति का निर्माण होता है। (वही पृष्ठ–120)।"

वास्तव में डॉ. शर्मा लोक संस्कृति के निर्माण के स्रोत खोजते हुए भारत की भावात्मक एकता को, तमिलनाडु में नवजागरण तथा संगीत में नवजागरण से जोड़ते हैं और एक व्यापक सांस्कृतिक भारत की भूमिका के आज को विघटनशील भारत के सामने प्रस्तुत कर रहे हैं।

इस पुस्तक में डॉ. शर्मा की भूमिका दोहरी है। उनकी एक भूमिका है, भारत को यूरोप के समानान्तर देखने परखने की। उनकी दूसरी भूमिका है भारत की जातियों की एकता का भावात्मक सूत्र खोजना। पहली भूमिका पर डॉ. शर्मा ने

लिखा है : "यूरोप में जब पुनर्जागरण काल आरम्भ हुआ, उससे बहुत पहले वैसे युग का आविर्भाव तमिलनाडु में हो चुका था। इटली की तरह यहाँ साहित्य के साथ अनेक कलाओं का विकास हुआ, व्यापारिक सम्बन्धों का प्रसार हुआ और इटली से भिन्न काफी समय तक तमिलनाडु राजनीतिक रूप से एकताबद्ध रहा" (वही पृ.–121)।

यहाँ भारत की आजादी के साथ आयरिश आजादी के राजनीतिक रूप को याद रखना चाहिए जिसकी डॉ. शर्मा बार-बार अपनी पुस्तकों में चर्चा करते रहे हैं। एकताबद्ध होना डॉ. शर्मा की भूमिका का बुनियाद है। वह "अनेक कलाओं का विकास" इसी उद्‌देश्य से भारतीय साहित्य में खोजते रहे हैं। "स्थापत्य और शिल्प कलाओं का विकास" भारत की इसी एकताबद्धता की चेतना के नाते हुआ था। डॉ. शर्मा ने लिखा : 'तमिलनाडु अपनी स्थापत्य और शिल्प कलाओं के लिए विश्व प्रसिद्ध है। इन कलाओं के विकास काल में उत्तर भारत से तमिलनाडु का सम्पर्क बना हुआ था। व्यापार और कलाओं के विकास का एक केन्द्र **कावेरीपट्टिणम** नाम का नगर था। प्राचीन तमिल काव्य **"मणिमेघलई"** में इस नगर का वर्णन है।" (वही पृ.–125)।

भारत की एकता व्यापार और कलाओं के विकास का हिस्सा थी, यह डॉ. शर्मा की मौलिक भूमिका है। नगर सभ्यता, वेदों से अंग्रेज़ों के आने तक विकसित यहाँ होती गयी, यह दूसरी मौलिक भूमिका है डॉ. शर्मा की। विभिन्न स्रोतों से डॉ. शर्मा यह बताते हैं कि "तमिलनाडु के सांस्कृतिक नव जागरण की विशेषता है कि साहित्य के साथ वहाँ ललित कलाओं का विकास हुआ। इनमें प्रधान है वास्तुकला।" (वही पृ. 136)।

वर्ण व्यवस्था जैसे "मृच्छकटकम" नाटक में ढीली पड़ी थी, वैसे ही डॉ. शर्मा ने बताया, "शिल्पदिकारम् के कवि का युगान्तरकारी काम यह है कि उन्होंने वैश्य वर्ण के एक सदस्य को अपना नायक बनाया है। शेक्शपियर ने 'मर्चेन्ट ऑफ वेनिस' में व्यापारी को नायक बनाया : यूरोप के साहित्य को इस मंजिल तक पहुँचने में काफी समय लगा। नाटक और काव्य में किसी व्यापारी के नायक बनने का अर्थ यह है कि सामाजिक सम्बन्ध बदल रहे हैं और सम्पत्ति संग्रह के साधनों पर सामन्त वर्ग अपना एकाधिकार खो रहा है।" (वही पृ. 141)।

सामाजिक सम्बन्ध में बदलाव डॉ. सम्पूर्णानन्द नहीं देखते, न वह विद्यापति की आर्थिक और राजनीतिक परिस्थिति का अध्ययन करते हैं। वह "ब्राह्मण सावधान" लिखकर वर्ण संघर्ष के एक विवाद को जन्म देते हैं। डॉ. शर्मा इसे मार्क्सवादी विकास प्रक्रिया से देखकर लिखते हैं : "एंगेल्स ने दान्ते के लिए कहा था कि "वे मध्यकाल के अन्तिम और आधुनिक काल के प्रथम कवि हैं।" यह बात एक हद तक विद्यापति के बारे में भी कही जा सकती है। अन्तर यह है कि

जितनी मध्यकालीनता दान्ते के साथ है, उनका शतांश भी विद्यापति के साथ नहीं है।" (पृ.–152)।

नेहरू भारत की खोज करते हैं। पर वह **"झारखण्ड और वहाँ के आदिवासी"** को इतिहास में याद तक नहीं करते हैं। डॉ. शर्मा "नवजागरण काल में मिथिला के समानान्तर झारखण्ड के आदिवासियों की हालत" पर भी सोचते हैं। यह सोचना उस भूमिका की कड़ी को खोजना है जो सामन्तवाद में भी छोटानागपुर के आदिवासियों को अपना 'स्वतन्त्र राज्य' कायम करना सिखाती है।

डॉ. शर्मा संगीत और संस्कृति के इसी जातीय नवजागरण के अध्येता हैं। वह लिखते हैं : "आदिवासी क्षेत्रों के प्रति सामंतों की नीति एक थी और भक्त कवियों की दूसरी। डॉ. के.एस. सिंह ने भक्ति आन्दोलन के सिलसिले में लिखा है कि "मध्यकालीन भक्ति छत्तीसगढ़ से शुरू होकर, छोटानागपुर तक फैलती चली गई। औराँव और मुंडा लोगों में कबीर के अनुयायियों ने अपने शिष्य बनाए। मुंडा, भूमिज आदि जनों के बीच चैतन्य के अनुयायी पैदा हुए।"...पुराने कबीलों के बहुत से हिस्से एक व्यापक सांस्कृतिक आन्दोलन में सिमट आये, यह बहुत महत्वपूर्ण बात थी। इसके समानान्तर आदि राजनीति में भी वे एक साथ आते तो देश का मानचित्र बदला जा सकता था।" (वही पृ.–162)।

भारतीय साहित्य की भूमिका का एक मूल मुद्दा है, सांस्कृतिक आन्दोलन के साथ, राजनीति में हिस्सेदारी का। डॉ. शर्मा देश का मानचित्र बदलना चाहते हैं। डॉ. हजारी प्रसाद द्विवेदी "हिन्दी साहित्य की भूमिका" में इसी मानचित्र को भूल जाते हैं। डॉ. शर्मा "संगीत का इतिहास और भारतीय नवजागरण की समस्याएँ" निबन्ध में स्व. आचार्य बृहस्पति के एक संग्रह "संगीत चिन्तामणि" को आधार बनाकर एक, इतिहास, दूसरे, सांस्कृतिक भारत पर विचार करते हैं। संगीत का विकास और इतिहास, बहुआयामी होता है। डॉ. शर्मा ने लिखा है : "भारत में नवजागरण की समस्याएँ साहित्य तक सीमित नहीं हैं, उनकी परिधि में दर्शन, विज्ञान, प्रौद्योगिकी तथा स्थापत्य शिल्प, चित्र, नृत्य, संगीत आदि ललित कलाएँ भी आती हैं। संगीत के एक विशेषज्ञ, स्वर्गीय आचार्य बृहस्पति, इस कला के पुराने इतिहास और वर्तमान अवस्था पर सोचते विचारते रहे हैं।" (वही पृ. 163)।

उनके सोचने-विचारने से 1. नवजागरण और अमीर खुसरो 2. ध्रुपद और सूरदास, 3. संगीत परम्परा और मुसलमान, 5. सप्तक में श्रषभ और षड्ज, 5. सप्तक में पंचम और मध्यम, 6. संगीत संसार में अरब और ईरान, 7. लोकभाषा और लोक संगीत, 8. संत गायक और संगीतशास्त्र 9. सांस्कृतिक विनिमय और रागों का प्रसार क्षेत्र, 10. भक्ति आन्दोलन और संगीत का राष्ट्रीय स्वरूप, 11. लोक संगीत और दरबार, 12. लोकरूचि शास्त्रकार, 13. श्रुतिविवेक

और स्थान, 14. जातीयता की समस्या और अन्धकार युग, 15. स्वाधीनता और संगीत के विकास की दिशाएँ, 16. यूरोप का नवजागरण और संगीत, 17. कर्नाटक संगीत और तमिलनाडु जैसे, इन सत्रह विकास के चरण हैं जिनके माध्यम से भारत में नवजागरण की कहानी के कई सूत्र जैसे लोक भाषा, लोक संगीत, भक्ति आन्दोलन, स्वाधीनता और लोकरूचि का इतिहास फिर से लिखा जाएगा। डॉ. शर्मा ने संसार के इतिहास और वर्तमान अवस्था पर एक विशेषज्ञ की भूमिका बड़े व्यापक धरातल पर यहाँ पूरी की है। मूलतः वह नवजागरण के संधानकर्ता और आन्दोलनकर्ता दोनों हैं।

जिस तरह एक समानान्तर दुनिया, यूरोप का नवजागरण और भारत का नवजागरण, डॉ. शर्मा के मन में स्थायी तौर पर रही है, उसी तरह यथार्थवाद की समानान्तर भूमिकाएँ भी बहुत समय से उनके मन में रच-बस रही थीं। वह **"यूरोप का नवजागरण और संगीत"** पर सोचते हुए बताते हैं, "जेराल्ड हेन्ड्री और दीना बार्शम ने अपनी पुस्तक रिनैसेन्स म्यूजिक में यूरोप को ध्यान में रखते हुए नवजागरण की अवधि 1425 से 1600 तक बतायी है, इंग्लैण्ड में यह अवधि कुछ अधिक, 1625 तक, चली बाती है। वास्तव में यह यूरोप में जातियों का गठन का पहला दौर है। साहित्य तथा ललित कलाओं को यूनान की संस्कृति से प्रेरणा मिली, इसलिए, इस युग को रिनैसेन्स, पुनर्जन्म अथवा पुनर्जागरण कहते हैं। वास्तव में यह जातीय निर्माण का नया युग था, इसलिए उसे नवजागरण कहना उचित है।" (वही पृ.–219)।

यह डॉ. शर्मा के दूसरे मन की समानान्तर भूमिका है। वह यूरोप के समानान्तर यह देखते हैं भारत का नवजागरण : कि "संगीत में यथार्थवाद के विकास के साथ इस नादस्थापत्य का विकास और परिष्कार सम्भव है।" (पृ. –218) कि भरत स्वयं कह गये हैं : नाट्यं लोकस्वभावजम् (अथवा नाट्यं लोकात्मंक त्विदम्, नाट्यशास्त्र 25-123)। नाट्य लोक स्वभाव से उत्पन्न होता है। इस तरह भरत संगीत के भावी विकास की दिशा भी निर्धारित कर गये।" (पृ. –218) डॉ. शर्मा ने शुक्ल जी के सूत्र लोक अभिरूचि या लोकचित्त का लोक संगीत, लोक कला, लोक साहित्य यानी नवजागरण के विकास में खोज कर यह महत कार्य किया है।

हीगल ने भारत को नहीं समझने का हठ-सा कर लिया था। मार्क्स ने भी जब हीगल की बात तक अपनी दृष्टि को सीमित रखा, वह भारत की आजादी पर गलत निर्णय करते रहे। डॉ. शर्मा ने मार्क्स की भूलों पर भी विचार किया था। उसी तरह वह भारत के नवजागरण के स्रोतों की व्याख्या के लिए विलियम जोन्स का पुनर्मूल्यांकन करते हैं, और तमिलनाडु नवजागरण के साथ बंगाल का नवजागरण राजा राम मोहन राय की जातीयता से परखते हैं। इस तरह आधुनिक

भारत तक भारतीय नवजागरण का इतिहास हमारे सामने वह रखते हैं। इनमें से कोई एक अध्याय, कोई एक इतिहासकार अकेले आज तक नहीं लिख सका है। डॉ. शर्मा सिर्फ नवजागरण का इतिहास ही नहीं लिखकर एकेडमिक संसार में अपनी धाक जमा रहे हैं, वह मूलतः आज के भारतीय साहित्यकार, संगीतज्ञ स्थापत्यविद, भाषा वैज्ञानिक और मार्क्सवादियों (उनमें दलीय मार्क्सवादी भी हैं) से भारत में नवजागरण पर संवाद कर रहे हैं।

भारत में नवजागरण पर संवाद का एक मुद्दा है : "मार्क्स और हीगल उस विपुल साहित्य से परिचित न थे जिससे विलियम जोन्स परिचित थे। इसलिए भी मार्क्सवादियों के लिए यह आवश्यक है कि भारत के सम्बन्ध में मार्क्स की स्थापनाओं पर विचार करते हुए विलियम जोन्स को पढ़े और देखें कि जो व्यक्ति भारत में रहा था, यहाँ के लोगों से मिला था, यहाँ के बुद्धिजीवियों से विचार विनिमय करता रहा था, यहाँ के साहित्य का अध्ययन करने में जिसका बहुत-सा समय खर्च हुआ था, वह भारत के बारे में क्या सोचता है।" (पृ.–226), यह एक कि मुद्दा ही पार्टीलाइन से अलग डॉ. शर्मा को स्वतन्त्र मार्क्सवादी बनाता है। डॉ. नामवर सिंह, शिवदान सिंह चौहान जैसे पार्टी में 'जमे हुए' बुद्धिजीवियों ने 19वीं सदी के उत्तरार्ध में ब्रिटिश साम्राज्यवाद और भारतीय नवजागरण पर कभी विचार ही नहीं किया। जैसे 1784 में सर विलियम जोन्स ने **एशियाटिक सोसायटी** की स्थापना की थी, पर उनकी खोज के केन्द्र में था भारत, वही स्थिति भारत के मार्क्सवादियों के बीच डॉ. शर्मा की आज है।

भारतीय नवजागरण पर संवाद का दूसरा मुद्दा है : "यूनान या तो भारत के समकक्ष है या भारत उससे कुछ बढ़कर है, 'सिखाने वाला भारत है, सीखने वाला यूनान है।" मैक्समूलर का पूर्वानुमान प्रस्तुत करते हुए उन्होंने कहा : न अब हम उन लोगों में रहते हैं जो उन्हीं देवी-देवताओं की उपासना करते हैं जिनकी उपासना भिन्न नामों से पुराने यूनानी और इटली के लोग करते थे।" (खण्ड 3, पृ.–36)। (पृ.–233) "यह पहलू भारत को विश्व का गुरु मानने वाले सम्पूर्णानन्द और भाजपाई हिन्दूवादियों का भी है। विलियम जोन्स, प्रख्यात वैज्ञानिक न्यूटन और डॉ. शर्मा इसी बात में एकमत हैं, वह है : कि "ज्ञान का मूल स्रोत वेद है।" (वही पृ.–241)। सूफी कवियों ने उस स्रोत से सीखा, न्यूटन ने सीखा सिर्फ भारत गुलामी के दबाव में उस स्रोत को भूल गया था। यह तिलक के पुनरुर्त्थानवाद का मार्क्सवादी डॉ. शर्मा का एक दिलचस्प भाष्य है।

डॉ. शर्मा और विलियम जोन्स की रचनाओं में समानता है, "अंग्रेजी के रोमांटिक काव्य का पूर्वानुमान"। डॉ. शर्मा शैली की कविता से 1857 की भारती क्रांति और आयरिश आजादी का प्रेरणा स्रोत खोजते हैं। विलियम जोन्स की कविता को कालिदास और जयदेव की कविता प्रेरित करती है। कहीं दोनों में

रोमांटिक विद्रोह के बीज भी समाज स्तर पर देखे जा सकते हैं। दोनों ने यह निष्कर्ष निकाला है कि "मिस्र से लेकर भारत तक एक बहुत बड़ा सांस्कृतिक क्षेत्र" था। डॉ. शर्मा ने लिखा है "दो सौ साल पहले उनका देहान्त हुआ था और इस वर्ष (1994) बहुत से लोग उनको याद कर रहे हैं।" (पृ.278)।

अन्त में विलियम जोन्स की अनेक सीमाएँ भी डॉ. शर्मा ने देखी हैं, कि वह यूरोप के भौतिकवाद से भी अंशतः ही परिचित थे, कि भारतीय दर्शन की भौतिकवादी धारा से लगभग अपरिचित थे। कि उनकी बहुतेरी धारणाएँ नितान्त अवैज्ञानिक थीं। अन्ततः "विलियम जोन्स की जो बहुत–सी खामियाँ दिखाई देती हैं, उन्हें सोवियत संघ और पूर्वी यूरोप के समाजवादी देशों ने पूरा किया था।" माना यदि भारत में भी समाजवादी क्रांति हो सकी, तो यहाँ भी डॉ. रामविलास शर्मा की भारत सम्बन्धी स्थापनाओं पर देश के मार्क्सवादी कभी न कभी पुनर्विचार करेंगे।

अन्तर्राष्ट्रीय स्तर पर राजा राम मोहन राय लगभग कवि शैली की तरह "बहुसंख्यक भारतीय जनता" के पक्षधर थे। वे 1857 पर दूरदर्शी राजनीतिज्ञ थे, वे फ्रांस और इंग्लैण्ड के भौतिकवादियों से अनुभव और विवेक स्तर पर भारत में नवजागरण चाहते थे।

डॉ. शर्मा यह जानते हैं कि "जातीय चेतना संकीर्ण भी हो सकती हैं।" फिर भी वह हिन्दी प्रदेश के लोगों के प्रदेशों (बिहार, मध्यप्रदेश, राजस्थान, उत्तर प्रदेश, हरियाणा) की सीमाएँ लाँघ्र कर हिन्दी जाति को सांस्कृतिक इकाई के लिए आन्दोलित करना चाहते हैं।

क्या जिस तरह "अंगेजों से सहयोग करके नहीं उनका विरोध करके ही साहित्य और समाज का विकास" हुआ था, उसी तरह "सरकार से सहयोग करके नहीं, उसका विरोध करके भारतीय साहित्य और समाज का विकास" आजाद भारत में नहीं हुआ है? यह सत्ता विरोध, कहाँ हिन्दी जाति, बंगला जाति, तमिल जाति की क्रांतिकारी सांस्कृतिक इकाई को भंग करता है। डॉ. शर्मा यह भी जानते हैं कि सोवियत संघ के विघटन के अनेक कारणों में...यह कारण यह बुनियाद परस्ती (फण्डामेंटलिज्म) का उभार भी है। क्या हिन्दी जाति, बंगला जाति, कश्मीर जाति, पंजाब जाति, नागा जाति, तमिल जाति आदि में अफगानिस्तान और सोवियत संघ की तरह यह बुनियादपरस्ती का जहर नहीं फैलेगा? डॉ. शर्मा यह भी जानते हैं कि "भारत और पाकिस्तान के सम्प्रदायवादियों का आदि गुरु हिटलर है।" फिर भी वह "आर्य नस्ल की जाति" की तरह हिन्दू सम्प्रदायवादियों को किस तरह "हिन्दी जाति" के नाम पर प्रगतिशील भारत के लिए एकताबद्ध कर सकेंगे? डॉ. शर्मा, दिमित्रोव का हवाले देते हैं जिसने फासिस्टवाद के विरोध में जातीय चेतना पैदा की थी। अपने तर्क को पुष्ट करने के लिए डॉ. शर्मा (दिमित्रोव ने जो कहा था) उसे दुहराते हैं : "जो कम्यूनिस्ट अतीत के प्रति जनता को सचेत नहीं करते और

समझते हैं कि उससे हमें कुछ लेना-देना नहीं है, वे जाति के ऐतिहासिक अतीत में जो मूल्यवान है, वह सब अपने हाथों फासिस्ट मिथ्यावादियों को सौंप देते हैं जिससे कि वे उसका उपयोग जनता की आँखों में धूल झोंक सकें।" (उप. पृ. 100), (उद्धृत, पृ. 339)।

डॉ. शर्मा की तरह ऐतिहासिक अतीत को लेकर "वेदान्त की प्रगतिशील" भूमिका भाजपाई हिन्दू और मुसलमान (यहाँ तक ईसाइयों को भी) जाति को सिखा रहे हैं। डॉ. शर्मा का वैज्ञानिक मार्क्सवादी इन सब खतरों से परिचित है। वह लिखते हैं : "ऋग्वेद का नाम लिया और उन्होंने (यानी वामपक्ष ने) कहा कि यह आदमी तो संघ परिवार का है।...भारत की कोई भी उपलब्धि हो, उसका जिक्र करते ही मार्क्सवादी मित्र कहते हैं कि यह पुनरूत्थानवादी है। सभी मार्क्सवादी ऐसा नहीं करते लेकिन जो करते हैं उनकी संख्या काफी बड़ी है।" डॉ. शर्मा के समर्थक अभी वामपक्ष में अल्पसंख्यक हैं, पर स्टालिन "सांस्कृतिक क्षेत्र" में भी कभी सोवियत संघ में अलग-थलग नहीं पड़े थे। क्यों "सारी विरासत" की भौतिकवादी और यथार्थवादी उपलब्धि बताने के बावजूद डॉ. शर्मा हिन्दी जाति के मार्क्स और लेनिन नहीं बन सके?

दिल्ली के बुद्धिजीवियों के अन्तर्विरोध, सारे हिन्दी के सांस्कृतिक क्षेत्र के अन्तर्विरोध नहीं हैं। अनुभव और विवेक के बावजूद डॉ. शर्मा के पास हिन्दी जाति का नेतृत्व करने की, न संगठनात्मक क्षमता है, न वह व्यवहार में कहीं ऐंगल्स जैसे जनता के हिस्सेदार सिद्धान्तविद हैं। डॉ. शर्मा की आत्मकथा "अपनी धरती अपने लोग" न तो अर्नूस्ट आर्नूट के संस्मरण हैं जिस पर एंगेल्स ने लिखा था : "हमारी जातीय चेतना ऊँघती रहती है, उसे जगाये रखना है तो उन्हें बराबर पढ़ना चाहिए, अवश्य ही इस रूप में नहीं कि हमें, जो कुछ करना चाहिए था, वह तब कर लिया और अब इतिहास के दर्पण में सन्तोष के साथ अपनी छवि निहारते रहें, 1813 में जो विजयश्री मिली, उस पर मुग्ध होते रहें।" (उद्धृत, पृ. 343)।

डॉ. शर्मा चाहें न मानें, (क्योंकि अपनी भूलें मानना उन्होंने आज तक सीखा नहीं है) पर है वह भारतीय "इतिहास के दर्पण में" एक बन्द मार्क्सवादी छवि है। फिर भी उनकी भारतीय इतिहास में विशेष छवि है। वह 1857 की राष्ट्रीय विजय श्री के व्याख्याता हैं। वह नौसेना विद्रोह 1946 के प्रवक्ता हैं। वह वैयक्तिक मार्क्सवाद के सिद्धान्तविद हैं। इन सबके बावजूद वह तेलंगाना आन्दोलन के अनुभव और विवेक से कोसों दूर अपनी छवि के एक मुग्ध मार्क्सवादी भी हैं। दिल्ली एक हाट बाजार है। वहाँ अमेरिकियों की नकल भी मजे में देखी जा रही है। और डॉ. शर्मा की **"भारतीय साहित्य की भूमिका"** हिन्दी जाति में कोई क्रांतिकारी तैयारी नहीं करेगी भारत को समझने की एक बचैनी, लेखकों, बुद्धिजीवियों और पत्रकारों में जरूर बढ़ेंगी।

ऋग्वेद का पश्चिमी एशिया से नाता

आजादी के आंदोलन में हिन्दी भाषी एक जाति थी और इतिहास में उसकी एक अहम भूमिका भी रही है। भारतेन्दु की 'कहानी' में 1857 की आजादी की पृष्ठभूमि नजर आती है। स्वामी दयानन्द के 'सत्यार्थ-प्रकाश' में ऋग्वेद और समकालीन भारत की एक समानान्तर भूमिका नज़र आती है। प्रसाद ने जब, 'आर्य-आक्रमण' के भ्रम को नकार कर कहा था, 'कहीं से आए थे हम नहीं हमारी जन्मभूमि है यही' तब प्रसाद का परम्परा और आजादी के भीतरी अन्तःसम्बन्धों को जोड़ रहे थे। डॉ रामविलास शर्मा को देश की बहुराष्ट्रीय जातीयता के बीच हिन्दी जाति की भूमिका का सवाल बेचैन करता रहा था, वह आधुनिकता और परम्परा के बीच स्वदेशी आंदोलन की दुहरी प्रक्रिया पर इसी दृष्टि से सोच रहे थे। एक प्रक्रिया थी : इतिहास में हिन्दी जाति की भूमिका दूसरी : स्वदेशी आंदोलन की दार्शनिक उद्‌भावना। डॉ. शर्मा की नई पुस्तक इसी दुहरी प्रक्रिया का इतिहास भी बताती है और दार्शनिक सूत्र भी खोलती है। पुस्तक का नाम है : 'पश्चिमी एशिया और ऋग्वेद' इस पुस्तक के आठ अध्याय हैं—1. भारत पर आर्यों का आक्रमण और ऋग्वेद, 2. हड़प्पा : केन्द्रबद्ध राज्यसत्ता और सुनियोजित अर्थतंत्र, 3. 'पश्चिमी एशिया में आर्यों का प्रभाव-विस्तार, 4. मिस्र, सुमेर, भारत : प्राचीन सांस्कृतिक सम्बन्ध, 5. सरस्वती, भारत और जल-प्रलय, 6. देवतन्त्र का विकास, 7. सृष्टि कथाएँ और दार्शनिक उद्‌भावनाएँ तथा 8. अफ्रीकी-एशियाई सभ्यता की प्रसार-भूमि और ऐतिहासिक भाषाविज्ञान।

भारत का इतिहासदर्शन एक-एक सोपान चढ़ कर आज किस जमीन पर खड़ा है—यह डॉ. शर्मा ने देखा-परखा है। पश्चिम एशिया में अभी इराक-अमेरिका युद्ध होकर चुका है। ईरान की आर्थिक नाकेबन्दी भी समकालीन विश्व के लिए एक चुनौती है। डॉ. शर्मा की पुस्तक इस समय छपी है यह ध्यान मे रखना जरूरी है। दो महायुद्धों के बीच एक विश्व दृष्टि थी। हिगल इसका प्रवक्ता था। वह साम्राज्यवादी इतिहासकारों को लगातार यह पाठ पढ़ा रहा था, भारत यूरोप से पिछड़ा देश था। साम्राज्यवादी युद्ध में लगातार एशिया का मजाक उड़ानेवाला बड़ा पंडित माना जाता था। आजादी के बाद भी 1857 की पहली राष्ट्रीय आजादी का

मजाक उड़ाने वाले सत्ता के केन्द्र में रहे। क्रान्तिकारी एशिया या भारत की कोई भूमिका थी यह कभी साम्राज्यवादी इतिहासकारों ने नहीं माना। आजादी के बाद जिस ढंग से 1942 की 'अंग्रेज भारत छोड़ा' की उद्घोषणा का प्रचार-प्रसार किया गया था, उसी तरह 1946 के नौसेना विद्रोह को साम्राज्यवादी इतिहासकारों ने दफनाने की कोशिक की थी। आजादी और क्रान्ति आज के भारत के जुड़वां इतिहास है। साम्राज्यवादी हिटलर से लड़ने का यह जुड़वां इतिहास तब भी था अब भी है।

डॉ. शर्मा के लिए 'परम्परागत भारत के मानचित्र को भावुकतापूर्ण आँखों से देखना' इतिहास की एक गलत दृष्टि है। इस भावकुतापूर्ण मानचित्र का एक मुद्दा रहा है : आर्यों का भारत पर 'आक्रमण' या सरस्वती नदी का लोप। पश्चिमी विद्वानों की सारभूत खोज को एक सूक्ष्म तार्किक इतिहासकार के रूप में डॉ. शर्मा खोलते भी हैं, और भ्रमपूर्ण सिलाई की तुरपन को उधेड़ते भी हैं। डॉ. शर्मा ने लिखा, : 'सिन्धु घाटी की सभ्यता से पहले पहल सुमेर की संस्कृति प्रभावित हुई। फिर सुमेरी संस्कृति ने बेबिलोन आदि की सभ्यता को प्रभावित किया, इस विकासक्रम को स्वीकार करने वाले मार्शल जैसे विद्वान 1826 में विद्यमान थे।' (पृ. 31)

भारत के इतिहास और समकालीन परिदृश्य को समझने के लिए डॉ. शर्मा तीन ग्रन्थ 1. स्वीधीनता संग्राम के बदलते परिप्रेक्ष्य, 2. भारतीय इतिहास और ऐतिहासिक भौतिकवाद तथा 3. पश्चिम एशिया और ऋग्वेद 40 तथा 4 भारतीय नवजागरण तथा यूरोप।

डॉ. शर्मा ने सांस्कृतिक कड़ी का एक सूत्र समाजशास्त्रीय आधार से खोजा है। लिखा है : 'मिस्र और सुमेर में जल, पृथ्वी, आकाश पित्तृसत्तात्मक समाज की देन है, उनके प्राचीन मातृसत्तात्मक रूप भारत में हैं। इसी तरह वहाँ वायु पितृसत्तात्मक व्यवस्था की देन है किन्तु उसी व्यवस्था के प्राचीन रूप हैं भारतगण। इसी प्रकार तीनों देशों के सृष्टि सम्बन्धी चिन्तन की सामान्य विशेषताओं का आदि स्रोत समाजशास्त्रीय आधार पर भारत ही सिद्ध होता है' (पृ. 114)

कुछ लोग 'डर' कर भाषा, संस्कृति और दर्शन के प्राचीन सम्बन्ध पर 'चुप्पी' साधे रहते हैं, वह भारत की कम्यूनिस्ट पार्टियों की तरह हिन्दी के अस्तित्व को ही भूले रहते हैं। यह वर्तमान से चलकर वर्तमान में खो जाने वाले लोग हैं। दूसरे इतिहास के गलियारें के यथास्थितिवादी लोग हैं। जो ऋग्वेद को पूजा या 'हिन्दुत्व' का आदि ग्रन्थ मानकर उसे सजाते हैं, न पढ़ते न उसकी सांस्कृतिक कड़ियाँ जोड़ते। ऐसे डरे हुए लोग विशाल हिन्दी जाति में धीरे-धीरे भुला दिए गए और दूसरे पोथी पंडितों ने अपने डर का इतिहास में एक घराना ही बना लिया है। डॉ. शर्मा ने दोनों खतरों का सामना किया। 'जल और द्यावापृथिवी' का सांस्कृतिक

सम्बन्ध जोड़ते हुए डॉ. शर्मा लिखते हैं, 'मिस्र सुमेर, भारत इनके सृष्टि सम्बन्धी चिन्तन में बड़ी समानता है।' इस विषय की कुछ सामग्री प्रिचार्ड के ग्रन्थ में है, उसे ऋग्वेद से मिलाकर देखना उचित होगा, सृष्टि रचना से सम्बन्धित जिस पहले मिस्री अभिलेख का अनुवाद प्रिचार्ड ने दिया है, वह 24वीं सदी ई. पू. का है। (पृ. 95)

जो डरे हुए लोग हैं वह मिस्र के अतुम देव पर ध्यान नहीं देते। वह यह भी नहीं देखते कि अन्य देवों की रचना करने वाला अतुम देव-भारत के देवतन्त्र का एक सांस्कृतिक दूत है। जल के देवता भारत में भी हैं और मिस्र में उसे नुन कहते हैं। जल, वायु, सूर्य की भारतीय कल्पना, ऋग्वेद से होती हुई, सुमेरी देवकथाओं और हित्तियों की एक कथा में कैसे रूपान्तरित हुई—यह खोजना कुछ लोगों के लिए 'हिन्दुत्व' के प्रसार का बखेड़ा मात्र रहा है। डॉ. शर्मा इसे बखेड़ा नहीं मानते। वह बताते हैं : "भारतीय कल्पना यह की तब सत् नहीं था, असत नहीं था, न लोक था, न जो आकाश के परे है, वह था तब सबको आहृत करने वाला क्या था, कहाँ किसका सहारा था, अम्मः किमामिदग्हने गभीरम "अगाध और गम्भीर जल था? (सातवलेकर 10.129.1) तब अन्धकार था, सब कुछ जल ही जल था।" अप्रकेन्त सलिल सर्वमा इदम—"अज्ञात दशा में और यह सब कुछ अन्धकार से ढँका था, (सातवलेकर, 10.129.3) ऋग्वेद में जल को सर्वाधिक बहुबचन मातारूप में याद किया जाता है। संसार में जो कुछ स्थावर और जंगम है, आप उन सबकी जनित्रीः माताएँ हैं। (6.50.7) देवी देवताओं में सर्वप्रथम उत्पन्न होने वाली ये आप हैं। (10.109.1) वे भुवन की जननी हैं—जनित्रीर्भुर्वनस्य (10.30.10) प्रवहमान जल सुनते हैं, वे पृथ्वी और द्युलोक का उत्पन्न होना जानते हैं। (वही पृ. 97)

सांस्कृतिक सम्बन्ध का सूत्र है : 'जल से संसार की उत्पत्ति की धारणा भारतीय, सुमेर और मिस्त्री चिन्तन का एक सामान्य तत्व है। पृथ्वी और आकाश पहले जुड़े हुए थे फिर उन्हें वायु ने एक दूसरे से अलग किया, यह धारणा भी मिस्र, सुमेर और भारत के सृष्टि सम्बन्धी चिन्तन में सामान्य है। मिस्री देवकथाओं में वायु के देवता का नाम शु था। सूर्य के देवता रे। प्रिचार्ड की टिप्पणी है, "वायु देवता शु ने आकाश को उठाकर धरती से अलग किया।" आकाश को उठाकर धरती से अलग करने की जरूरत इसलिए पड़ी क्योंकि पहले दोनों संयुक्त थे। (वही 6, 16) डॉ. शर्मा बताते हैं ऋग्वेद में धरती आकाश के संयुक्त रूप के लिए शब्द हैरोदसी। यह द्विवज रूप है, अतः धरती आकाश दोनों की ओर संकेत है और वह स्त्रीलिंग है। आकाश को पिता बाद में माना गया पहले वह माता ही थे, रोदसी के समानान्तर संयुक्तशब्द है द्यावापृथिवी एक स्थान पर समनने स्वसारः, 'एक दूसरे के साथ सम्बद्ध बहिनें' (सातवलेकर 10.185.5) कहा गया

है। रोदसी ने वायु को उत्पन्न किया, (7.90.3) वात और वायु के समानान्तर है मरुत। ये सब गत रूप में ही प्रकट होते हैं (वहीं पृ. 87)।

हड़प्पा सभ्यता नगर सभ्यता थी। केन्द्रबद्ध राज्यसत्ता में ही सुनियोजित अर्थतन्त्र विकसित होता है। डॉ. शर्मा ने पिगॉट के साक्ष्य से बहुत सी बातें खोज निकालीं। उनमें से एक हैः हड़प्पा कृषि तन्त्र नगर था और उसका अर्थ उद्योगीकृत स्वरूप था। दूसरी बात हड़प्पा सभ्यता में लोग जो फसलें उगाते थे, उनमें बहुत दिलचस्प फसल कपास की थी। बाद के ऐतिहासिक काल में भारतीय कपास को उस देश (अर्थात इराक) में सिंधु नाम से जाना जाता था। और यह शब्द सिंदान रूप में ग्रीक भाषा में पहुँच गया। (वहीं पृ. 49)

1921 और 1922 में दयाराम साहनी तथा राखाल दास बनर्जी ने हड़प्पा और मोहनजोदड़ो, दो प्राचीन नगरों का पता लगाया तब से आज तक आर्य आक्रमणकारियों के सिद्धांत पर कल्पना के घोड़े इतिहासकारों ने दौड़ाए। डॉ. शर्मा ने समूचे यूनानी संस्कृति के स्रोत को भारत से जोड़ कर बताया 'ऋग्वेद हड़प्पा के लिए ही नहीं मिस्र और सुमेर के लिए भी प्राचीन है। मिस्र से लेकर भारत तक चौथी तीसरी सहस्राब्दियों ई.पू. में सारा भूखंड एक सांस्कृतिक इकाई है। ऐतिहासिक भाषा विज्ञान, पुरातत्व, पुराण कथाओं और काव्यग्रन्थों से डॉ. शर्मा अपने तथ्य को पुष्ट करते हैं। भाषाविज्ञान का एक सूत्र है : सधोष! महाप्राणध्वनियों वाले शब्द केवल भारतीय आर्य भाषाओं की विशेषता हैं। पुरातत्व का एक सूत्र है : कालीवर्गों का उत्खनन ऋग्वेद में सरस्वती जल से भरी शक्तिशाली नहीं है। यजुर्वेद में भी उसका यही स्वरूप है। ऋग्वेद की रचना हड़प्पा सभ्यता के ह्रास से 1750 ई.पू. से बहुत पहले हुई। सरस्वती भारत के प्राचीन इतिहास का काल विभाजक रेखा है। दूसरा सूत्र है डॉ. शर्मा का 'समाजशास्त्रीय दृष्टि से ऋग्वेद में देवतन्त्र के विकास की मंजिलें पहचानना! अर्ध-उद्योगीकृत भारतीय स्वरूप का अध्ययन डॉ. शर्मा पहली बार चाणक्य के 'अर्थशास्त्र' को आधार बनाकर करते हैं। भारतीय आर्य अश्वारोहण और रथ संचालन में बड़े प्रवीण थे। भारतीय रथ का पहिया आरायुक्त था, सुमेरी रथ गें आरा न होते थे, वह उससे और भारी होता था। तीसरी-दूसरी सहस्राब्दियों में रथ पश्चिम एशिया होता हुआ पहले मिस्र फिर यूनान और बहुत बाद में उत्तरी यूरोप पहुँचा। डॉ. शर्मा निश्चयपूर्वक बताते हैं : 'ऐतिहासिक भाषाविज्ञान, पुरातत्व, देवतन्त्र, काव्य, साहित्य, विद्वान किसी भी क्षेत्र में काम करें उन्हें अन्तः ऋग्वेद की ओर लौटना पड़ेगा।' (पृ. 18) ऋग्वेद की ओर लौटने का एक आधार है यूरोप के दर्शन विज्ञान को यूनान के दर्शन विज्ञान में खोजना। डॉ. शर्मा ऐसे अनेक सूत्र बताते के बाद लिखते हैंः यूनान में और यूरोप में केवल चार तत्व माने गए थे, आकाश भी तत्व है, यह विशिष्ट भारतीय उद्भावना है। ऐसी अनेक दार्शनिक उद्भावनाएँ यूनानियों

ने भारत से आंशिक रूप से ग्रहण की थीं। कौन-सी उद्भावना मूलतः भारतीय है, कौन-सी यूनानी, इसे पहचानने की प्रमाण सामग्री का अपूर्व स्रोत ग्रन्थ है ऋग्वेद।

डॉ. शर्मा का दिमाग खुला और वैसी ही साफ हैं उनकी स्थापनाएँ। एक बात है पद्धति की, दूसरी बात है आज के समाज के पुनर्गठन की। एक पर डॉ. शर्मा का निष्कर्ष है आर्थिक विकास की यह पद्धति हड़प्पा के साथ मिट नहीं जाती, उसकी आवृति मौर्य साम्राज्य में होती है। (पृ. 20) दूसरा निष्कर्ष है : विकास का केन्द्र भारत था, यूरोप नहीं। लिखा हैः 'दूसरी सहस्राब्दी ई.पू. बड़े-बड़े जन अभियानों की सहस्राब्दी है। इसी के दौरान भारतीय आर्यों के दल के दल इराक से लेकर तुर्की तक फैल जाते हैं। वे अपनी-अपनी भाषा और संस्कृति की छाप सर्वत्र छोड़ते जाते हैं। आरायुक्त रथ हो, या घुटनों पर हाथ धरे वानर अंकित मुद्रा हो, ऐसे बहुत से मुद्दे हैं जहाँ बहुराष्ट्रीय कम्पनियों के सामने भारतीय तकनीक और स्वदेशी उद्योग का वस्तुपरक विवेचन हम इस पुस्तक के आधार पर कर सकते हैं। उससे साम्राज्यवाद के डर के मुकाबले वर्तमान भारतीय समाज के पुनगर्ठन की संभावना खोजी जा सकती है।

ऋग्वेद से नवजागरण तक

डॉ. रामविलास शर्मा ने 'भारतीय नवजागरण और ऋग्वेद' और 'उपनिषदों में दार्शनिक यथार्थ' दो अध्याय लिखकर भारत के नवजागरण के साथ अपने जागते हुए चिन्तन का सबूत दिया है। 'अहंश्लोक कृत'—मैं अपने यश का निर्माता हूँ, यह उक्ति ऋग्वेद के कवि की प्रतिध्वनि है। यह डॉ. शर्मा के मार्क्सवाद पर भी घटती है यानी डॉ. शर्मा में भौतिकवादी दार्शनिक और यथार्थवादी लेखक की प्रतिध्वनि है। भारत के उखड़े हुए, मार्क्सवादी जो काम नहीं कर सके, वह अधूरा काम 'भारतीय नवजागरण और यूरोप' पुस्तक लिखकर डॉ. शर्मा ने सम्पन्न किया है। वह एक साथ भारत में जनजागरण का इतिहास भी लिख रहे हैं, दूसरी ओर यूरोप के नवजागरण में भारत की भूमिका पर एक महत् कार्य भी कर रहे हैं।

पहली बात भारत का विकास है। वे लिखते हैं : 'ऋग्वैदिक काल भारत का प्रथम नवजागरण है, उपनिषद काल उसका दूसरा नवजागरण है। दोनों के बीच आता है ब्राह्मणकाल। इस मध्य काल में भू-स्वामी वर्ग सुदृढ़ हुआ, उसे सुदृढ़ करने में पुरोहित वर्ग ने अपने कर्मकांड का विस्तार किया। (पृष्ठ 115)

दूसरी बात है, विश्व दर्शन के इतिहास में भारत में क्रान्तिकारी युग की पहल। डॉ. शर्मा यूरोप और भारत के विकास की समान्तर भूमिका पर भू-स्वामी वर्ग और पुरोहित वर्ग की तीखी आलोचना करते हैं और वैदिक मानवतावाद को इस पुस्तक से पुष्ट करते हैं। जब वह कहते हैं, 'सृष्टि के मूल तत्व के रूप में वायु सम्बन्धी परिकल्पना ऋग्वेद से उपनिवेश तक चली आयी थीं और वह यूनान

में भी प्रचलित हुई थी। (पृष्ठ 115)

यूरोप के नवजागरण में एक भूमिका यूनान की रही है। सांस्कृतिक केन्द्र का दूसरा नवजागरण इटली में नज़र आता है। दोनों नवजागरणों की कुन्जी है मानवतावाद। उसका विरोधी तत्व है पुरोहितवाद, कर्मकाण्ड, पाखण्ड, आदि। डॉ. शर्मा चाहे, अति सूक्ष्म प्राण या आत्मा की बात करें या वैदिक युग के आदिम साम्यवाद से विकासवादी भौतिकवाद की मंजिलें बताएँ—वह एक द्वंद्वकथा—ठहराव और विकास की—लगातार भारत और यूरोप में देखते रहते हैं। लिखा है "मनुष्य का चित्त प्राणशक्ति के बिना सोच नहीं सकता। यह सोचने-विचारने की भौतिक प्रक्रिया है। प्राण भौतिक है। दोनों के संयोग से चिन्तन सम्भव होता है। यूरोप में चित्त भौतिक है, चेतना को अभौतिक मानने की प्रवृत्ति रही है। इसके विपरीत यहाँ चेतना चित्त का गुण है, और यह चित्त भौतिक है। चित्त के विशुद्ध होने का अर्थ उसका निष्प्राण होना नहीं है। निष्प्राण होगा तो सोचने-विचारने की प्रक्रिया समाप्त हो जाएगी। विशुद्ध होने का अर्थ इतर विषयों से ध्यान हटाकर आत्मा पर ध्यान केन्द्रित करना है। (पृष्ठ 123)

भारतीय इतिहास में जब यह सोचने-विचारने की प्रवृत्ति—मनुवाद-या पुरोहितवाद के नाते—समाप्त हुई या ठहर गई, तभी (उपनिषद काल के बाद) भारत का नवजागरण का रथ रुक सा गया। डॉ. शर्मा ने भौतिक चिन्तन के सभी स्रोतों को भारत और यूरोप में देखने के बाद जीवित रहने यानी जातियों के जागरण की यहाँ अद्‌भुत कहानी हमें सुनायी है। दर्शन या विज्ञान का एक पक्ष है, प्रश्न पूछना। 'कतरः सा आत्मा येन वा रूपं प्रश्यति' कौन वह आत्मा है, जिससे मनुष्य रूप देखता है। शब्द सुनता है, गन्ध सूँघता है। वाणी बोलता है, स्वाद ग्रहण करता है (पृ. 127) प्रश्न से स्पष्ट है, जिस आत्मा की बात कही जा रही है, वह इन्द्रियों से सम्बद्ध है। मनुष्य में हृदय है, मन है, इनके साथ मेधा, मति, मनीषा, स्मृति, संकल्प, काम आदि चेतना के अनेक रूप है। (पृष्ठ 128) वैज्ञानिक चिन्तन इसी दार्शनिक सत्य का उद्‌घाटन करता है। पुरोहित वर्ग उसी दार्शनिक सत्य को ढंकता है, और जनता को गुमराह करता है। डॉ. शर्मा ने ऋग्वेद से उपनिषदों तक भारतीय दार्शनिक यथार्थवाद का उद्‌घाटन किया है। यह दिव्य दृष्टि का दावा नहीं है, जैसा पुरोहित वर्ग करता है। जैसे गाँधी को सत्य का 'इल्हाम' होता था। डॉ. शर्मा ने लिखा है : 'कोई भी ऐसा प्रयोग कर सकता है। उपनिषदों के कुछ ऋषि अवश्य ही प्रयोगसिद्ध विज्ञान के पक्षधर हैं। यह विज्ञान सर्वात्मवाद के साथ चलता है।' (पृ. 131)

दर्शन और विज्ञान में जब प्रयोगसिद्ध विज्ञान का सोचने-विचारने का सिलसिला टूट या लुप्त हो गया तभी नवजागरण का रास्ता भी बन्द होता गया। डॉ. शर्मा एंगेल्स की परंपरा के समाज वैज्ञानिक हैं। एंगेल्स सिर्फ ड्यूहरिंग के भाववाद का

खण्डन ही नहीं करते, वह नवजागरण की पुनर्व्याख्या भी करते हैं। 'वेदों' के साथ इतिहास, पुराण, विद्याएँ, उपनिषद, श्लोक, सूत्र, व्याख्यान (भाष्य) और अनुव्याख्यान इन सबका उल्लेख भी है। समृद्ध सांस्कृतिक परिवेश में उपनिषदों की रचना हुई है। (पृष्ठ 135) डॉ. शर्मा के लिए यूरोप में नवजागरण भाववादी दर्शन का एक खेल कभी नहीं रहा भारत में भौतिकवाद कैसे स्थापित होता है, यही डॉ. शर्मा की एक समृद्ध सांस्कृतिक परिवेश की भूमिका है। भारत के नवजागरण के मूल में ही है दार्शनिक यथार्थवाद। इस समृद्ध सांस्कृतिक परिवेश में द्वन्द्ववाद और तर्क पद्धति का विकास देखा है। डॉ. शर्मा ने लिखा है "सत्यात्मकता, द्वन्द्वात्मकता ऋग्वैदिक कवियों की विश्वदृष्टि का अभिन्न अंग है। वास्तव में जैसे हर दर्शन की अपनी विश्व दृष्टि होती है, वैसे ही उसकी अपनी तर्क पद्धति होती है। तर्कशास्त्र का स्वतंन्त्र अस्तित्व सापेक्ष रूप से अवश्य है। भारत में पुरोहितों ने ऋग्वेद और उपनिषदों के दार्शनिक काव्य को धर्मशास्त्र बना डालने में कुछ उठा नहीं रखा। कुछ अपवादों को छोड़कर अधिकांश पाश्चात्य विद्वान उन्हीं का अनुसरण करते हैं। दुर्भाग्य से भारत के अनेक मार्क्सवादी विवेचक ऋग्वेद को तो अपनी विचार परिधि से बाहर ही रखते हैं। उपनिषदों में भी भाववाद के अतिरिक्त और कुछ नहीं देखते। एंगेल्स के लिए सर्वात्मवाद की प्रगतिशील भूमिका स्पष्ट थी। वह इसकी आँखों से ओझल रहती है। इसमें आश्चर्य की कोई बात नहीं है। प्राचीन भारत में कई तरह के भौतिकवाद प्रचलित थे, वैसे-ही वर्तमान-भारत में कई तरह के मार्क्सवाद प्रचलित हैं।' (प्रस्तावना पृष्ठ 21)

वास्तव में भारतीय नवजागरण और यूरोप पुस्तक दर्शन और इतिहास में भाववाद का खेल खेलने वालों की विचारपरिधि की छानबीन करती है। आर्यों का देश सप्तसिन्धुओं का प्रदेश था। ऋग्वेद का यह सकारात्मक पक्ष एशिया और यूरोप में नवजागरण का प्रेरक रहा डॉ. शर्मा ने लिखा है, 'यूनानी साहित्य के अनेक आदिम साँचे ऋग्वेद में है। यूरोप के रूढ़िवादी धर्मग्रन्थों में नहीं है।' (पृ. 27)

वह पुरोहित यानी मनुवादी लोग हैं जो वास्तव में अपना धर्मशास्त्रीय दृष्टिकोण ऋग्वेद पर आरोपित करते हैं। उनके मुकाबले वैज्ञानिक डॉ. शर्मा भाषाविज्ञान, इतिहास, साहित्य और दर्शन में ज्ञाननेत्र खोलते हैं। अज्ञानी हैं जो वर्गधर्म की आड़ में ज्ञान-नेत्र बन्द करते हैं।

डॉ. शर्मा ने आइंस्टाइन के जरिए यह बताया है कि 'वैज्ञानिक आविष्कारों से अधिक महत्वपूर्ण दृष्टिकोण है'। डॉ. शर्मा ने वैज्ञानिक मानसिकता से भारतीय नवजागरण का बुनियादी कार्य इस पुस्तक में सम्पन्न किया है। वह एशियाई यूनान में दार्शनिक जागरण और उपनिषद का स्रोत खोजते हैं और भारत और यूरोप के नवजागरण में आने वाली अवैज्ञानिक दृष्टि या मानसिकता जैसे,

नियतिवाद, के अन्तर्विरोधी का ठोस आधार बताते अपना विवेचन करते हैं। उनके विवेचन का एक पक्ष है, शेली और मार्क्स की नवजागरण के द्वितीय उत्थान में भूमिका बताना। दूसरा पक्ष है, दर्शन विज्ञान का विकास और क्रान्तिकारी जनवाद की भूमिका भाषा, इतिहासकार देवकथा सभ्यता के प्रसार में पहचानना। नीढेम की धारणा चीनी विज्ञान को पुष्ट करती है। डॉ. शर्मा ने यूरोप और चीन के अध्ययन के साथ यह टिप्पणी जड़ी है, भारत के मार्क्सवादी यदि चीन के प्रति मार्क्स और एंगेल्स के दृष्टिकोण की सीमाएँ समझ लें तो आगे-पीछे वे भारत के प्रति वैसे ही दृष्टिकोण की सीमाएँ समझ लेंगे। (पृ. 342) डॉ. शर्मा की यह पुस्तक मार्क्सवादियों की बन्द आँख को खोलने में भी पहल करती है।

रचनाकारों का अपना ग्रन्थ है : भारतीय सौन्दर्यबोध और तुलसीदास

भारतीय मानदण्ड

आचार्य रामचन्द्र शुक्ल 'रसमीमांसा' लिखकर भारतीय आलोचना का मानदण्ड तैयार कर रहे थे। वह अन्त तक इस काम को पूरा नहीं कर सके। तुलसीदास उनके लिए भारतीय आलोचना का निकष था। डॉ. रामविलास शर्मा इधर लगातार तुलसीदास की रचना में, उनके कवि और उनके विचारक को देखा करते थे। 'धीरज का रथ' (काव्य-रूपक) मैंने उन्हें समर्पित किया था, तब पुस्तक का समर्पण का पेज वह देख कर हँसे थे। उस हँसी में, ऋग्वेद से तुलसीदास तक का नाटक, संगीत, काव्य, स्थापत्य, मूर्ति और कला का विकास मैंने देखा था। मेरे देखने में तुलसीदास की लोकपक्षधरता थी और दृढ़ता थी, उसे देखने-परखने वाले रामविलास शर्मा की।

रणजीत साहा ने, करीब से 90 घण्टे तक कैसट्स पर बोली गई 'भारतीय सौन्दर्य बोध और तुलसीदास'[1] पुस्तक की सामग्री को देखा था और यह बताया है कि 'तुलसीदास का रचना-कौशल, भक्ति और आत्म-संस्कार, भक्ति और समाज-संस्कार, तुलसीदास-युगबोध और व्यक्तित्व, साहित्य की अन्तर्वस्तु और वैचारिक हवाले (सैद्धान्तिक समस्याएँ) से सम्बन्धित सामग्री को पूरा नहीं कर पाये। वे इनके लिए कभी-कभी सम्बन्धित पुस्तकों की पर्ची मुझे सौंप देते थे।'

अब शुक्ल जी की 'रसमीमांसा' की तरह 'भारतीय सौन्दर्य बोध और तुलसीदास' के कुछ 'नोट्स' और उन स्रोतों तक पहुँचने के कुछ 'चिट्स' हमारे पास बचे हैं। रणजीत साहा की तरह हम भी यह अनुमान लगा सकते हैं कि 'डाक्टर साहब यदि जीवित होते तो यह ग्रन्थ अपने वर्तमान रूप से कहीं अधिक सुपाठ्य, सुग्राह्य और व्यवस्थित होता।'

---

1. भारतीय सौन्दर्यबोध और तुलसीदासः डॉ. रामविलास शर्मा, प्रकाशक, साहित्य अकादमी, नई दिल्ली, पृ. 327ए मू. 350/-

क्या है भारतीय सौन्दर्य बोध? 'वह प्राचीन है और नित्य नवीन है, इसीलिए भारतीय सौन्दर्य का मानदण्ड भी है। सौन्दर्य ऐसा होना चाहिए, जिसे मनुष्य निरन्तर देखे, फिर भी कभी तृप्त न हो। यह बात कलात्मक सौन्दर्य के बारे में कही जाती है।'

'प्रकृति और मनुष्य के बीच जो अमरता और मरणशीलता का वैषम्य है, वह यूरोप के रोमांटिक कवियों का प्रिय विषय है। उषा सम्बन्धी सूक्तों में हम काव्य का एक आदिम साँचा देखते हैं, जिसकी आवृत्ति अन्य देशों में हुई है। परन्तु यूरोप में जहाँ मनुष्य और प्रकृति का वैषम्य दिखाकर दुःख का भाव प्रकट किया गया है, वहाँ उषा सम्बन्धी सूक्तों में कहीं निराशा का बोध नहीं होता।' (पृष्ठ 90)

'वैदिक कवियों का सौन्दर्य बोध' लेख में डॉ. शर्मा यह बताते हैं कि 'ऋग्वेद के रचनाकार सामाजिक जीवन, अपने पारिवारिक जीवन और प्रकृति पर काव्य रचने नहीं बैठे थे। उनका लक्ष्य सीमित था।' क्या निराला के बाद, सूर्य और नदी का, कवि भारत में नहीं हुआ है? क्या वह जैसा सामाजिक जीवन, अपने पारिवारिक जीवन और प्रकृति पर काव्य रच रहे हैं (चाहे त्रासदी गुजरात की हो) उसमें सौन्दर्य बोध नहीं है। 'तारसप्तक' के समानान्तर प्रगतिशील कवियों ने 'लोकायत दर्शन और सौन्दर्य बोध' का जैसा विकास किया, वहाँ कवियों का लक्ष्य क्या व्यापक नहीं था?

ऋग्वेद में श्रमिक और कारीगर भी कवि हैं। 'काव्य और कवियों का ऐसा सम्बन्ध और किसी नदी से नहीं है। सरस्वती बड़ी नदी नहीं थी, इसलिए उसके तट पर रहने वाले कवियों का उससे घनिष्ठ सम्बन्ध था।' तुलसीदास तक यह परम्परा सरयू और गंगा तक पाई जाती है। डॉ. शर्मा खुद कवि हैं। ऊँच गाँव को छोड़ना वह भी नहीं चाहते थे। पर जैसे 'ऋग्वेद का कवि सरस्वती का कवि था, सिन्धु से उसका वह नाता नहीं रहा।' डॉ. शर्मा ने लिखा, 'कवियों में एक प्राचीन कवि उशना प्रसिद्ध थे, उनका उल्लेख अनेक सूक्तों में हुआ है। उशना कवि हैं, विप्र हैं—जनानां पुर ऐता-जन के आगे चलने वाले हैं, सम्भवतः युद्ध में, तेजस्वी हैं, धीर हैं—काव्येन विवेद कवित्व से उन्होंने ज्ञान प्राप्त किया था।' (4/87.3) धीर और विप्र उन कवियों के लिए प्रयुक्त होने वाले शब्द थे, जो देवी प्रेरणा से काव्य रचते थे और ज्ञान प्राप्त करते थे। समकालीन कवि की प्रशंसा करना हो तो उनकी तुलना उशना से कर देते थे-उशना इव वेधा-उशना के समान यह स्तोता बुद्धिमान है। (4-16.2) (भा. सौ., पृ. 97)

डॉ. शर्मा ने यहाँ सौन्दर्य बोध का जो मानदण्ड स्थापित किया, उसमें वाल्मीकि, कालिदास, तुलसीदास और निराला पूर्व ऋषि और मुनष्य से श्रेष्ठ कवि हैं। क्या त्रिलोचन और उनके बाद के विजेन्द्र और राजेश जोशी को हम डॉ. शर्मा की कसौटी पर कस कर उशना की तरह याद कर सकते हैं?

आज के कवि के सौन्दर्यबोध

कभी त्रिलोचन ने कहा था, 'यदि स्थायी उम्र मिले तो मैं 80 वर्ष पसन्द करूँगा।' तब वह 85 वर्ष के थे। अभी उनका नया कविता संग्रह 'मेरा घर' (2002) छपा है। क्यों त्रिलोचन, ऋग्वेद के 'त्वष्टा और ऋतुओं' के कला-कौशल के कवि नहीं? वे फिर भी आज के कवियों में श्रेष्ठ कवि हैं। त्रिलोचन आज भी 'परिवार' की सघन सम्वेदना और इन्द्रियबोध के कवि हैं। उनकी भाषा में ऋग्वेद के कवियों सी सहजता और स्वाभाविकता है। उनके छंद में विविधता है। डॉ. शर्मा ने लिखा है 'सूक्त की सारी पंक्तियाँ एक ही ढंग से पढ़ी जाएँ तो गति की विविधता का बोध न होगा। परन्तु रूढ़िवादी ढंग छोड़कर सहज ढंग से पंक्तियाँ पढ़ी जाएँ तो कवियों का आशय समझ में आ जायेगा। वे यति का स्थान बराबर बदलते रहते हैं और उद्देश्य यह होता है कि छन्द की चाल में एकरसता न आने पाये।' (वही, पृ. 31)

त्रिलोचन के अलावा भाषा के इस स्थापत्य में, ज्यादातर नये कवि जैसे केदारनाथ सिंह या विजेन्द्र एकरसता के कवि नजर आते हैं? इसी तरह रेखाओं और वृत्त यानी चित्रकारी और नृत्य, संगीत में शमशेर निराला के बाद के श्रेष्ठ कवि हैं, पर चित्रकला का सीधा सम्बन्ध आँखों से है। शमशेर की आँखे कहीं अन्धकार में या प्रकाश में अटक जाती है, वह वैदिक कवियों सा विश्वचक्षा-सारे संसार को देखने वाला-कवि नहीं है। बिम्व का कवि जहाँ अपने बिम्ब में कविता में कम खुलता है, वहीं ऋग्वेद के कवि, पाठक के सामने चित्र उतार देते हैं। जैसे 'सूर्य उदय होने पर अन्धकार समेटता है-यः चर्म हव तमाँसि समविव्यक्।' जो चमड़ों की तरह अन्धकार को समेटता है, वह उदय हो रहा है (7.61.1) चमड़े वाले बिम्ब से पता लगता है कि कवि-कल्पना में चक्षु बोध के साथ स्पर्श-बोध मिला हुआ है। प्रगाढ़ अन्धकार को मानो कवि छू सकता है। सूर्य अन्धकार को वैसे ही समेटता है जैसे कारीगर चमड़ा समेटता है। सूर्य उगता है, रात्रि को काले वस्त्र की तरह-असितं वस्त्र फाड़ देता है। कवि वस्त्र के समान है, इससे भी अन्धकार की प्रगाढ़ता सूचित होती है।' (पृ. 62)

यह है काव्य का आज का मानदण्ड, जिससे कवि सीख सकता है। इसीलिए डॉ. शर्मा की यह पुस्तक दो काम करती है। एक तो आज का कवि तुलसीदास की कलाओं में उतरना सीखता है। उनके सौन्दर्य बोध में खुद को कसता है, अपने समय का भागीदार होता है। 'चित्रकला और नगर सभ्यता' लेख में उनकी गहरी दृष्टि थी।

चारवाक् 'दर्शन और सौन्दर्य बोध' लेख में तुलसी की गहरी पकड़ का स्रोत हमारे सामने रख देती है यह पुस्तक।

'रसमीमांसा' की परम्परा में यह पुस्तक समकालीन कवियों को कविता की तेजस्वी परम्परा में डूबने और उससे संवाद करना सिखाती है।

'कविता के नये प्रतिमान' को पढ़कर शायद ही कोई नया कवि अपनी संवेदना, चित्र कौशल, अपनी संगीत की गति या भाषा के बोध पर आलोचक से संवाद कर सका हो, पर डॉ. शर्मा यहाँ सौन्दर्य बोध के विश्वचक्षा आलोचक हैं। उन्हें पढ़ते हुए यह बात मुझे बार-बार महसूस हुई।

यूरोप की कविता में, भारत की अस्मिता या आधुनिक कविता को टटोलने वाले आज के कवि निराश और अकेले पड़ गए हैं। डॉ. शर्मा की सौन्दर्य दृष्टि से वह सीख भी सकते हैं और खुद की चीर-फाड़ भी कर सकते हैं। लिखा है:

'उषा पुरानी युवती पुरातन होने पर भी तरुणी है।' (3.61.1) ऐसा भाग्य मनुष्य का नहीं है। 'अविवाहिता तरुण स्त्रियाँ अपने जीवन का अकेलापन सहन नहीं करती।' (6.67.7) प्रकृति और मनुष्य के सौन्दर्य में यह अन्तर है कि उषा का नित्य नवीकरण होता है, परन्तु मनुष्य बूढ़ा होता जाता है।

पुनः पुनर्जायमाना पुराणी समानं वर्णमणि शुम्भ माना।
श्रवध्तव कृत्युर्विज अपिनाना मर्तस्य देवी जरयन्त्यापु।।

'उषा बार-बार जन्म लेती है। वह पुरानी है, प्राचीन है, फिर भी प्रत्येक दिन उसका एक ही रंग-रूप दिखाई देता है और उससे वह सुन्दर प्रतीत होती है। पासों को फेंकने वाले कुशल जुआरी की तरह मनुष्य की आयु को क्षीण करती जाती है। (1.92.10) यूरोप का बहुत-सा काव्य इस मन्त्र का भाष्य प्रतीत होता है।' (भारतीय सौन्दर्य बोध और तुलसीदास, पृ. 80)

त्रिलोचन की श्रेष्ठता

अगर सौन्दर्य बोध की व्याख्या का ही आधार 1957 से 2002 तक खोजा जाए, तो एक व्याख्या यथार्थवादी कवि की है, दूसरी यूरोप की आधुनिक मानसिकता की है। 1957 में उपेक्षित थे त्रिलोचन और हर युवा कवि उनको छोड़ कर अज्ञेय या 'सप्तकों' की शरण में 'नयी' या 'प्रयोगवादी' कविता का यूरोपीय भाष्य तैयार कर रहा था। मैंने त्रिलोचन की आस्था और सौन्दर्य बोध के युगीन विकास पर तब लिखा था। 'कवि त्रिलोचन यथार्थवादी परम्परा के समर्थ कवि की तरह अनन्त-सौन्दर्य, अनन्तशील की सर्वसाधारण के बीच रसमयी घोषणा करते हैं और जन-समुदाय की मनोनुभूति को वाणी देते हैं।' (कवि, जनवरी, 1957) बाद में डॉ. शर्मा ने भी त्रिलोचन के यथार्थवादी कवि की विस्तृत व्याख्या की थी। यह अजीब संयोग है कि यूरोपीय कविता के समानान्तर 'समाजवादी कविता' इसी समय आई थी। उसका अनुवाद इसी समय हिन्दी में प्रो. चन्द्रबली सिंह ने करना शुरू किया था। भारतीय और समाजवादी कविता का हिन्दी में संगम बनारस में हुआ था। नाजिम हिकमत, मायकोवस्की, लर्मोन्तोव से वाल्ट ह्विटमैन, पाब्लो नेरूदा और ब्रेख्त की यही समाजवादी सोच है। सौन्दर्य बोध की यह भारतीय कविता थी,

निराला और गालिब, कबीर और ज़ायसी की। त्रिलोचन की कविता का तुलसीदास मानदण्ड थे। शुरूआत को लोगों ने भुला दिया। जबकि त्रिलोचन अपनी जमीन पर और चन्द्रबली सिंह अपने 'मिशन' पर 'एकाग्रता' से जमे रहे। दोनों मूलतः हिन्दी कविता पाठकों के संस्कार को बदल रहे थे। आज जब 'सप्तक' की यूरोपीय कविता का ताना-बाना धाराशाही हो चुका है, त्रिलोचन अपने पाठकों के आज भी कवि है। केदारनाथ अग्रवाल की कविता की 'बनक' बिल्कुल 'सरोद' जैसी है। नकल और असल का सवाल नागार्जुन की कविता के साथ बार-बार उठा। डॉ. शर्मा ने 'नयी कविता और अस्तित्वाद' में नागार्जुन की वाम कविता के स्थापत्य या वास्तुकलापरक 'भारतीय दृश्य' से मूल्यांकन किया था। आज वह 'कला के इतिहास की समस्या' लेख में गान्धार प्रदेश के कलाकारों पर विचार करते हुए बताते हैं। स्मिथ ने एक दिलचस्प बात यह भी कही है कि 'यूनानी वास्तुकला की नकल जैसी इंग्लैण्ड में की गई, वैसी भारत में नहीं की गई।' (पृ. 52) और यह भी कि 'गांधार प्रदेश की कला कभी भारत की भीतर की कला को गहराई से प्रभावित नहीं कर सकी। (पृ. 59) 'गान्धार कला का सर्वाधिक विकास कुषाण राजाओं के समय में हुआ।' (वहीं, पृ. 384) तुलसी, कबीर, निराला, त्रिलोचन भारत के भीतर की कला के कवि हैं।

क्या आज 2002 की कविता में चित्रमयता है? क्या उसके कवि के भाव में सघनता है? क्या इसमें वैचारिक उत्कर्ष है? क्या कवियों के सौन्दर्य बोध का राष्ट्रीय और अन्तर्राष्ट्रीय महत्व है? ये सवाल भाषा के माध्यम से या आदिम साँचे के रूप में, ऋग्वेद में उपस्थित थे और हमें आज अपने समय के दर्शन और सौन्दर्य बोध में उनसे मुठभेड़ करनी है। त्रिलोचन इस समय के कवियों के लिए अप्रासांगिक हो सकते हैं, पर सौन्दर्य बोध का उनका मानदंड तुलसीदास, निराला, जायसी, कबीर और गालिब का रहा और आज भी है। वह दृढ़ता से कह सकते हैं–'जो तुलसी की श्रेष्ठता को नहीं समझता, उसकी साहित्य समझ पर हमें तरस आता है।' (हिन्दुस्तान, 4 अगस्त 2002) डॉ. शर्मा सौन्दर्य बोध का इस ग्रन्थ में वैज्ञानिक आधार देते हैं, और बताते हैं– 'जो लोग कलाओं का विवेचन करते हैं, उनके पास यदि शरीर और इन्द्रियों से सम्बन्धित पुष्ट दार्शनिक आधार हो, तो वे विवेचन को वैज्ञानिक और तर्कसंगत बना सकते हैं।' (वही, पृ. 120) यह ग्रन्थ इसीलिए एक स्रोत ग्रन्थ है, जहाँ 'चरक संहिता', मन और शरीर का आधार पुष्ट करती है, वहीं 'हड़प्पावासियों का सौन्दर्य बोध सबसे पहले नगर निर्माण में प्रगट हुआ।'

वही नगर सभ्यता, आज कलाओं के विकास में बाधक क्यों हैं, इस पर सोचने के लिए भी यह ग्रन्थ हमारी कौटिल्य के 'अर्थशास्त्र' और भरत के 'नाट्यशास्त्र' से नई मुठभेड़ कराता है। 'विपंयि कैसी वीणा थी, नृत्त और नृत्य में क्या अन्तर है,

जन और गण की क्या भूमिका थी, जैसे कालीबंगा की प्राक्-हड़प्पाई सभ्यता, वैदिक सभ्यता थी, यह मानना आवश्यक नहीं है, परन्तु यह बिल्कुल संभव है कि ऋग्वेद कालीन किन्हीं जनों और गणों की सभ्यता का यह प्रतिनिधित्व करती हो, इसलिए उस पर विस्तार से नए सिरे से अध्ययन करने की जरूरत है।' (पृ. 288) उपनिवेशवादी गुलामी हो या मूल से अनभिज्ञता हो या विदेशी विद्वानों का पूर्वाग्रह हो, आज ऐसी कई रुकावटें हैं, जिनसे हम नाटक, कला, पेंटिंग और कविता के स्थापत्य पर जीवन की पूरी तस्वीर देख नहीं रहे हैं और निराशा और हीनता में भटक रहें हैं। जैसे इतिहासकार मध्ययुग पर अपनी गलत धारणाएँ थोपते हैं, जबकि डॉ. शर्मा बताते हैं, 'कला हिन्दू या बौद्ध नहीं होती, अन्तर्वस्तु और कौशल के विचार से कला सदा धर्मनिरपेक्ष होती है। जिस कौशल से बुद्ध का जीवन पत्थरों पर अंकित किया गया है, उसी कौशल से राम या कृष्ण का जीवन भी अंकित किया जा सकता है। जहाँ तक स्त्रियों और पुरूषों के शारीरिक सौन्दर्य, वनस्पतियों और पशु-पक्षियों के सौन्दर्य का सम्बन्ध है, वे स्वयं ही धर्मनिरपेक्ष है।' (पृ. 299)

जैसे 'कालिदास के समय में वस्तु, चित्र, मूर्ति आदि अनेक कलाओं का विकास हुआ था।' कवि सूरदास, विद्यापति, तुलसीदास, निराला और भारतेन्दु ने उन्हें कैसे आत्मसात किया और हम नाट्य-शिल्प और फिल्म-शिल्प से गहरा सम्बन्ध जोड़कर कलात्मक सौन्दर्य में क्या भूमिका सम्पन्न करते हैं, यह ग्रन्थ इस दृष्टि से भी एक मानक ग्रन्थ हैं। नये रचनाकार जब रजा और हुसैन से मिलेंगे तो वह डॉ. रामविलास शर्मा के 'अपने चेहरे' और 'अपने स्रोत' में डूबकर नये बने रह सकते हैं। सौन्दर्य बोध को अपने समय में पुनर्नवा करना ही आज का आधार है। यह ग्रन्थ तब हमें भी आपका ग्रन्थ लगने लगेगा।

डॉ. रामविलास शर्मा के पत्र

सी-358 विकासपुरी
28.5.85

प्रिय विष्णु चन्द्र शर्मा

25/5 का कार्ड मिला यहाँ घरों के नंबर तरतीब से नहीं है इसलिए:

1. विकासपुरी में डिस्ट्रिक्ट पार्क, आगे Oxford Secondary School का बड़ा-सा साइन बोर्ड, स्कूल के पास बायें घूमती सड़क पर-स्कूल को दायें छोड़ते हुए-चार मिनट चलने पर सी-358 बाहर हरा रंग फाटक के पास घर का नंबर, नाम वगैरह।

2. तिलकनगर से नजफगढ़ जाने वाली सड़क पर जहाँ Welcome to Vikaspuri का दूसरा साइन बोर्ड मिले, भीतर जाने वाली सड़क पकड़े चले आओ सड़क दो जगह घूमेगी, दूसरे मोड़ के बाद सी-358

3. यदि तिलकलगर-नज़फगढ़ रोड के पहले Welcome पर मुड़ो तो आगे जहाँ construction sites का साइनबोर्ड दिखाई दे, बाँये हाथ वाली सड़क पकड़ लो, आगे डिस्ट्रिक्ट पार्क फिर Oxford school मिलेगा आगे– यथा (1) में

सप्रेम
राम विलास शर्मा

न्यूजी-33 हैदराबाद
बी.एच.यू. काशी
12.3.86

प्रिय विष्णुचन्द्र जी

आशा है, स्वास्थ्य सुधर गया होगा, अब दिल्ली में होंगे,

तुम्हारे 5/3 के पत्र के साथ श्री राजेन्द्र प्रसाद सिंह आये थे और उपनिषदों वाली पुस्तक दे गये थे, मुझे कौशीतकि, श्वेताश्वतर और मैत्री उपनिषद् भी चाहिए

जो इस संग्रह में नहीं है बृहदारण्यक उपनिषद् का शंकर भाष्य तथा महेश्वर का सायण भाष्य भी चाहिए उन्हें इस बारे में सूचित कर दो और मुझे उनका पता भी भेज दो

सप्रेम

रामविलास शर्मा

8.2.82

प्रिय विष्णुचन्द्र जी,

आप दिल्ली 20/2 तक पहुँचेंगे, तब तक दरभंगा से लेकर लखनऊ तक भ्रमण करते रहेंगे, आपके कार्ड का जवाब किस पते पर भेजूँ कि आपको मिल जाए, यह आपने नहीं लिखा, कार्ड में दिल्ली का पता लिखा है, उसी पर यह कार्ड भेज रहा हूँ, लखनऊ पहुँचने तक न मिले तो मेरा दोष नहीं है। मेरे बड़े भाई का पता : भगवानदीन शर्मा, 65 सुन्दर बाग (लालकुँए के पास के.सी.डे.लेन) लखनऊ है मुझे प्रो. सुब्रह्मण्यम् ऐयर फ्रेंच पढ़ाते थे। लखनऊ में रहते हुए जो लिखा उसका विवरण यहाँ आकर प्राप्त कर लीजियेगा

आपका

रामविलास शर्मा

1.3.83

प्रिय मित्र,

26/2 का कार्ड मिला

हिन्दी की जातीय चेतना पर और बहुत लिख चुका हूँ, कुछ कहने को कम से कम इस समय मेरे पास है नहीं।

फिर?

शनिवार इतवार छोड़कर 10 मार्च को या इसके बाद किसी दिन शाम को मिल लेना।

सप्रेम

रामविलास शर्मा

9.8.76

प्रिय विष्णुचंद्र शर्मा

तत्काल की प्रति मिली। इसके लिए धन्यवाद। मैं पुस्तकों पर प्रतिक्रिया

सम्मति आदि नहीं भेजता। इसके लिए क्षमा याचना।

आपका
रामविलास शर्मा

बी-3 बी/66 जनकपुरी
10.7.84

प्रिय विष्णुचंद्र शर्मा

6/9 का कार्ड मिला घर की बात पर तुम्हारी सम्मति पढ़ कर परम प्रसन्नता हुई यह पुस्तक मूलतः मेरे परिवार पर है और उसके लेखक मूलतः परिवार जन हैं गाँव और झाँसी के बारे में भैया के गद्य को प्रकाशित करना मुख्य उद्देश्य था पाठक मेरे बारे में बहुत-सी बातें जानना चाहते होंगे. यह सम्भव है किन्तु मैं स्वयं अपने पारिवारिक परिवेश के बारे में पुस्तकें लिखता तो भी पाठकों को उतनी जानकारी न दे सकता था जितनी इस पुस्तक में है. दूसरा खण्ड निकलेगा तो उसमें भी प्रत्येक लेखक होंगे अभी ऐसा कोई विचार नहीं है'. न अपने बारे में लिखने की बात सोची है प्रकाशित नहीं है 'मार्क्स और पिछड़े हुए समाज पुस्तक अभी पूरी नहीं हुई। पुराने निबन्धों का एक संकलन 'मार्क्सवाद और प्रगतिशील साहित्य' नाम से वाणी प्रकाशन को दे दिया है।

सप्रेम
रामविलास शर्मा

30.1.84

प्रिय भाई

परिवारी जनों की मृत्यु का समाचार पढ़ कर मुझे दुःख हुआ. फिर भी तुम पढ़ने लिखने में लगे हो दुःख सह लेने का यह भी एक वैध उपाय है.

'जिज्ञासा' और 'व.सा' के लेख मार्क्सवाद और पिछड़े हुए समाज से ही है अभी पुस्तक पूरी नहीं हुई, 'मार्क्सवाद और प्रगतिशील साहित्य' पुस्तक प्रकाशक के पास पहुँच गयी है

शेष सकुशल

सप्रेम
रामविलास शर्मा
3.3.83

प्रिय बन्धु

मैं पत्नी को देखने बनारस जा रहा हूँ स्थिति कुछ चिन्ताजनक है अभी इधर

आना स्थगित रखें

सप्रेम
रामविलास शर्मा

6.4.84

प्रिय विष्णुचंद्र,

तुम्हारे रक्तचाप और चक्कर आदि के समाचार से चिन्ता हुई। नमक कम, नियमित जीवन, ज्यादा से ज्यादा आराम, कम से कम काम—यही इसका इलाज है।

'भारतेन्दु हरिशचन्द्र' वाली पुस्तक प्रकाशक के पास गयी पहले वाले कार्ड में प्रताप नारायण मिश्र के जो गद्यांश तुमने भेजे थे, उनसे बात बनती न थी, अतः उनका उपयोग मैंने नहीं किया। प्रगतिशील साहित्य वाली पुस्तक शायद गर्मियों में छप जाये। पिछड़े समाज वाली पुस्तक में अभी काफी काम बाकी है। कोई जल्दी भी नहीं है

सप्रेम
रामविलास शर्मा

नयी दिल्ली 58

29.5.84

प्रिय भाई

तुम्हारी सलहज की बीमारी के समाचार से दुःख हुआ उनके स्वास्थ्य सुधार के लिए मेरी मंगल कामना है।

नन्द दुलारे वाजपेयी पर डॉ. प्रेमशंकर की पुस्तक—जहाँ तक याद है—नहीं मिली ।

मैं शायद 4 अगस्त तक बनारस जाऊँ पर सब कुछ पूर्व निश्चित हैं।

सप्रेम
रामविलास शर्मा

12.3.84

प्रिय विष्णुचंद्र शर्मा

8/3 का कार्ड मिला

सूचनाओं के लिए धन्यवाद

सप्रेम
रामविलास शर्मा

21.5.85

प्रिय विष्णु चन्द्र

तुम्हारा 18/5 का कार्ड मिला तुम्हारी पत्नी कुछ स्वस्थ हुई है, यह जानकर प्रसन्नता हुई आशा है, उन्हें ज्यादा काम न करने दोगे और उनके आराम, उपचार के लिए आवश्यक व्यवस्था करते रहोगे, उनके और स्वस्थ होने के लिए मेरी मंगलकामना है।

तुमने मेरी पुस्तकें पढ़ी और उनके बारे में मुझे लिखा, इसके लिए धन्यवाद। 'मार्क्स और पिछड़े हुए समाज' तो इस साल निकल जानी चाहिए पर अपने वादे के अनुसार प्रकाशन पाण्डुलिपि लेने ही नहीं आये तुम यदि इधर आओ तो दो दिन पहले कार्ड डाल देना जिससे घर पर ही रहूँ 'भारतीय साहित्य की भूमिका' में कई साल की देर है जून के अन्तिम सप्ताह में बनारस जाने का प्रोग्राम बनाया है वहाँ 7-8 महीने रहने का विचार है इति

सप्रेम

रामविलास शर्मा

नयी दिल्ली 28.10.86

प्रिय विष्णु चन्द्र,

मेरा पौत्र तन्मय पंतनगर में पढ़ रहा है अचानक कार्यक्रम बन गया हम सब लोग 8 को गये, 11 को लौटे मैनेजर पाण्डेय के कार्ड से मालूम हुआ था, तुम आये थे, मैं यहीं हूँ जब चाहो आओ, 'इतिहास की समस्याएं' पुस्तक से तुम्हें महाकवि याद आये, यह उसकी सार्थकता है वैसे उनकी और मेरी स्थिति में बड़ा अन्तर है राहुल जी और किसान आन्दोलन का संक्षेप में उल्लेख 'नयी कविता और अस्तित्ववाद' के पहले निबन्ध में हैं, विस्तार से तुम्हें लिखना चाहिए, 'जवाहर लाल नेहरू का अन्तर्द्वन्द' लेख 'विराम चिन्ह; में है यह उच्श्रृंखल में छपा था मिजाज पहचवाने के लिए काफी है उसी के आसपास गाँधीवाद पर कई लेख 'हंस' में जिक्र ले रहे थे, उन्हें देख सकते हो जहाँ तक संस्कारों का सम्बन्ध है, उनका पता दो चार लेखों से नहीं, 'घर की बात' से लगेगा।

आशा है, सपत्नीक स्वस्थ और प्रसन्न होंगे

सप्रेम

रामविलास शर्मा

1.7.84

प्रिय विष्णु,

तुम्हारा 1/7 का कार्ड मिला तुम्हारी पत्नी कष्ट के बारे में जानकर दुःख हुआ। पटना में चिकित्सा की ठीक व्यवस्था हो तो जब तक बन पड़े, वहीं रहना उचित होगा

मैंने बनारस के पते पर तुम्हें कार्ड डाला था शायद मिला नहीं!

शेष कुशल

सप्रेम
रामविलास शर्मा,

24.5.88

प्रिय विष्णु,

केदार पर शमशेर का लेख हमें मिल गया है।

'धरती' और 'दिगंत' के लिए हमने विजेन्द्र को लिख दिया है।

सप्रेम
रामविलास शर्मा

नयी दिल्ली 18
24.6.88

प्रिय विष्णुचन्द्र,

तुम्हारा 17/6 का कार्ड मिला तुम्हारे महीन अक्षर कई जगह पुराने चश्मे से मैं पढ़ नहीं सका, अपने प्रश्नों के उत्तर यहाँ मिलने पर प्राप्त कर देना॥ वाणी प्रकाशन के लिए नरेन्द्रशर्मा के गद्य पद्य का सम्पादन तुम्हीं करना, मैं वैसे भी दूसरे कामों में लगा हूँ, 'रूपाभ' की फाइल कहाँ मिल सकती है—यह प्रश्न नरेन्द्र शर्मा जी से करना चाहिए।

शेष गिलने पर

सप्रेम
रामविलास शर्मा

13.6.84

प्रिय भाई

4/6 का कार्ड मिला इसलिए वाले निबन्ध के बारे में तुम्हारी राय है पार्टी में संकीर्णतावाद आदि विषयों से बच कर लिख रहा हूँ तथा 'भारत में अंग्रेजी राज' में इस विषय पर 'मार्क्सवाद और प्र.सा.' में प्रकाशित होगा 'घर की बात' पर कुछ

नहीं लिखा अपने कविता संग्रह पर भी कुछ नहीं लिखा वह निबन्ध एक विशेष विषय से सम्बद्ध है, जिसमें से ज़ाती है, 'सर्वनाम' का एक बार का अनुभव पर्याप्त नहीं है? रक्तचाप ज्यादा बढ़ गया है या बढ़ाना है?

सभी परिवारीजनों के स्वास्थ्य के लिए मंगलकामना सहित

सप्रेम

रामविलास शर्मा

12.7.91

प्रिय विष्णु चन्द्र

6/6 का तुम्हारा कार्ड आज मिला 'सर्वनाम' मिल रहा है त्रिलोचन अंक भी मिला, वैदिक दर्शन के बारे में तुम्हारा ख्याल सही है–'पुस्तक अभी लिखी ही न गयी हो,

'आस्था और सौन्दर्य' में कालिदास पर वही पुराना लेख है–अपरिवर्तित-फ्रान्स की राज्यकाल पर उसमें एक नया लेख है उसे पढ़ना चाहो तो पुस्तक ले जाना।

सप्रेम

रामविलास शर्मा

काशी

2.4.86

प्रिय मित्र,

17/3 का कार्ड मिल गया था। राजेन्द्र प्रसाद सिहं जी से भेंट नहीं हुई पर अनिरूद्ध जी से सम्पर्क हो गया था। उन्हें मैंने आवश्यक पुस्तकों की सूची दे दी है, मैं सम्भवत। इस महीने के चौथे हफ्ते में दिल्ली पहुँच जाऊँगा।

तुम्हारे स्वाथ्य के लिए शुभकामना सहित

रामविलास शर्मा

नयी दिल्ली-18

15. 11.88

प्रिय विष्णुचंद्र,

'रूपतरंग' की भूमिका बन्द कर एक स्वतन्त्र निबन्ध हो गयी। त्रिलोचन पर लगभग 35 पृष्ठ हैं, आज अशोकत्यागी वाणी के लिए पाण्डुलिपि ले गये।

मैं शुक्र (18/11) को बनारस जा रहा हूँ, दो दिन रूक कर भतीजे के ब्याह में जादूगड़ा जाऊंगा लौट कर फिर बनारस रूकूंगा, यहाँ 10/12 को एक अन्य भतीजे

का ब्याह है तब तक लौट आऊँगा 12 दिसम्बर से 'भारतीय साहित्य और दार्शनिक यथार्थवाद, पर काम शुरू करूँगा।

आशा है तुम्हारा और तुम्हारी पत्नी का स्वास्थ्य ठीक चल रहा है॥

सप्रेम
रामविलास शर्मा

मनीया कटरा,
आगरा,
3-1-57

प्रिय विष्णुचन्द्र जी,

आपका पत्र मिला। 'कवि' मिलते ही उसके बारे में आपको लिखूँगा। इस समय मेरे पास एक भी अप्रकाशित कविता नहीं है जो आपको भेजूँ। 10 जनवरी तक कुछ भी भेजना सम्भव नहीं। हाँ, दस फरवरी तक प्रयत्न करूँगा। आशा है, 'कवि' का तीसरा अंक अवश्य निकलेगा।

आपका
रामविलास शर्मा

आज सबेरे कवि के दर्शन हुए। मौलिक रचनाओं की अपेक्षा अन्य कविताएँ ज्यादा अच्छी लगीं। घनश्याम अस्थाना, गोकुलपुरा, आगरा ने keats और रवीन्द्रनाथ की कुछ रचनाओं का अनुवाद किया है। उनसे मँगा सकते हैं।

आपका
रामविलास शर्मा

मदीया कटरा,
आगरा,
16-1-57

प्रिय भाई,

आपका 11/1 का कार्ड मिला। कविताएँ लिखने में मैं बहुत ही अनियमित हूँ। यदि मार्च तक कविताएँ लिखीं तो अवश्य भेज दूँगा। किन्तु न लिखी गई तो कुछ न भेजूँगा। इसलिए आप उनकी राह न देखियेगा।

आपका
रामविलास शर्मा

प्रिय विष्णुचन्द्र जी,

आप मेरे आसरे न रहें। मैं कब कविताएँ लिखूँगा और कब आपको भेजूँगा वह बिलकुल अनिश्चित है। गद्य की तरह कविता मेरे लिये यत्नसाध्य बिल्कुल

नहीं। इसलिए आप क्षमा करें।

दूसरा अंक पहले से अच्छा लगा। घनश्याम अस्थाना गोकुलपुरा आगरा ने हिन्दी में बंगला और अंग्रेजी से कुछ कविताओं के अनुवाद किये हैं। आप चाहें तो उन्हें लिखें। केदार ने भी कुछ अनुवाद kaats से किये हैं।

त्रिलोचन जी को नमस्कार कहें।

आपका
रामविलास शर्मा

12 अशोक नगर,
आगरा,
9-2-58

प्रिय विष्णुचन्द्र जी,

आपको कार्ड का उत्तर समय पर न दे सका, क्षमा करें।

मेरे अवकाश का अधिकांश समय 'समालोचक' में चला जाता है, इस कारण अन्य पत्रों में लिखना प्रायः बन्द कर दिया है। इसलिए 'कवि' के लिए भी लेख नहीं भेज सका।

आपका
रामविलास शर्मा

12 अशोक नगर,
आगरा,
8-4-58

प्रिय विष्णुचन्द्र जी,

आपका 26/3 का कार्ड मिला। 'नयी कविता' विशेषांक मिला। नये कवियों और उनकी चर्चा में रस लेने वाले आलोचकों के लिए अच्छा है। मैं यही आशा प्रकट कर सकता हूँ कि वह कविता मात्र के प्रेमियों के लिए भी आकर्षक बनें...विशेषांक नहीं, आपका पत्र। आपका पत्र 'गरीब' कहाँ है क्योंकि वह गरीब लेखकों के स्तर से ऊपर का है। पृष्ठ संख्या की गरीबी उल्लेखनीय नहीं।

आपका
रामविलास शर्मा

प्रिय विष्णु,

तुम्हारा 6/9 का का कार्ड मिला, बधाई, अभिनन्दन और अभिवादन—तीनों चीज़ों के लिए धन्यवाद,

इतिहास दर्शन पुस्तक के पूरे होने में अभी साल भर तो लगेगा, फिर दो साल छापने में लगेंगे! उसे पढ़ने की तुम्हारी कामना जल्दी पूरी होने वाली नहीं है यहाँ का फोन न. 5507034 है

सप्रेम
रामविलास शर्मा

नयी दिल्ली-18
7.4.50

प्रिय विष्णु
1/4 का कार्ड मिला
तुम्हारी प्रतिकिया जानकर प्रसन्नता हुई।
तुम दोनों के स्वास्थ्य के लिए मंगलकामना सहित

सप्रेम
रामविलास शर्मा

विकासपुरी
17.5.88

प्रिय विष्णु,
'अरघान' में तुम्हारा उल्लेख है इस समय त्रिलोचन की और कोई पुस्तकें यहाँ नहीं हैं, तुम्हारे पास होंगी। 'रूपतरंग' के दूसरे संस्करण की भूमिका में हिन्दी कविता में यथार्थवाद के विकास के सिलसिले में कुछ पृष्ठ त्रिलोचन पर लिखना चाहता हूँ, तुम अपनी सुविधा से जब इधर आओ तब उनकी कुछ पुस्तकें लेते आना।

सप्रेम
रामविलास शर्मा

आगरा
19.6.72

प्रिय विष्णुचंद्र जी
आपका 13/6 का पत्र मिला। इन प्रश्नों का संक्षिप्त उत्तर देना संभव नहीं है। इसलिए क्षमा।

आपका
रामविलास शर्मा
12/6

प्रिय विष्णुचन्द्र जी,

आपके भेजे हुए हुए रेखाचित्र मिले। धन्यवाद। आपके पद्य से गद्य अच्छा लगा। आपकी सफलता का आकांक्षी

रामविलास शर्मा

नयी दिल्ली
31.1.90

प्रिय विष्णुचन्द्र,

तुम्हारा 19/1 का कार्ड मिल गया था, मैं पाँच दिन के लिए जयपुर गया था कल भतीजे का ब्याह था इसलिए उत्तर विलम्ब से, पुस्तक पर 'तुमने अपनी राय भेजी', इसके लिए धन्यवाद। त्रिलोचन पर जो अंश लेना चाहते हो ले लो, उसके अन्त में पुस्तक का उल्लेख कर देना।

आशा है, पत्नी और तुम दोनों स्वस्थ होंगे

सप्रेम
रामविलास शर्मा
नयी दिल्ली 18
7.2.89

प्रिय विष्णु,

2/2 का कार्ड मिला

मेरे कार्डों के गद्य पर तुम्हारी और त्रिलोचन की प्रतिक्रिया लगभग एक सी है।

गोरख पाण्डे या अन्य किसी विषय पर मैं तुम्हें कुछ न भेज सकूँगा

दर्शन और इतिहास वाली पुस्तक ही धीमी गति से चल रही है।

केदार बाबू कहाँ है दो दिन बाद मद्रास जायेंगे

सप्रेम
रामविलास शर्मा

नयी दिल्ली 18
27.1.89

प्रिय विष्णु,

20/1 का कार्ड मिला 'सर्वनाम' की प्रति मिली व्यक्तिगत सम्पत्ति को लेकर अनेक प्रश्नों के बाद–आप कभी सर्वनाम में भी इस पर लिखें...

नहीं, यह सम्भव नहीं है, सारा समय पुस्तक में लगा रहा हूँ, उसकी प्रगति बहुत धीमी है।

'रूपतंरग' की 'भूमिका' के कविता संग्रह के साथ स्वतंत्र निबन्ध के रूप में छपेगी भी कब— यह तो प्रकाशक जाने पाण्डुलिपि उसी के पास है उससे जो अंश लेकर छापना चाहो छाप लो।

त्रिलोचन से फोन पर बात हो गयी थी। आज उनका पत्र भी आया है 4 फरवरी को केदार के नाती का ब्याह है बारात दिल्ली आये सम्भव है केदार आयेः कोई निश्चित सूचना नहीं है।

नागार्जुन को मेरा नमस्कार कहना

सप्रेम

रामविलास शर्मा

4.7.88

प्रिय विष्णु जी,

'धरती + दिगंत' विजेन्द्र ने भेजने को कहा है। काशी से लिखे 25/6 और 1/7 के कार्ड मिले। तुम्हारे प्रश्न पढ़ कर कुछ प्रश्न मेरे मन में आये;

1. (क) प्रेमचन्द के समय में किसान आन्दोलन का प्रायः अभाव था। जितना आन्दोलन था, उसमें वह शरीक नहीं हुए फिर भी वह किसान जीवन के बहुत बड़े चित्रकार थे। इसका कारण क्या था?

(ख) किसानों और मजदूरों में कोई आन्दोलन न हो, पर उनके बीच उनके घरों में मोहल्लों में—किसी ने अपने लड़कपन और जवानी का काफी समय बिताया हो उसके लेखन के लिए यह स्थिति महत्वपूर्ण है या नहीं

2. (क) महावीर प्रसार द्विवेदी सरस्वती में अनेक छद्‌म

(ख) नवजादक लाल ग्राज्यालय, शिवपूजन सहाय, निराला अनेक छद्‌म नामों से 'मतवाला' में लिखते थे क्यों

(ग) अमृतलाल नागर, रामविलास शर्मा 'चकल्लस' में अनेक छद्‌म नामों से लिखते थे क्यों

(घ) मेरी अध्यापकी की नौकरी नयी थी, यह तुम्हें कैसे मालूम हुआ?

9/7 को आओ तो यह कार्ड लेते आना इन प्रश्नों के बारे में बात करेंगे

रामविलास शर्मा

मुक्तिबोध के मार्क्सवाद के बहाने डॉ. रामविलास शर्मा से संवाद

प्रदीप सक्सेना की दृष्टि में 'विकल्पहीन संकल्प के अन्तर्विरोध' डॉ. रामविलास शर्मा' में हैं। क्या मुक्तिबोध, राजेन्द्र यादव, प्रदीप सक्सेना और नामवर सिंह में अन्तर्विरोध नहीं हैं? मार्क्सवाद में अन्तर्विरोध होना कोई गाली नहीं है। मुक्तिबोध, रामविलास शर्मा, शिवदान सिहं चौहान और नागार्जुन भाकपा के सदस्य भी रहे और यह अपने लेखन को सैद्धांतिक प्रतिबद्ध भी मानते रहे हैं। फिर भी वह अनेक दौर के अन्तर्विरोधों से आबद्ध रहे हैं। अन्तर्विरोधों से आबद्धता का एक पक्ष भारत की कम्यूनिस्ट पार्टियों की कार्यनीति और रणनीति में रहा है।

1935 से 1950 तक भारत की कम्यूनिस्ट पार्टी सोवियत 'लाइन' की पिछलग्गू रही थी। लेखक यथार्थ से साक्षात्कार करते समय उस काल पर संवेदनात्मक आवेग से उस पर अपनी प्रतिक्रिया भी व्यक्त करता था। बस, पार्टीबद्ध लेखक उस पर चुप्पी साध लेता था या उसे टालता रहता था जब तक राम विलास शर्मा, शिवदान सिंह चौहान, नम्बूदरीपाद जैसे सिद्धान्तकार उस पर अपना निष्कर्ष पेश या परोस नहीं देते थे। ऐसे दौर में डॉ. राम विलास शर्मा उस जज की तरह रहे हैं जो कभी गलती नहीं करता, या गलतियों को स्वीकार कर उससे सबक नहीं सीखता। मार्क्सवाद के बहाने एक बहस यह है कि मुक्तिबोध, लुकाच और ब्रेख़्त सृजनात्मक मार्क्सवाद के वकील या प्रवक्ता थे और डॉ. राम विलास शर्मा का 'सच्चा मार्क्सवाद' महज पार्टी के शस्त्रागार का एक दिलचस्प 'अस्त्र' रहा है।

प्रदीप सक्सेना और डॉ. राम विलास शर्मा के सामने आज 1857 की लडाई ठनी हुई है। वहाँ लडाई इतिहास के निष्कर्ष और व्याख्या पर अभी अधूरी है। विष्णु खरे मुक्तिबोध को कवि और चिन्तक बड़ा मानते हैं, डॉ. शर्मा और अज्ञेय मुक्तिबोध को असफल कवि और गलत मार्क्सवादी का फतवा देते रहे हैं। प्रदीप सक्सेना ने लिखा, 'यथार्थ को डॉ. शर्मा ने भौतिकवाद की तुलना में अधिक महत्व दिया लेकिन लुकाच और ब्रेख़्त की बहसों का कोई जिक्र नहीं, सृजनात्मक मार्क्सवाद की वकालत की लेकिन ग्रामएकी को बाहर रखकर। पुनर्जागरण पर

इतना लिखा लेकिन वर्कहार्ट के मूल ढाँचे पर कोई बात नहीं। यानि जिसका जिस क्षेत्र में काम है, उसके क्षेत्र में स्वयं विचरण कर आये लेकिन उसको श्रेय देने का कोई प्रयत्न नहीं।' (हंस दिसम्बर 1995)

मार्क्स ने सृजनात्मक मार्क्सवाद के बहाने बॉलजॉक पर बातचीत की है। लुकाच और ब्रेख़्त ने आचार्य रामचन्द्र शुक्ल और विशाखदत्त (मुद्राराक्षस) पर बहस नहीं की। ग्रामस्की को भारत में भौतिकवाद या सृष्टितल की कोई 'खबर' नहीं, पर मार्क्स को भारत और जर्मनी के भौतिकवाद की गहरी जानकारी थी। फिर बहस मार्क्सवाद के सार्वभौम मूल्यों पर होनी चाहिए या अपने देश के समय-सापेक्ष संकट पर?

सार्वभौम मूल्यों के मार्क्सवादी 1857 से 2009 तक की भारतीय परंपरा, वर्ग-संघर्ष, भौतिक मूल्यों और इतिहास के हिस्सेदार या पक्षधर चिन्तक कभी नहीं रहे। बहुत समय तक भारत में कॉडवेल और लुकाच पर बहसे हिन्दी के लेखन और चिन्तन, हिन्दी की परम्परा और यथार्थ पर चली उस बहस का कोई ठोस असर आजादी के बाद के लेखक—यशपाल, अमृतलाल नागर, रेणु, श्रीलाल शुक्ल, त्रिलोचन और रघुवीर सहाय पर नहीं पड़ा था।

मुक्तिबोध मार्क्सवाद के जरिए प्रसाद का पुर्नमूल्यांकन करते हैं। शमशेर के आत्मसंघर्ष की पड़ताल करते हैं। त्रिलोचन की 'धरती' के बहाने जातीय लेखन पर कुछ सवाल उठाते हैं। सैद्धांतिक चिन्तन में जो काम रामविलास शर्मा और शिवदान सिहं चौहान नहीं कर सके वह है 'नयी कविता की पृष्ठभूमि' देखने और पढ़ने का। जैसे आधुनिक हिन्दी कविता में यथार्थ, नयी कविता और आधुनिकताबोध, नयी कविता का और रचनाकार का मानवतावाद जैसे निबंध लिखकर समकालीन लेखन में हस्तक्षेप मुक्तिबोध ने किया था दूसरा सृजनात्मकता मार्क्सवाद का वह पक्ष सिर्फ मुक्तिबोध में नजर आता है। शमशेर, परसाई, लू सुन, दिनकर पर मित्र आलोचक की तरह बातचीत या संवाद किया। दूसरा अपनी रचना और विवेक—चेतना पर 'डायरी' जैसी विधा का सन्धान। यह पक्ष 'मुक्तिबोध की आत्मकथा' में मैंने विस्तार से चर्चा की है।

मुक्तिबोध ने रामविलास शर्मा के इतिहास, दर्शन और साहित्य के दृष्टिकोण पर कोई शोध कार्य नहीं किया। 1857 के इतिहास पर प्रदीप सक्सेना की तरह वह केन्द्र में कभी नहीं रहे। शरतचन्द्र के उपन्यास की सीमा और प्रेमचन्द्र के उपन्यास की प्रगतिशीलता पर डॉ. शर्मा अपनी प्रतिक्रिया देते हैं। मुक्तिबोध वहाँ ठहरकर विचार करते हैं। 'मनुष्य के मन का रूपान्तर व्यापक पैमाने पर साहित्य में तीव्र गति से कब और कैसे होता है।' नयी कविता को अस्त समय के खाने में फेंक कर डॉ. शर्मा यह नहीं देखते गीतकार विजयदेव नारायण साही, नामवर सिंह, केदाननाथ सिंह, सर्वेश्वर दयाल और मलयज अचानक व्यापक पैमाने पर आजाद

भारत वर्ष में आत्मशुद्ध और समाज सिद्धि के निर्णायक रास्ते पर खड़े होकर क्या चाहते हैं।

जैसे मुक्तिबोध 'समकालीन रुसी उपन्यास' पर बहस करते हैं और बाल की खाल निकालने वाले चोटी के आलोचक डॉ. शर्मा से यशपाल, रेणु, श्रीलाल शुक्ल को मुक्तिबोध की समकालीन रुसी उपन्यास के साथ परखते नहीं हैं। यहाँ डॉ. शर्मा और मुक्तिबोध के पेशे और व्यक्तिगत सामाजिक संघर्ष, उनसे ग्रस्त रहने वाले प्राणी की संपीडित आदर्शवादिता में गहरा अन्तर है। डॉ. शर्मा और लुकाच के 'पैटर्न' में यहाँ एक समानता है। दोनों आलोचकों का अपना आलोचना का एक पैटर्न बन या रूढ़ हो चुका था। मुक्तिबोध नवीन साहित्य का मर्म ग्रहण करते हैं, आलोचक अपने अपने पैटर्न से उसे ध्यान में नहीं लाते। मुक्तिबोध ने लिखा था, 'ध्यान में रखने की बात है कि प्रसिद्ध सीरियोलिश पंडित-आलोचक लुकाच ने क्लासिकल उपन्यास की दृष्टि से नये सोवियत उपन्यासों की आलोचना की थी। वे नवीन सोवियत साहित्य का मर्म ग्रहण कर सके थे।'

मुक्तिबोध, वाल्मीकि, कालिदास, नामदेव, कबीर और प्रसाद के साथ समकालीन साहित्य के मर्म को ग्रहण करते हैं, उस पर बहस या संवाद करना चाहते हैं, व्यक्तिवादी और प्रगतिवादी लेखकों से। भारत की आजादी की विडम्बना और सोवियत क्रान्ति के बाद लेखकों की सहभागिता में जो बुनियादी अन्तर था, उसे डॉ. शर्मा से अधिक बेचैनी से मुक्तिबोध परखते हैं। मुक्तिबोध सिर्फ कविता में ही मुठभेड नहीं करते वह 'उत्तर प्रदेश' और मध्यप्रदेश की 'कहन' शैली पर एक मित्र मार्क्सवादी आलोचक की तरह कवियों से संवाद भी करते हैं। मार्क्सवादी आलोचकों में शिवदान सिहं चौहान ने उपेन्द्रनाथ 'अश्क' और रेणु के उपन्यास के मनस्तत्वों के आकार की, उन्हीं मनस्तत्वों के रंग की समीक्षा एक मित्र-आलोचक की तरह की थी। अभी मधुरेवा ने सम्पादक आलोचना के दो दौर पर शिवदान सिंह चौहान और प्रकाश चंद्र गुप्त की पड़ताल की। यह मित्र आलोचना जैसा समान-भाव, डॉ. शर्मा में कहीं-कहीं अमृतलाल नागर, केदारनाथ अग्रवाल के साथ मिलता है। कवियों के पत्र और 'तंत्र कुशलमय' के पत्र में यह मित्र आलोचना गहरी है। पर मुक्तिबोध के 'चाँद का मुँह टेढा' पर जिस शिव द्दत्त से शमशेर विचार करते हैं, वह बात डॉ. शर्मा में नजर नहीं आती। क्योंकि डॉ. शर्मा, मुक्तिबोध, शमशेर, नागार्जुन और त्रिलोचन के 'संचित अनुभव के अंगस्थ' पर सोचना जरूरी नहीं समझते थे। मुक्तिबोध, शमशेर और त्रिलोचन पर सोचते हुए यह अन्तर जानते हैं कि चन्द आलोचकों के लिए वास्तविकता एक फार्मूला है। मुक्तिबोध के मार्क्सवाद की विशेषता या मौलिकता है, वह मुठभेड करते हैं, अपने मध्यवर्गीय रूख (एटीट्यूड) से और गहरे जाकर समकालीन वास्तविकता का असहनीय भाग हमें बताते या खोलते चलते हैं।

प्रकाशचन्द्र गुप्त और डॉ. राम विलास शर्मा के जेब में एक लेखक, कवि की सूची रहती थी वह उससे वास्तविक भारत का एक प्रगतिशील 'फार्मूला' तैयार करते थे। मुक्तिबोध ने 1950–1958 के बीच 'नवीन समीक्षा का आधार' लेख लिखा था। आलोचकतत्व यानि मार्क्सवाद, नये यथार्थवाद और सही राजनीति के आधार अपने समय के कवियों और कथाकारों को सिखा रहे थे, और 'रूस' की जमीन पर सोचने वालों की खाल उधेड रहे थे। मुक्तिबोध ने मार्क्सवादी आलोचना को सामयिक और विश्वसनीय बनाते हुए लिखा 'वास्तविक जीवन की सम्वेदनात्मक समीक्षा शक्ति के अभाव में, साहित्य समीक्षा का हाल बुरा होता है। रोम्यॉ रोलाँ के प्रसिद्ध उपन्यास ज्याँ क्रिस्तोफ के अन्तर्गत दार्शनिक मनःस्थिति में लिखे गये प्रदीर्घ जीवन आलोचनात्मक खण्डों को निकाल देने की सलाह देने वाले समीक्षकों की कभी कमी नहीं रही। मुक्तिबोध को ऐसी सलाह देने वाले उस समय ऐसे ही आलोचक थे।

मुक्तिबोध की 'समग्रता' पर न सोचने के नाते डॉ. नामवर सिंह ने लिखा था : 'जिस ईमानदारी के साथ मुक्तिबोध आत्म-समीक्षा करते हैं, वह अन्यत्र दुर्लभ है और वही उनकी कविता का आकर्षण भी है। समझ में नहीं आता कि वे बहुत-सी कविताओं की एक कविता क्यों बना देते हैं। (कविमित्र 'कवि' मार्च 1957)

मुक्तिबोध की मार्क्सवाद की समझ में ईमानदारी और आत्म-समीक्षा दो स्थायी मूल्य थे। वे आलोचक और समकालीन कवियों को इसी कसौटी पर कस रहे थे। नामवर जी ने डॉ. रामविलाश शर्मा की तरह अभी मुक्तिबोध की कविता की बनावट पर आधे मन से सोच रहे थे। मुक्तिबोध पर लिखते हुए अप्रैल 1957 में (कवि विशिष्ट कवि) नामवर सिंह उनके चिन्तक और रचना प्रक्रिया का विश्लेषण दूसरे प्रगतिशील आलोचकों से अधिक निकट से कर रहे थे। फिर भी वह मार्क्सवादी समीक्षा को ('कविता के नये प्रतिमान' तक) वास्तविक जीवन की सम्वेदनात्मक समीक्षा शक्ति तक विकसित नहीं कर सके। मुक्तिबोध देख रहे थे; 'समीक्षक तो एकदम चिन्तक हो गया है, उसको असली जिन्दगी के आवेगों से कोई मतलब नहीं। मुक्तिबोध एक ओर नामवर सिंह के 'काव्यशास्त्र' में भटक जाने को देख रहे थे, दूरारी ओर डॉ. रामविलास शर्मा की 'आत्मबद्ध आलोचना' के खतरे देखने लगे थे। रचना और रचनाकार– इस आलोचना से धीरे धीरे बाहर कर दिया गया था। मुक्तिबोध ने मार्क्स की जमीन पर बॉलजॉक और साथी लेखकों की रचना-प्रक्रिया की विशिष्टता, कवि स्वभाव में देखी थी। डॉक्टर रामविलास शर्मा शिवदान सिंह चौहान 'प्रयोगवादी' कविता या 'नयी कविता' भयानक विद्रूप और प्रतिक्रियावादी जान पड़ती है।...नयी कविता के क्षेत्र में ही कलाकृति की विभिन्न रुप शैलियाँ या कहिये, अभिव्यक्ति के विभिन्न रूप चल पड़े हैं। इनका कोई सुव्यवस्थित सौंदर्य विवेचन या मूल्यांकन नहीं किया जाता– मैं स्वयं नहीं

कर पाता।' (7915)

मैनें लिखा था : "व्यक्तिवाद की दो प्रवृत्तियाँ आजादी के बाद '80 और 76' की नयी कविता में बढ़ी थी। एक प्रवृत्ति पराजयवाद की थी, दूसरी, प्रदर्शनप्रियता या चमत्कारवाद की थी। मुक्तिबोध ने शुरू में मध्यवर्ग की इन प्रवृत्तियों की आलोचना की थी। मुक्तिबोध (आलोचक डॉ. शर्मा के विरोध के बावजूद जनवाद विरोधी नहीं थे) डॉ. रामविलास शर्मा के पड़ोसी जनवादी कविमित्र रहे हैं। क्योंकि वह जनता के न हारने वाली क्रान्ति की आस्था के चिन्तक कवि हैं।' (13 जन-मार्च 1989)

मार्क्स बॉलजॉक का सुव्यवस्थित मूल्यांकन करना चाहते थे, वह नहीं कर सके। मुक्तिबोध को भी 11.9.1964 तक सुव्यवस्थित मार्क्सवादी सौन्दर्य विवेचन का समय नहीं मिला। जैसे डॉ. रामविलास शर्मा ने 'निराला की साहित्य साधना' (3 खण्डों में) के अध्ययन के माध्यम से मार्क्सवाद और निराला की सौंदर्य दृष्टि का मूल्यांकन किया है। अभी तक मुक्तिबोध के मार्क्सवादी सौन्दर्य-दृष्टि या सौन्दर्याभिरूचि का मूल्यांकन नहीं हुआ है। हाँ, पराजयवाद की प्रवृत्ति से लड़ते हुए कविता, कहानी और इतिहास में मुक्तिबोध सौंदर्यशास्त्र पर जो सूत्र छोड़ गये हैं, उसे विकसित करने पर 'उत्तर आधुनिकता' का पूरा ढाँचा ही चरमराकर बैठ जाएगा। लिखा है : "सौन्दर्यशास्त्र, नीतिशास्त्र आदि मूल्य शास्त्र होने के कारण वे मुख्यतः सिद्धान्त प्रणालियों के समवाय के रूप में प्रस्तुत होते हैं। अन्तिम निर्णय करने का भार हम पर ही रह जाता था कि उनमें से कौन-सी बात हमारे लिए स्वीकारणीय है और कौन-सी त्याज्य। आधुनिक सौंदर्यशास्त्र के क्षेत्र में तो सिद्धान्तों का एक जंगल खड़ा हो गया है।' (89/5)

इस जंगल में कालिदास के 'सौन्दर्य की स्थायीतत्व' की खोज डॉ. शर्मा ने की है, वह कहाँ डॉ. हजारी प्रसाद द्विवेदी के कालिदास के 'लालित्य' से भिन्न है, यह भी अभी तक नहीं परखा गया है। दूसरा आधुनिक सौन्दर्यशास्त्र के जंगल में प्रवेश किया हैः 'कार्ल मार्क्सः कला और साहित्यचिन्तन (सम्पादक नामवर सिंह 1991) और "संकट के बावजूद" (डॉ. मैनेजर पाण्डेय 1998)। यहाँ भी विदेशी आलोचकों की एक प्रदर्शनी लगाई गई है, मुक्तिबोध और नागार्जुन पर कुछ सूत्र उनसे खोजे जरुर जा सकते हैं। पर हैं ये चिन्तक भारत के मार्क्सवादी संघर्ष से कोसों दूर।

क्या मार्क्सवाद सोवियत संघ के विघटन के बाद संकट में है? यह सोच भी बिना मुक्तिबोध को ध्यान में रखे अधूरी रह जाएगी। मुक्तिबोध की मौत के बाद 64 से 69 तक एक कला-खण्ड का विचारक आया है, जो राजनीति (खासकर अमेरिका की इजारेदारी, आर्थिक गुलामी) दर्शन, साहित्य पर सतह से नीचे जाने से बिदकता है। संगीत, पेंटिंग, स्थापत्य यानी कला और साहित्य में क्या अन्तरसम्बन्ध है यह देखा नहीं गया। मुक्तिबोध ने शमशेर के चित्रकार और कवि

की अन्तरंग पहचान की थी। वाम प्रतिष्ठान और सत्ता प्रतिष्ठान में एक बहस सत्ता से डरकर दूर भागने की भी रही है, दूसरी कमलनीदत्त (पहल 59) ने विकल्प की बात रखी है। मुक्तिबोध कहीं रुसी दौर पर बात करते हुए बदलते हुए भारत में आजाद भारत के जनपक्षी मूल्यों की वकालत कर रहे थे। उनके आलोचक, कविता और आलोचना में सत्ता के चरित्र पर सोचते हुए उनकी 'अधूरी क्रान्ति' के सौन्दर्यपक्ष पर मनन करने से डरते रहे हैं। मुक्तिबोध के बाद क्या परिवर्तन आया, कैसे संकट बढ़े यह देखने वाले भी बहुत कम विचारक आम होते जा रहे हैं। यह मार्क्सवाद की कमी यानी 'इतिहास के अन्त' का भ्रम नहीं है, न ही 'उत्तर आधुनिकता' के रुपवाद का भ्रम है, यह अपनी 'समग्र जीवनोन्मुखता' से पीठ फेरना है। जो अपूर्णता रामविलास शर्मा में है, वह दूसरों में भी है, यह देखने वाले मुक्तिबोध आज नहीं हैं। मुक्तिबोध जिसे 'बाधाग्रस्तता' कहते हैं; वह 'वास्तविक वैज्ञानिक तथ्य' भी हमने 'ग्लोबल एकोनामी' या बाजार तन्त्र में मुक्तिबोध की तरह देखा-परखा नहीं है।

मुक्तिबोध ने लिखा था : "सौन्दर्यशास्त्र के सम्बन्ध में महत्वपूर्ण बात यह है कि उसके सिद्धान्तों में परिवर्तन होता रहता है, और किसी युग में किसी विशेष प्रवृत्ति की औचित्य-स्थापना के लिए वैसे सन्दर्भ-सिद्धान्त बनते या बनाये जाते हैं। आज की स्थिति तो यह है कि आधुनिकतम चित्रकला को समझने के लिए सबसे पहले हमें उसकी सौंदर्यशास्त्रीय मान्यताओं का ही अध्ययन करना चाहिए।'

'नया खून' अखबार में मुक्तिबोध 'टाइम्स' के अच्छे पत्रकारों से भी सीखते थे, और युद्ध संवाददाता से भी आज की स्थिति पर बहस करते थे। वह बताते थे, 'पार्टनर यह अपना आदमी नहीं है' यह मार्क्सवाद की 'डाउट' (शंका) की बुनियाद है। मजदूर वर्ग, किसान वर्ग और मध्य वर्ग में एक चौमुखी दृष्टि से मुक्तिबोध दोस्त और दुश्मन में फर्क करते थे। दूसरे 'इंटरनेशनल' के बनने या बिखरने तक मार्क्स, एंगलेन में भी बहस रही। यह केवल सन्देह या दुश्मनी नहीं है, वर्ग दुश्मन की पहचान का एक आजमाया हुआ लेनिन का 1905 से 1924 तक की इतिहास दृष्टि का मानदण्ड है। मुक्तिबोध जब 'पार्टनर' से दोस्ताना नाता जोड़ते थे, तो वह बदलते हुए मित्र की शल्यक्रिया करते हुए उसके व्यक्तित्व के रूपान्तरण को देखते भी थे।

रामविलास शर्मा ने इसी दृष्टि से 'आज की दुनियाँ और लेनिन' पुस्तक की भूमिका लिखी थी। मूल में था आज के संकट में सही दिशा में सोचना, 'भागो नहीं दुनिया को बदलो' यह राहुल का सवाल था। जब जब संकट घना हुआ था, मुक्तिबोध और नागार्जुन तब तब मार्क्सवाद की रोशनी में अधिक चौकन्ने और सतर्क हुए थे। मार्क्स ने फ्लोवेयर पर बात तब कही थी, जब वह पक्षधर पत्रकार

भी थे। मुक्तिबोध ने टीले, अन्धकार, तलघर में दबी मानवता से संवाद करते हुए कहा था : 'कोशिश करो' यहाँ दलित, नारी, सर्वहार के हिस्सेदार मार्क्सवादी थे। मुक्तिबोध 'ब्रह्मराक्षस' यानी परम्परा से सीखते भी हैं और वर्तमान के हर संकट में लेनिन की तरह अपनी रचना में उपस्थित भी रहते हैं। यह चन्द सूत्र हैं मुक्तिबोध के मार्क्सवाद के बहाने आज के मार्क्सवाद पर सोचने का। डॉ. शर्मा और मुक्तिबोध, मार्क्सवादी चिन्तन के हिस्सेदार हैं, दुश्मन नहीं।

पार्टीबद्ध मार्क्सवादी लेखक और शिविरबद्धता के खतरे

इधर जयप्रकाश नारायण का नाम लिए बिना, एक विचारक वर्ग, 'स्वतंत्र मार्क्सवाद' या दलविहीन सम्पूर्ण क्रान्ति का नारा उछाल रहा है। स्वतन्त्र मार्क्सवाद का इतिहास में एक अर्थ रहा है, सोवियत संघ की मार्क्सवादी व्याख्या का विरोध। वह पूर्वी यूरोप और अमेरिका में आज अनेक रूपों में नज़र आ भी रहा है। खुद सोवियत संघ के विघटन में भी कहीं पार्टी का 'संकीर्ण' रुझान था जिस पर भारत की वामपंथी पार्टियाँ कोई खुली बहस नहीं चला सकी हैं। बहस न चलाने के पीछे एक मुद्दा यह रहा था कि भारत की मार्क्सवादी पार्टियाँ—भाकपा, माकपा आदि 1970 से देश में क्रान्तिकारी भूमिका निभा नहीं रही है। दूसरा ख़तरा यह नज़र आ रहा है कि वामपंथी दलों ने घुटने टेक कर 'संसदवाद' को मंजूर कर लिया है। इन खतरों की दो बिडम्बनाएँ भी नज़र आ रही हैं। एक विडम्बना है कि सत्ता किसी की हो माकपा, भाकपा उसकी हिस्सेदार या पुछल्ला रही है। लेखकों की सस्थाएँ प्रलेस, जलेस भी अपनी अपनी अवसरवादिता का सबूत पेश करती हैं। दूसरी विडम्बना यह हुई है जनता साम्प्रदायिकतावादी, हिन्दुत्ववादी, नाज़ीवादी शक्तियों और मार्क्सवादी शक्तियों में फर्क नहीं कर सकी है। आज तक के चुनाव इसका ताजा सबूत है, वहाँ आते हैं राजनीतिक सटोरिए।

मैंने यशपाल पर बहस करते हुए यह लिखा था : 'प्रेमचन्द से यशपाल तक 'मार्क्सवाद' और गैर-मार्क्सवाद की लड़ाई चली आ रही है, वहाँ, कभी पार्टी का संकीर्णतावाद और कभी सत्ता का अवसरवाद भी आड़े आता रहता है।' कमलेश्वर ने अगनी आत्मकथा में लिखा है : मैं सन् 1940 में भी मार्क्सवादी था और सन् 1981 में भी मार्क्सवादी हूँ। पूर्वी यूरोप और रूस में जो कुछ हो रहा है, उसके बावजूद क्योंकि मेरे लिए मार्क्सवाद एक सिद्धान्त है, सत्ता नहीं।...जिन्होंने मार्क्सवाद का उपयोग सत्ता के लिए और सत्ता की तरह किया, मोहभंग उनका हुआ है, मूर्ति उनकी टूटी है, लेकिन मूर्ति टूटने से देवता नहीं मर जाता।' (पृ. 144)

कमलेश्वर की विडम्बना रही है वह राजनीति में श्रीकान्त वर्मा की तरह कांग्रेसी हैं और संस्कृति-कर्म में हैं मार्क्सवाद के सिद्धान्तकार। यशपाल राजनीति

और संस्कृति कर्म में सत्ता और सिद्धान्त का कोई दिशाहीन कमलेश्वर-सा बँटवारा नहीं करते थे।' (सर्वनाम, जुलाई, अगस्त, सितम्बर 1989, पृ. 7)

यहाँ कई सवाल हैं, क्यों प्रेमचन्द, यशपाल और अमरकान्त किसी वाम संगठन के सदस्य नहीं रहे? इसके बावजूद वह संगठन की प्रगतिशील और जनवादी भूमिका के हिमायती रहे हैं। मार्क्सवादी पार्टी के आज जो सिद्धान्तकार हैं वह न सत्ता की संस्कृति के क्रान्तिकारी विश्लेषक रहे हैं, न सोवियत संघ के विघटन के बाद उन्होंने अपनी पार्टी के सिद्धान्तकारों को देश में कोई नई जमीन तलाश करने की सलाह दी है।

बहस के एक पहलू की सफाई दी कमलेश्वर ने, 'तुम्हारी टिप्पणी कि मैं कांग्रेसी रहा हूँ—यह सचाई नहीं है, पर इसमें इतना आंशिक सत्य जरूर है कि साम्प्रदायिकतावादी, हिन्दुत्ववादी, नाज़ीवादी शक्तियों के विरूद्ध मैंने कांग्रेस के मंच को अछूत नहीं माना है। उससे जनवादी धारणाओं को कभी कोई नुकसान नहीं पहुँचाया है। मैं सिद्धान्तों को इस्तेमाल में लाता हूँ—उन्हें पार्टी शिविरों की बहसों से आगे ले जाने की कोशिश करता हूँ।...मैं किसी भी पार्टी की शिविरबद्धता को मन्जूर नहीं कर पाता, शायद यही मेरी कमी होगी। मैं किसी पार्टी के कारण नहीं, मैं मार्क्सवाद के कारण मार्क्सवादी हूँ।' (27-9-93 के खत का अंश, सर्वनाम-32 पृ. 34)

यहाँ लेखक के मैं यानी अहं से अलग मार्क्सवाद पर बहस की एक जरूरत है। एक, प्रामाणिक मार्क्सवाद रहा है, जिस पर प्रेमचन्द, निराला सुब्रमण्यम भारती, वल्लतोल, नज़रूल और यशपाल से पार्टी के सिद्धान्तकारों ने कभी बहस नहीं की। दूसरा व्यावहारिक इतिहास इस देश का रहा है। यह जन्मा है एक मार्क्सवाद की जरूरत के तौर पर। विचारक जनता और दल यहाँ अलग अलग रहे हैं?

जहाँ डॉ. रामविलास शर्मा ने भाकपा नेताओं के सामने, मार्क्स की भूलों, सर्वहारा डिक्टेटरशिप आदि मुद्दों पर खुली बहस आयोजित की थी। व्यावहारिक मार्क्सवाद में कोशांबी और राहुल की एक अहम् भूमिका रही है। भारतीय अर्थशास्त्र में चाणक्य की भूमिका, पाणिनीय के समय और भाषा-तत्व में उनकी भूमिका, वेद और उपनिषद में सृष्टितत्व और भौतिकता की खोज आदि पर ऐतिहासिक मूल्यांकन में मार्क्सवाद का इसी देश में स्रोत खोज़ा है डॉ. शर्मा ने। यह बताने की जरूरत नहीं है, डॉ. राम विलास शर्मा की यह मार्क्सवाद को विशेष देन है।

फिर भी जब तक डॉ. रामविलास शर्मा प्रगतिशील लेखक संघ के महामन्त्री रहे, वह काल, मूलतः उनके 'पार्टी की शिविरबद्धता' के लिए याद किया जाता रहा। पन्त जी, यशपाल, राहुल सांकृत्यायन, रांगेय राघव, हजारी प्रसाद द्विवेदी जैसी प्रतिभाओं को पार्टी की शिविरबद्धता के नाते वह धराशाही करते रहे। जिस हिन्दी

जाति के आज वह प्रवक्ता या सन्धानकर्ता हैं, उसके इस समय वह समग्र अध्येता भी नहीं रहे, बल्कि अपनी 'संकीर्णता' से पूरणचन्द जोशी की उदात्त सांस्कृतिक क्रान्ति की भूमिका को तोड़ने में, दरार डालने में वह काफी हद तक सफल रहे। वह जिस किसान क्रान्ति को साहित्य में प्रगतिशीलता की कसौटी मानते रहे हैं, उसमें भी तेलंगाना से आज तक सहजानन्द, राहुल सांकृत्यायन, कार्यानन्द आदि का ऐतिहासिक मूल्यांकन वह नहीं कर सके हैं। मैंने इसीलिए 'सर्वनाम' में रामविलास जी के मार्क्सवाद के घरेलू और बाहरी-देश में अन्तर्राष्ट्रीय-दो पक्षों का मुद्दा बार-बार उठाया था।

मेरे लिए हंस एक मंच रहा, जिसे प्रेमचंद के बाद, 40-42 में शिवदान सिंह चौहान ने देशव्यापी धरातल पर विकसित किया था। फिर वह मंच 72 से लेखकों की उदासीनता और पार्टियों की अवसरवादिता के कारण बिखरने लगा था। अफ्रीका अंक, चीन अंक, बर्तोल्त ब्रेख़्त के फ्रांसीसी क्रांति पर लिखा नाटक 'नया जमाना' और सुकान्त की कविता छापकर मैंने मासिक सर्वनाम से एक वातावरण बनाया था।

सितम्बर 1989 से सर्वनाम त्रैमासिक है। पहले अंक 13 से मैंने एक प्रगतिशील व्यक्तित्व की रूपरेखा, संस्मरण, बातचीत, आदि में प्रस्तुत किया। दूसरी प्रगतिशील पुस्तकों की भूमिका पर बहस आयोजित की। त्रैमासिक में मुक्तिबोध और शमशेर को मार्क्सवाद की ओर ले जाने वाले कम्यूनिस्ट कामरेड सस्तम सैरित, सृष्टिधर मुखर्जी और तेजबहादुर चौधरी के संस्मरण छापे। प्रगतिशील कविता में आई पराजय-भावना का पूनर्मूल्यांकन करते हुए 'पराजयवाद के विरुद्ध जनवादी कवि की भूमिका' लेख लिखा डॉ. शर्मा की 'सर्दियों से सोये जाग उठे' पुस्तक पर।

'स्वतन्त्र मार्क्सवाद' और अवसरवाद में आज सुई भर का अन्तर रह गया है। 'वसुधा' (प्रलेस), 'नया-पथ' (जलेस) यदि पार्टीबद्ध पत्रिकाएँ हैं, तो 'पहल', स्वतन्त्र मार्क्सवादी पुस्तिका है। क्यों पार्टीबद्ध लेखक, एक शिविर में बँधकर सोचते हैं? क्यों 'स्वतन्त्र मार्क्सवादी' सत्ता और विश्वबाजार में पड़ी सीधी लड़ाई से बचकर सरकार की सुविधा में जीने को विवश हैं? विज्ञापन का एक दबाव ऐसे स्वतंत्र मार्क्सवादियों को अवसरवाद के करीब लाता है।

मंगलेश डबराल ने इधर लगातार, लेखकों के कन्धे पर अपने 'स्वतन्त्र मार्क्सवाद' की वकालत की भी है। अमेरिका जाने पर वह कभी-कभी सत्ता के क्षेत्र को देख भी लेता था, पर समानान्तर चलने वाली 'काले धन' की देशी-विदेशी सरकार का कोई खतरा उसकी आँखों में आज साफ नहीं। देखने की दलील देने वाले प्रयाग शुक्ल आसानी से कलामन्डी में अपना सौदा पटा लेते हैं। यानी 'मुँदहु आँख कतहु कछु नाहीं'। यह है 'स्वतन्त्र' विचार या इतिहास के अन्त की घोषणा

करने वालों का दुरंगापन।

अभी 'परिवेश' का प्रो. प्रकाश चन्द्र गुप्त पर केन्द्रित अंक सम्पादित किया है मधुरेश ने। हिन्दी आलोचना के मार्क्सवादी दौर में, प्रकाश चंद्र गुप्त की भूमिका पर मधुरेश और प्रदीप सक्सेना ने गम्भीर सवाल उठाए हैं उसमें आजादी से पूर्व प्रेमचन्द, निराला, प्रगतिशील मूल्यों के पक्षधर थे और ज्यादातर क्रान्तिकारी 'कम्यूनिस्ट' में रहे है। हाँगकाँग के आखिरी अंग्रेज प्रकाशक क्रिस पैटन की पुस्तक छापने से इन्कार कर दिया है। लेखक और प्रकाशन के बीच प्रकाशन-पूर्व कानूनी अनुबन्ध और बाकी औपचारिकताएँ पूरी की जा चुकी थीं। पुस्तक में पैटन ने चीन की साम्यवादी शासन व्यवस्था की कड़ी आलोचना की है। इंग्लैड के प्रकाशन गृह को तो इस पर प्रसन्न होना चाहिए था लेकिन मुश्किल ये है कि 'हार्पर कॉलिंस' के मालिक रूपर्ट मर्डोक हैं, जो स्टार टीवी के भी मालिक हैं चीन में अपने चैनलों से होने वाली अपार आय को देखते हुए वे कोई ऐसा काम नहीं करना चाहते, जिससे चीन से उनके सम्बन्ध बिगड़ जाएँ।' (अप्रैल 28)

कभी "भारत भवन" की एक बतकही में शिवमंगल सिंह 'सुमन' ने अशोक वाजपेयी को कला-जगत का 'लीज़ा आफिसर' कहा था। आज 'कभी-कभार' स्तम्य लिखते हुए (जनसत्ता में) अशोक वाजपेयी ने बता दिया है मार्क्सवादी कला-मूल्यों से उन्हें अरुचि है और उनके साथ जुड़कर 'नटरंग' पत्र को वह 'फोर्ड फाउंडेशन' का अनुदान दिला सकते हैं।

यह सत्ता की संस्कृति, मूलतः 'सम्बन्धों के व्यापारिक रुझान' की संस्कृति बन चुकी है। आजादी के पूर्व की कथा लिखी थी मैंने अपने 'विडम्बना' उपन्यास में। बँधुआ मजदूर है आज लेखक। जो लेखक, हिन्दी का है कौन हिन्दी को 'इन्कार' करते समय सत्ता की संस्कृति का मुँह जरूर देखता है।

ऐसे भी पत्र अभी हैं, जहाँ सत्ता से "जुड़े स्वतन्त्र मार्क्सवादी" नहीं हैं। समाज से निर्लिप्त होने का दावा भी नहीं थोपते हैं, वह फासीवाद जैसे विषय पर बहस तेज कर रहे हैं। छोटी पत्रिकाएँ आज जिला या प्रदेश के स्तर पर ऐसी ही अहम भूमिकाएँ निभा रही हैं। अभी कृष्ण बलदेव वैद आत्मालाप में जी रहे हैं। यह आत्मालाप का खेल हंस सम्पादक का भी प्रिय शगल रहा है। 'साक्षात्कार' का सम्पादक 'अपने सत्य बनाने' की दलील दे रहा है। 'इतिहासबोध' का सम्पादक फिर भी पूछता हैः 'बिगड़े मुखैटे को लगाने की मजबूरी' किस वर्ग की है? डॉ. लाल बहादुर वर्मा, विश्व बाजार में बहकने के बदले, ठोस स्थिति पर बहस करना जरूरी समझते हैं। उनका यह वैज्ञानिक विश्लेषण छोटी पत्रिकाओं के भावी कार्यक्रम का आधार बन सकता है। लिखा है डॉ. वर्मा नेः 'वैज्ञानिक विश्लेषण के हिसाब से पार्टी का स्वरूप निम्न बातों से तय होता है। 1- वह मूलतः किस वर्ग की हित पोषण करती है। 2- उसके नेतृत्व का वर्ग चरित्र क्या है और 3- उसके

अनुयायी मुख्यतः किस वर्ग के हैं।' (इतिहास बोध, अंक 28, जनवरी-मार्च 198) यह वर्ग संघर्ष का इतिहास व चिन्तन की आधार भूमिका बन सकता है, जिस पर बहस कम हो रही है।

आज 1970 से 1998 तक कहानी, उपन्यास और कविता के केन्द्र में डॉ. नामवर सिंह हैं, पर उनके साथ नत्थी किया हुआ है उनका अन्तर्विरोध। उनके अन्तर्विरोध के दो छोर हैं, एक, अवसरवादिता, दूसरा, दलविहीन सत्तावाद। छोटी पक्षधर पत्रिकाओं में आज नामवर सिंह को लेकर यह बहस तेजतर हुई है। कमलेश्वर की 'आत्मकथा' से अशोक वाजपेयी के 'फिलहाल' तक नामवर सिंह कटघरे में खड़े नजर आते हैं।

इसके विपरीत, भूलों की वैसाखिया लगाने के बावजूद, डॉ. रामविलास शर्मा छोटी पत्रिकाओं और बड़ी पत्रिकाओं में अपनी मार्क्सवादी पक्षधरता का सबूत देते रहे हैं। 'प्रभात खबर' के दीपावली 1997 अंक में देखना चाहिए डॉ. रामविलास शर्मा का लेख 'व्यापारी, औद्योगिक और महाजनी पूँजीवाद।'

यदि छोटी पत्रिकाएँ घरेलू उद्योग में गुमराह नहीं होती, जैसे एक मोटा अंक निकालना, फिर उसे पुस्तकाकार छाप कर सम्पादक-मालिक की जेब भरना। यानी न लेखक को पारिश्रमिक देना, न सत्ता के विरुद्ध संघर्ष को तेज करना। 'हंस' से पहली बार मई 98 में मुझे पारिश्रमिक **मिला है**। आज छोटी पत्रिकाएँ आंदोलन से दूर अनुदान (या टुकड़ों) पर जी रही है।

एक तरफ सरकारी तन्त्र जनसंख्या विस्फोट का डर फैला कर अपनी तन्त्र सम्बन्धी विशेषता पर पर्दा डालता है, दूसरी तरफ विश्व पैमाने पर अमेरिका 'एटामिक' 'डर' का प्रसार कर अपनी साम्राज्यवाद की नई 'दादागिरी' पैदा कर रहा है। केन्द्र में सरकार का बेकार और मँहगाई बढ़ा उसी रास्ते पर चल एक ओर रही है। और दूसरी ओर है डॉ. रामविलास शर्मा मार्क्सवादी विचारक। एक सत्ता में जमे रहने का पत्रिकारिता का खेल बना रहा है दूसरा विचार से लैस कर रहा है छोटी पत्रिकाओं को।

डॉ. शर्मा यह बताते हैं: 'अमेरिका क्यों सर्वाधिक शक्तिशाली पूँजीवादी देश है, इसकी कैफियत मार्क्स के इस सिद्धान्त से मिलती है कि पूँजीवाद के विकास के साथ उसका निरन्तर अन्तरराष्ट्रीयकरण और केन्द्रीयकरण सम्पन्न होता है। चीन, वियतनाम, क्यूबा, निकारागुआ जहाँ भी जनवादी क्रान्ति शुरू हुई, उसका दमन करने में अमेरिका ने कुछ उठा न रखा...फिर भी टेक्नॉलाजी में दुनिया का सरगना अमेरिका पर हुआ। टेक्नॉलाजी से एक चीज़ अधिक महत्वपूर्ण है, मानव सम्बन्ध।

जनवादी-क्रान्ति के प्रवक्ता पत्रकार कौन आज हैं? कौन नए मानव सम्बन्धों के हिमायती है। यह काम छोटी पत्रिकाओं ने 'बंगाल के अकाल' से, 'तेलंगाना

युद्ध' और 'नौ-सेना' विद्रोह के जनवादी क्रान्ति के बीच किया था। पी.सी. जोशी ने बंगाल के अकाल के समय में एक पुस्तिका लिखकर ऐसा ही काम किया था। मैंने छोटी पत्रिका की इसी पक्षधर भूमिका की जरूरत समझते हुए अफ्रीका अंक, चीन अंक, लेटिन अमेरिकी कविता, क्यूबा अंक, नौ-सेना विद्रोह अंक, पंजाबी कविता, इतिहास दर्शन, मार्क्सवाद अंक निकाला इससे नए मानव सम्बन्ध बने। नई जनवादी क्रान्ति आज की एक प्रवृतियाँ हैं, उसमें छोटी पत्रिकाएँ अहम भूमिका निभा सकती हैं।

ज्यादातर छोटी पत्रिकाएँ इस दौर को 'पराजयवाद' के विरुद्ध अहम भूमिका नहीं बना सकी है। इसकी दो वजह हैं, 'जनकवि' रामकेर और वामकवि नागार्जुन के बीच आज कविता की बनावट में कोई फर्क नहीं रह गया है। जब जनकवि राजनीति विहीन हो रहा है, और वाम—कवि पार्टीबद्ध रचनाएँ लिखने को विवश है, ऐसे समय 'पराजयवाद के विरुद्ध जनकवि की भूमिका' के विचार पक्ष पर खुली बहस होनी चाहिए थी, जो नहीं हो सकी। मैंने उस समय लिखा था: "आज के जनकवि के सामने ईमानदारी भरा दो ही विकल्प है। एक, वह ईमानदार नागरिक की तरह कार्यनीति में कम्यूनिस्ट-सोशलिस्ट दलों को क्रान्ति विरोधी होने से रोके। इसके लिए बोलियों और भाषाओं के जनकवि और वामकवि का जन-आन्दोलन में हिस्सेदार होना जरूरी है।"

दूसरा विकल्प है, आज के जनवादी कवि के सामने कि वह अवसरवादी और पराजयवादी कम्यूनिस्ट तथा क्रान्तिकारी कम्यूनिस्ट में फर्क करे।

क्या 1989 से 2009 तक इस दिशा में छोटी पत्रिकाओं ने कोई सर्वेक्षण किया है? क्या विचार और भाषा में जो गड्डमड्डपन आया है, वह इस बात को नहीं बताता है कि छोटी पत्रिकाएँ हिन्दी चेतना और हिन्दी भाषा के स्वरूप से ही उदासीन हैं। प्रगतिशील चेतना की पत्रिकाओं में कहीं गहरा और कहीं चंद सतही सैद्धान्तिक मतभेद है। क्यों छोटी पत्रिकाओं ने इस पर बहस नहीं आयोजित की! क्योंकि वे असंवाद की स्थिति में हैं। नारी आन्दोलन या नारी मुक्ति, दलित आन्दोलन या दलित चेतना पर और 'हंस' भी बहस करता है यह सैद्धान्तिक मतभेदों का दौर है। दूसरा पहलू है कहीं न कहीं हर छोटी पत्रिका एक 'स्पष्टीकरण' दे रही है, पर वह उस पर अपने ही पाठकों से बातचीत करने से कतरा भी रही है।

"यहाँ विचार की अराजकता है। उसके दो सूत्र हैं, एक बाम 'संगठन' रूढ़ हुए हैं, या परिवर्तनकामी क्रान्तिकारी कम हैं? दूसरा क्रान्ति की विचारधारा का आधार रूढ़ हुआ है या मध्यवर्ग का सिद्धान्तकार बाझ बुद्धिजीवी बना है? इनमें एक भी बिन्दु ऐसा नहीं है जिस पर पच्चास सालों में 'ग्रन्थ' न लिखे गए हों। फिर विचार और भाषा, मध्यवर्ग में क्यों बिगड़ी है, क्योंकि ज्यादातर छोटी

पत्रिकाओं की भाषा की कोई स्थानीय या सर्वभौम (जातीय) नीति नहीं है। 'विकल्प' के ज्यादातर लेख लीजिए, कम लेख ही समझ में आते हैं।

विचार और भाषा में तब अराजकता बढ़ती है, जब उसके इतिहास और वर्तमान पर सोचने वाले कम हो जाते हैं। 'हंस' और 'आजकल' और 'समकालीन भारतीय साहित्य' की भाषा पर आप सर्वेक्षण करा सकते हैं। फिर अराजकता, मार्क्सवाद विरोधी अवधारणा है, यह मार्क्स से माओ तक के विचारकों ने बार-बार बताया है। भगवान सिंह, मार्क्स और माओ के विचारों पर बिना विचार किए अपने निष्कर्ष थोप रहे हैं यह उनकी 'पराजयवादी मानसिकता' का सबूत है। कृष्ण बलदेव वैद की मानसिकता उन्हें कैसा 'आत्मसंवादी' लेखक बना रही है (कला-प्रयोजन-11) और केदारनाथ सिंह 'बाघ' में आत्मालाप के बावजूद किससे संवाद करते हैं, यह देखना, साहित्य के मार्क्सवादी चिन्तकों का काम था। पर ऐसी अराजकता सत्ता में एक दुविधा प्रदान करती है, और 'बाँझ बुद्धिजीवी' सुविधाजीवी बनते ही वह दिमागहीन होने लगता है, यह देखने वाले कितनी छोटी पत्रिकाओं के सम्पादक हैं? गोर्की और लेनिन के पत्र देखने पर पता लगता है, दोनों ने अपनी सीमाओं के बावजूद संवाद कायम रखा था। आज वही सम्भव नहीं है।

'मार्क्सवाद' एक वैज्ञानिक सिद्धान्त है, इस चिन्तन के स्तर पर प्रदीप सक्सेना जहाँ आलोचक प्रकाशचन्द्र गुप्त का पुनर्मूल्यांकन करते हैं, वहीं पहल मार्च (उत्तरार्ध) 1998 में वीरेन्द्र यादव 'नवें दशक में उपन्यासिक परिदृश्य' का सर्वेक्षण और यथार्थवाद की ऐतिहासिक भूमिका पर जोर देते हैं। नामवर जी ने 'वहीं आलोचना' को 'फिकरों या चुटकुलों' का खाता बना दिया था और मार्क्सवाद को सत्ता के गलियारे में तहा कर रख दिया था। वहाँ दो प्रवृत्तियाँ छोटी पत्रिकाओं में नई आई हैं। आज की प्रवृत्ति को शिकायत दफ्तर में बदल देना। ज्यादातर कवि और कथाकार—शिकायतें दर्ज कराने में लगे हैं। लोकपक्ष को तेज करने का रामविलास शर्मा ने गंभीर काम किया है।, यहाँ शिकायत दफ्तर नहीं, अपने विवेक को कसौटी पर कसना है।

दूसरी प्रवृत्ति मार्क्सवाद और यथार्थवाद की आज के लेखन में परख की कमी है। इधर यह प्रवृत्ति नये आलोचकों ने चुनौती के साथ उठाई है। मधुरेश, वीरेन्द्र यादव, प्रदीप सक्सेना, वीरेन्द्र सिंह, जितेन्द्र, अजय सिंह आदि के लेख इसकी एक तैयारी कह सकते हैं। यह रचना और आलोचना का सीधा संवाद है जो छोटी पत्रिकाओं में ही सामने आया है।

छोटी पत्रिकाओं में फिर भी एक पार्टीबद्ध मार्क्सवादी संकीर्णता बढ़ी है, कुछ को जानकर उछाला जा रहा है। कुछ शिविरबद्धता में लगे हैं। छोटी पत्रिकाओं में 'मार्क्सवाद' के खाली पड़े स्थान पर उन्हें भरा गया है।

वर्गीय समझ के अभाव में यह एक भिन्न इतिहास दृष्टि है जिसका अर्थ है 'चुस्त जुमलेबाजी' या 'साहित्यवाद।' इसी चिन्तन की गाँठ जैसे भी 'जुमलेबाजी' या 'साहित्यवाद' को कभी 'हंस' तोड़ता है। मार्च में राजेन्द्र यादव नें इस प्रश्न को 'बाँझ बुद्धिजीवी' समझ कहा भी है। 'ईश्वर, धर्म, अध्यात्म' का एक फार्मूला-लेखन है जिसमें शिवप्रसाद सिंह, (नीला चाँद, वैश्वानर) निर्मल वर्मा और विद्या निवास मिश्र और कृष्ण बलदेव वैद 'यथास्थिति' या रुके हुए जल में ऊभचूप कर रहे हैं।

अशोक सेक्सरिया ने कभी 'प्रिय पाठक' कहानी लिखी थी और ऐसे ही चुके हुए लोगों को पाठकों के सामने रखा था।

एक झूठी क्रान्तिवाद में फँसा हुआ युवा वर्ग भी है जिसका 'स्लो फिल्म' की शैली में, मनोज कुलकर्णी ने 'होना कस्बे के कवि का क्रान्तिकारी' (हंस, मई 19) में खाका खींचा है। अजय सिंह ने 'आलोकधन्वा की कविता का सफर के वाम प्रतिरोध से वाम प्रतिष्ठान की ओर' भटकाव कहा है। (तीसरी दुनिया मई 98)। 'पहल' और 'हंस' ने कभी-कभी मार्क्सवाद के अनछुए पहलुओं पर प्रबुद्ध विचारकों के अंग्रेजों से अनुवाद भी दिए हैं। जैसे हंस में प्रा. अरुण कांवले का लेखः 'रामायण में वर्णित राक्षस बौद्ध थे।' 'इतिहास, दर्शन, समाजशास्त्र में जो भी गंभीर काम लेटिन अमेरिका, अफ्रीका आदि में आया है, उसे छोटी पत्रिकाओं में बहस के लिए छापना चाहिए। इस बहस में शिविरबद्धता का झूठा खतरा खत्म होगा और लेखक, बुद्धिजीवी, दल और सैद्धान्तिक मतभेदों के बीच एक विकल्प की जरूरत महसूस करेंगे।

क्या रामविलास शर्मा क्रान्तिकारी थे?

"कोई भी राजनीतिक क्रान्ति विशुद्ध रूप से राजनीतिक क्रान्ति नहीं हो सकती है। उसके साथ दूसरी क्रान्तियाँ भी जुड़ी रहती हैं। लेकिन यह सोचना भूल होगी कि भारत में राजनीतिक क्रान्ति के बिना संस्कृतिक क्रान्ति करके हम कोई बहुत बड़ी प्राप्ति कर लेंगे—डॉ. रामविलास शर्मा।

भारत की क्रान्ति

1857 से 30.5.2000 तक डॉ. रामविलास शर्मा पर सोचता रहा हूँ। कई बार पी. सी. जोशी और रुस्तम सैटिन और राहुल सांकृत्यायन भी इस दौर में मेरे सामने आए हैं, और 'समय साम्यवादी' (जीवनी, राहुल सांकृंत्यायन की) लिखते समय रामविलास शर्मा के क्रान्तिकारी चरित्र पर सवाल भी उठते रहे।

भगवान सिंह, जब राहुल सांकृत्यायन और रामविलास शर्मा पर लेख लिख रहे थे, उन्हें क्या भारत में मार्क्सवाद या भारतीय कम्यूनिस्ट इतिहास की क्रान्तिकारी भूमिका की पहचान थी? क्या मोपल आन्दोलन से 1946 के नाविक विद्रोह तक इतिहास की निर्मिति पर उनकी कोई इतिहास-दृष्टि थी? 'इतिहास की निर्मिति' पुस्तक लाल बहादुर वर्मा ने छापी है और बिड़ला फाउंडेशन ने उस पुस्तक पर भगवान सिंह को कबीर सम्मान से पुरस्कृत किया था। जबकि भारतीय ज्ञानपीठ और बिड़ला फाउंडेशन ने किन्हीं क्रान्तिकारी लेखक का सम्मान कभी नहीं किया।

एक बार डॉ. सम्पूर्णानन्द ने मुझे बताया थाः भारतीय ज्ञानपीठ के प्रथम पुरस्कार के लिए उन्होंने काजी नज़रुल इस्लाम का नाम प्रस्तावित किया था, पर अनन्तशयनम आयंगार ने उसे ठुकरा दिया था। क्या भारतीय ज्ञानपीठ और बिड़ला फाउंडेशन के ठुकराने के बावजूद काज़ी नज़रुल इस्लाम से बड़ा कोई विद्रोही कवि भारत में हुआ है? 'भाषा की शक्ति' पुस्तक में डॉ. सम्पूर्णानन्द ने नज़रुल के क्रान्तिकारी कवि पर एक विचारोत्तेजक लेख लिखा भी था।

आज नेहरू की वजह से हिन्दी में एक ग़लत शब्द का प्रचलन है— धर्मनिरपेक्ष। मुझे याद है, बेनिया पार्क की विशाल सभा में जब नेहरू ने सेक्यूलर शब्द के बाद कुछ अटककर इस शब्द का प्रयोग किया था, तब सम्पूर्णानन्द ने मंच से कहा था, "सेक्यूलर शब्द में धर्म कहीं नहीं आता। इस शब्द का पर्याय है

'पंथ निरपेक्ष'।" नेहरू न भारत की धर्म-भावना के जानकार थे, न उन्हें नानक, कबीर, रामानन्द, जैसों के पंथ या मार्ग की कोई सही समझ थी। पर कांग्रेस की सरकार थी और एक गलत शब्द सत्ता के मूढ़पतियों के नाते हिन्दी में चलता रहा।

इसी तरह लोहिया और जयप्रकाश लगातार 1942 के नायक या कर्णधार के रूप में इतिहास में याद किए गए, पर 1946 के नाविक विद्रोह की बात न नेहरूवादी, न लोहियावादी, न जयप्रकाशवादी को याद रही।

मार्क्स ने 'मार्क्सवाद' पर, गाँधी ने 'गाँधीवाद' पर, लोहिया ने 'लोहियावाद' पर कोई थीसिस नहीं दी थी, सिर्फ आलोचकों ने अपनी स्थापनाओं से मार्क्सवाद, गाँधीवाद और लोहियावाद की पक्षधरता पर सवाल उठाए हैं। लेनिन के समय और उसके बाद 'फंडामेंटल मार्क्ससिज़्म एण्ड लेनिनिज़्म' पर स्टालिन की थीसिस आधारग्रन्थ थी। भारतीय कम्यूनिस्ट पार्टी और मार्क्सवादी कम्यूनिस्ट पार्टी का विभाजन होते ही भाकपा के दफ्तर से स्टालिन के समग्र ग्रन्थ बाहर निकाल दिए गए। 1950 तक 'क्रान्ति और साहित्य' पर एकमात्र पुस्तक 'लिटरेचर एण्ड रिवोल्यूशन' ट्रॉस्की की पढ़ी जाती थी। मेरे गुरु महेन्द्रचन्द्र राय बंगाल की क्रान्तिकारी परम्परा के पक्षधर थे, इसलिए उन्होंने मुझे ट्रास्की की पुस्तक पढ़ने को दी थी। सोवियत कम्यूनिस्ट पार्टी ने जब ट्रास्की और उसके बाद टीटो को गद्दार घोषित कर दिया, तब से रामविलास शर्मा ने और उनकी तरह पार्टी लाइन के विचारकों ने गद्दारों को 'मार्क्सवाद' से निकालने की मुहिम तेज कर दी थी।

किसान आन्दोलन

आज न सोवियत संघ है, न रूस या चीन में कोई मार्क्सवादी विचारक है। प्रश्न है, किसे आधार बनाकर विश्वक्रान्ति की व्याख्या की जाय! कौन ऐतिहासिक मार्क्सवादी है! हमारे बुद्धिजीवी कभी-कभी कुछ विदेशी मार्क्सवादियों की थीसिस पर जोर देते रहे हैं। इस नाते क्रान्ति की व्याख्या या क्रान्तिकारी के चरित्र पर सवाल खड़े किए जाने लगे। मैंने कभी डॉ. शर्मा से ऐसे ही सवाल पूछे थे। अपना खत तो मेरे पास नहीं है, पर डॉ. रामविलास शर्मा का उत्तर मेरे सामने है। डॉ. शर्मा दिल्ली आकर बस गए थे, और धीरे-धीरे उनका भाकपा से भी सम्बन्ध टूट गया था। अपनी आत्मकथा में उन्होंने अपने विचार और पार्टी लाइन के पूरनचन्द जोशी, रणदिवे जैसे मार्क्सवादियों से अपना मतभेद बताया भी है।

4.7.1988 का डॉ. रामविलास शर्मा का खत है–

प्रिय विष्णु,

काशी से लिखे 25.6. और 1.7 के कार्ड मिले। तुम्हारे प्रश्न पढ़कर कुछ प्रश्न मेरे मन में आए: 1. (क) प्रेमचन्द के समय किसान आन्दोलन का प्रायः अभाव था। जितना आन्दोलन था, उसमें वह शरीक नहीं हुए फिर भी वह किसान

जीवन के बहुत बड़े चित्रकार थे। इसका कारण क्या था?

(ख) किसानों और मजदूरों में कोई आन्दोलन न हो, पर उनके बीच—उनके घरों में, मोहल्लों में—किसी ने अपने लड़कपन और जवानी का काफी समय बिताया हो तो उसके लेखन के लिए यह स्थिति महत्वपूर्ण है या नहीं?

2. (क) महावीर प्रसाद द्विवेदी 'सरस्वती' में अनेक छद्म नामों से लिखते थे। क्यों?

(ख) नवजादिक लाल श्रीवास्तव, शिवपूजन सहाय, निराला अनेक छद्म नामों से 'मतवाला' में लिखते थे। क्यों?

(ग) अमृतलाल नागर, रामविलास शर्मा 'चकल्लस' में अनेक छद्म नामों से लिखते थे। क्यों?

(घ) मेरी अध्यापिकी की नौकरी नई थी। यह तुम्हें कैसे मालूम हुआ? 9.7. को आओ तो यह कार्ड लेते आना। इन प्रश्नों के बारे में बात करेंगे।

तु. रा. वि. शर्मा

इन प्रश्नों पर एक सरलीकरण यह हो सकता है कि प्रेमचन्द किसान आन्दोलन में शरीक नहीं हुए थे, इसी तरह मैं भी ख़तरा उठाकर किसान आन्दोलनों में शरीक नहीं हुआ। प्रेमचन्द किसान जीवन को क़रीब से जानते थे, इसीलिए वह किसान जीवन के बहुत बड़े चित्रकार थे। मैंने उनकी विचारधारा और प्रगतिशील चित्रण की ऐतिहासिक व्याख्या की।

नज़रुल का जनयुग

9.7. को मैं विकासपुरी गया था। वह खुले मन से अपनी सफाई देते रहे। मैं सुनता रहा भीतर अपनी पुस्तकों में आए डॉ. रामविलास शर्मा के प्रसंगों पर टिप्पणियाँ याद आती रहीं। 'अग्निसेतु' का प्रसंग लम्बे समय तक हमारे बीच चला। देखें:

"'निराला की साहित्य साधना' पुस्तक में प्रछन्न रूप से वामपंथी नेताओं का विरोध है। नज़रुल की विद्रोही रचनाओं की गलत व्याख्या है। निराला के बाद के समर्थ कवि मुक्तिबोध पर तीखे व्यंग्य किए गए हैं।

मुझे नहीं पता कि निराला की 'किसान राजनीति' की कितनी टिप्पणियों को लेकर 'सुधा' पर सरकार की क्रोध दृष्टि पड़ी थी। जहाँ तक हमारी जानकारी है, निराला की विचारधार बंगला भाषा के जनयुग यानि 'कल्लोलयुग' की प्रगतिशील विचारधार के अधिक निकट पड़ती है। उस युग के ज्यादातर लेखक रूस की अक्टूबर क्रान्ति और गोर्की जैसे क्रान्तिकारी लेखकों से प्रेरणा ले रहे थे। बंग्ला कथा में शरतचन्द्र और कविता में नज़रुल 'कल्लोलयुग' की क्रान्तिकारी चेतना के प्रमुख थे। रवींन्द्रयुग के अन्त और आदर्शवादी विचारधारा के बाहर नज़रुल

भारतीय राष्ट्रीय स्वतन्त्रता आन्दोलन के अत्यन्त सक्रिय, अत्यन्त ईमानदार और अत्यन्त जागरूक कवि रहे हैं।

इसके विपरीत डॉ. रामविलास शर्मा निराला की किसान क्रान्ति के दस्तावेज़ के अभाव में केवल क्रान्ति का तर्क देते हैं।" ('अग्निसेतु' उपमहाद्वीप का महाकवि, पृष्ठ 22-23)

दूसरा विवाद मुक्तिबोध और रामविलास शर्मा के मार्क्सवाद पर है। मैंने 'दस विशिष्ट कवि' की भूमिका में लिखा था—"'कवि' जनवरी, 1957 से जनवरी, फरवरी, मार्च 1958 तक निकला। 'कवि' की प्रगतिशीलता उसी तरह की थी, जिस तरह नागार्जुन, त्रिलोचन, शमशेर, केदारनाथ अग्रवाल की मार्क्सवादी दृढ़ता। मार्क्सवादी आलोचक रामविलास शर्मा और शिवदान सिंह चौहान 'कवि' की इस प्रगतिशील भूमिका को नहीं देख सके।"

मैंने मुक्तिबोध और शमशेर के जरिए अन्त तक बसे हुए दृढ़ मार्क्सवादी की तलाश 'कवि' में की थी।...हिन्दी का दुर्भाग्य है जो जातीय हिन्दी में नई कविता का दौर था, उसमें ग़ालिब से शमशेर तक ही जीवन की बदलती हुई आधुनिकता को निकाल दिया गया था। 'कवि' के 'दस विशिष्ट कवि' उस जातीय चेतना के कवि थे।...यही आज—1957 से 2005 तक मार्क्सवाद और लोकायत दर्शन की बुनियादी कहानी है, इतिहास है। 'अस्तित्ववाद' की चीरफाड़ करने के पहले यदि डॉ. रामविलास शर्मा ने सिर्फ दस विशिष्ट कवियों की कविता के साथ (आलोचकों की) टिप्पणियों पर भी गौर किया होता तो अपनी भूलों का इतिहास ज़रूर लिखते। यह बदलती हुई कविता की बनावट को 'कवि' के जरिए देख सकते हैं, मार्क्सवादी आलोचक।" (प्रगतिशील कविता की भूमिका, दस विशिष्ट कवि, 2006, स्वराज प्रकाशन)।

कविता में रीतियुग

तीसरा विवाद शमशेर की कविता की सौन्दर्याभिरुचि पर है। डॉ. रामविलास शर्मा ने शमशेर में रीतिवाद देखा था। मैंने पूछा था उनसेः "जिसे आप रीतिवाद कहते हैं, वह निराला की कविता में नहीं है क्या?" वह जवाब में सिर्फ हँसे थे।

शमशेर 'कविता में सुरुचि' पर लगातार जोर देते थे। मैंने 'काल से होड़ लेता शमशेर' पुस्तक में लिखा थाः "कवि शमशेर और कवि अज्ञेय की 'सुरुचि' छायावाद और प्रगतिवाद की रूढ़ि से अनुक्षण मुक्त होने की रचनात्मक लड़ाई थी।" डॉ. शर्मा ने इस रचनात्मक लड़ाई को 'नई कविता और अस्तित्ववाद' पुस्तक में याद तक नहीं किया था। वह अस्तित्ववाद के समानान्तर राहुल सांकृत्यायन के किसान संघर्ष को याद करते हैं या नागार्जुन की हँसी की भारतीय वातावरण में याद दिलाते हैं। मैंने लिखा थाः "यह कविता की लड़ाई संवेदना, परम्परा,

आधुनिकता और इन्द्रियबोध के विषम वातावरण में बड़ी बारीकी से नागर कवियों में चल रही थी। कविता के विकास की यह 'लड़ाई' बदलते हुए आजाद भारत की शान्ति और स्थिरता की तलाश थी।"

ज्यादातर कवि शहर या महानगर में रहते थे। उनका आन्तरिक संघर्ष गाँव की संवेदना और विश्व कविता के सार्वभौम सौन्दर्यबोध से था। मैंने लिखा था: "कवि रामविलास शर्मा अभी तक निराला के 'डिफेंस' के कवि थे। वह निराला के डिफेंस के बहाने शेली, कीट्स और बायरन जैसे रोमांटिक कवियों की 'सुरुचि' को अज्ञेय और शमशेर के विरोध में रख रहे थे। नरेन्द्र शर्मा और शमशेर के बीच अभी कीट्स की संवेदना और शेली की क्रान्ति बिना इस लड़ाई की पृष्ठभूमि को ध्यान में रखे शमशेर के 'निराला' को पहचानना सम्भव नहीं है।"

रामविलास शर्मा ने काफी समय तक 'धरती' और 'दिगंत' के कवि की उपेक्षा की थी, जब कि त्रिलोचन की कविता का मानदण्ड निराला थे। मैंने ऐतिहासिक मूल्यांकन के बाद कहा था: "डॉ. रामविलास शर्मा की 'प्रगतिशीलता' रूढ़ हो रही थी।' 57 से 'नई कविता और अस्तित्ववाद' पुस्तक लिखने तक त्रिलोचन को वह कवि नहीं मानते थे।" (काल से होड़ लेता शमशेर, पृष्ठ 17)।

अपने प्रगतिशील कवियों की परम्परा पर सोचना भी आलोचकों ने अभी ज़रूरी नहीं समझा था। मैंने लिखा था: "पूरा प्रगतिशील कविता का आन्दोलन (1938 से 1958 तक) और उसके सिद्धान्तकार तब अज्ञेय को घेरकर खड़े थे। आजादी के बाद के अज्ञेय खुद विभाजित व्यक्तित्व के कवि थे। एक ओर वे क्रान्तिकारी दौर की प्रतिक्रिया में मार्क्सवाद विरोधी थे, दूसरी ओर जनसंघर्ष की प्रगतिशील परम्परा से वह उदासीन थे।" (वही, पृष्ठ 15)

डॉ. शर्मा की प्रगतिशील सूची में 'सुमन' और निराला और केदारनाथ अग्रवाल थे, जिनसे वह लगातार संवाद कर रहे थे। उस संवाद के दो रूप सामने भी आए थे। एक मित्र-संवाद, दूसरा केदार की कविता के डिफेंस में उनकी आलोचना। मैंने इस पर लिखा था: "नई कविता में अभी दो अन्तर्धाराएँ (1958-58) थीं। एक, धारा के प्रवक्ता अज्ञेय थे। वह त्रिलोचन के गँवई संस्कार के कवि को इस समय आधुनिक काव्यधरा में नकार रहे थे। दूसरी, धारा शमशेर की थी जो 'धरती' के कवि त्रिलोचन की तलाश नए नागर संस्कार में कर रहे थे। (वही, पृष्ठ 17)।

घर की बात

भारत में क्रान्ति और मार्क्सवाद 'घर की बात' (आत्मकथा) तक डॉ. रामविलास के लेखन का आधार रहा। यह अजीब विडम्बना है, रामविलास का गद्य घर की पत्रिका 'सचेतक' से जन्मा था। 'घर की बात' भी 'सचेतक' की कहानी है। वहाँ

घर में जनतन्त्र देखने की एक बुनियादी चिन्ता थी।

जब एक के बाद एक सभी पुरस्कार डॉ. शर्मा लौटाते गए तो वह जनतान्त्रिक लेखन के प्रतिमान बन चुके थे। फिर क्यों ग्यारह लाख का पुरस्कार उन्होंने लिया, यह सवाल मैंने कामरेड मुंशी से पूछा था, जिसका जवाब नहीं मिला।

'सर्वनाम' में मैंने रामविलास शर्मा के राजनीतिक कवि पर एक लेख लिखा था, उसे भी मैंने इधर 'सचेतक' सम्पादक रामशरण शर्मा 'मुंशी' के पास भेजा। वह वहाँ नहीं छपा, क्योंकि 'सचेतक' से रामविलास शर्मा के बाद भारतीय क्रान्ति और मार्क्सवाद गायब होता गया। मैंने लिखा थाः "अपने 'घर' के शमशेर अभिभावक और माँ की भूमिकाओं में ही नहीं रहे, वह उसी 'घर' में अपराजित रहकर वास भी करते थे। यह शमशेर की सौन्दर्य-दृष्टि का 'जीवन्त वैभव से समन्वित' व्यक्तित्व है। ग़ालिब और निराला के बाद मुझे इस भूमि पर शमशेर ही याद आ रहे हैं" (वही, पृष्ठ 24)।

'यादगारे ग़ालिब' में ग़ालिब की 'पृथ्वी' हमारे सामने एक-एक पन्नों में खुलती चलती है। 'निराला की साहित्य साधना' के जीवनी खण्ड में निराला का व्यक्तित्व उतना नहीं खुलता है, वह कहीं जीवनी-लेखक डॉ. रामविलास शर्मा के भीतर ढका-छिपा रह जाता है। इस ढके-छिपे रूप में सामन्ती संस्कृति और आधुनिक संस्कृति का परस्पर विरोधी संस्कार आधार रूप में रहा है। कहीं डॉ. रामविलास शर्मा और आचार्य जानकी वल्लभ शास्त्री में अर्द्धसामन्ती संस्कार आज भी दबा हुआ है।' (वही, पृष्ठ 24)।

शमशेर और मुक्तिबोध : यानी वर्गीय संस्कृति

शमशेर और मुक्तिबोध दो ही मार्क्सवादी आलोचक थे जो 'अपने वर्गीय सांस्कृतिक इतिहास' की खोज-खबर लेते रहे। अपने 'बड़े भाई' को लिखे ख़तों में कभी-कभी डॉ. रामविलास शर्मा ने अपने संस्कारों से संघर्ष का संकेत दिया है। घर में 'जनतन्त्र' के सौ वर्ष का इतिहास तलाशनेवाले इतिहासकार डॉ. शर्मा ने अपने मध्यवर्ग के उदय और पतन का वर्गीय सांस्कृतिक इतिहास अन्त तक नहीं लिखा। क्यों, यह एक गम्भीर प्रश्न है। शमशेर के अन्तर्मन के भावुक रूप को डॉ. शर्मा ने 'ऐलिन इन वण्डरलैंड' के समर्पण में देखा है।

आज लेखक/आलोचक का सम्मान या पुरस्कार का आधार धन है। धन से संचालित आलोचक की सुरुचि, सौन्दर्याभिरुचि और मानस बदल गया है। मैंने 'आलोचक का मानस' लेख में लिखा थाः "आलोचक के मानस के तीन धरातल हैं। एक 'पिछड़ा हिन्दी भाषी जनमानस' का धरातल है, जिसे वह (आलोचक) ऊँचा उठाना चाहता है। दूसरा, वह कोरा कोमल संवदेनहीन साहित्यकार नहीं है, बल्कि समाजेचतस विचारक है। तीसरा, पूँजीवादी व्यवस्था की धन की ऊँचाई के

माप को वह ध्वस्त करता है। क्या यही धरातल आज विराट व्यक्तित्व के मार्क्सवाद के मानक हैं?”

“अमेरिका से जापान तक के साम्राज्य की शक्ति आज भी पैसा है। पूँजीवाद सम्मान का मानदण्ड धन रहा है। डॉ. शर्मा, मार्क्सवाद और एंगल की परम्परा में साहित्य के सम्मान की जनवादी ऊँचाई की पद्धति पर जोर देते हैं। यही आज तक देश के कर्मठ मार्क्सवादी की भूमिका रही है। इसके विपरीत आते हैं अकर्मक मार्क्सवादी।

“अकर्मक मार्क्सवादी वह है जिसे किताबी मार्क्सवादी भी कहा जाता है। वह अपनी ‘खोज’ और ‘परम्परा’ की स्थापनाएँ बार-बार दुहराते हैं और जनक्रान्ति के संघर्ष को भुला देते हैं। उनकी मानसिक उलझनें उन्हें हिन्दी भाषी जनता के प्रश्न, उनके विचार के विश्लेषण और पूँजीवादी समाज के जनवादी निष्कर्षों से अलग थलग रखती हैं।

“कर्मठ मार्क्सवादी अन्त तक स्व गजानन माधव मुक्तिबोध और स्व. शमशेर या स्व. डॉ. रामविलास शर्मा थे। तीनों अपने आलोचक के मानस से प्रश्न पूछते हैं, उनका विश्लेषण करते हैं और आलोचक की बौद्धिक क्रिया का आदर करते हैं। फिर भी तीनों का मानस–स्वभाव और संस्कार–कहीं न कहीं भिन्न है, जैसे ‘वैराग्य और अन्य कविताएँ’ (कवि रामविलास शर्मा की प्रारम्भिक कविताएँ) देखने पर जाना जा सकता है कि निराला की भाषा, छन्द और कला ने कैसे रामविलास जी के कवि को बनाया।

“18वीं शताब्दी के प्रमुख ज्ञान प्रसारक थे गोदूहोल्ड एफ़ाहम लेसिंग (1729-1781)। वह जर्मन लेखक, समालोचक और दार्शनिक थे। कार्ल मार्क्स ने आलोचक लेसिंग के मानस में झांकते हुए दो काम किए थे। एक, पीछे मुड़कर जर्मन इतिहास पर नज़र डाली थी। दूसरे, यह प्रश्न पूछा था–‘लेखकों का ‘सुयोग्य’ तथा ‘अयोग्य’ श्रेणियों में विभाजन किसके लिए है?’ आचार्य रामचन्द्र शुक्ल इतिहास पर नजर रखनेवाले दूसरे आलोचक थे। डॉ. शर्मा तीसरे आलोचक हैं, जो परम्परा की खोई हुई इतिहास की कड़ियों को जोड़ते हैं, उनके मानस की उधेड़बुन की कहानी है इतिहास का दर्शन।

आलोचक और कवि का मानस

मैंने डॉ. रामविलास शर्मा से एक प्रश्न पूछा थाः “क्या आलोचक और कवि के मानस परस्पर विरोधी होते हैं”?

5.12.91 के कार्ड में डॉ. शर्मा ने उत्तर दियाः “आलोचक और कवि के मानस परस्पर विरोधी नहीं, एक दूसरे के पूरक हैं। हर कवि अपने से ज्यादा दूसरों की कविता को आलोचनात्मक निगाह से देखता ही है। बेशक आलोचक काव्य

रचना प्रक्रिया को भीतर से नहीं देख पाता। और कवि भी इसके प्रति अधिकतर अचेत ही रहते हैं।" (काल से होड़ लेता शमशेर, पृष्ठ 44)।

आलोचक मुक्तिबोध और आलोचक रामविलास शर्मा' काव्य रचना प्रक्रिया को भीतर से देखते हैं। दोनों के देखने के पीछे एक दूरगामी भारतीय क्रान्ति का स्वप्न है। मुक्तिबोध की डायरी, कविता, आलोचना, भाषा विज्ञान में एक बात गहराई से नज़र आती है, वह है पुराने समाज का नवीकरण। नई पीढ़ी से राहुल, भगतसिंह, यशपाल, मुक्तिबोध, नागार्जुन, रामविलास शर्मा और त्रिलोचन लगातार संवाद स्थापित रखते हैं। रामविलास शर्मा इतिहासकार, संस्कृतधर्मी, भाषाविद् और यथार्थवादी कविता के विचारक हैं। राहुल ने लेनिन, मार्क्स, माओत्से तुंग की जीवनियाँ लिखीं और 'भागो नहीं (दुनिया को) बदलो' जनजीवन को बदलने की पुस्तक लिखी और 'दर्शन-दिग्दर्शन', 'मध्य ऐशिया का इतिहास' और आत्मकथा–'मेरी जीवन यात्रा' लिखकर नई पीढ़ी के क्षिजित का विस्तार किया। भगतसिंह ने भारतीय क्रान्ति की सम्भावनाओं पर लगातार संवाद किया अपनी रचनाओं से।

संवाद और विवाद के बीच रामविलास शर्मा का क्रान्तिकारी समविभक्त रहता है। एक दौर में जब वह निराला के डिफेंस में खड़गहस्त थे, वहीं दूसरा रामविलास शर्मा, सुमित्रानन्दन पंत, राहुल सांकृत्यायन, रांगेय राघव, यशपाल को धराशायी कर रहा था। यहाँ आलोचक रामविलास शर्मा रचना प्रक्रिया को भीतर से नहीं देख रहे थे। वह उन रचनाकारों के व्यक्तित्व की क्रान्तिकारी भूमिका के प्रति अचेत थे। बाद में निराला, अमृतलाल नागर के करीब आने पर–अपनी भूलों को स्वीकार तो डॉ. रामविलास शर्मा ने कभी नहीं किया–अपना आत्मविश्लेषण एक क्रान्तिकारी की तरह भी नहीं किया।

'सुधा' में लिखा थाः "निराला के लिए शब्दों को कोमलता ही सब कुछ नहीं थी। यद्यपि कोमल शब्दावली का प्रयोग वह भी जानते थे, मजे में कर लेते थे। वह शब्दों के पीछे भाव की गरिमा देखते थे, भाव के साथ विचार का तेज न हुआ तो कविता उनके मेधावी कलाकार को तुच्छ लगती थी। निराला शब्दशिल्पी ही नहीं, काव्यशिल्पी भी थे। वह कविता गढ़ते थे, बहाते नहीं थे। आन्तरिक स्मृति, चिन्तन की पूर्णता और भाव का तर्कसम्मत विकास ही कला की दृष्टि से रचना को श्रेष्ठ बना सकता था।" (निराला की साहित्य साधना-1, पृष्ठ 229)

भीतर का अचेत

यहाँ निराला के प्रति सहानुभूति के कारण वह भीतर से उनकी साधना की प्रक्रिया को सचेत होकर खोजते हैं। यह प्रक्रिया राहुल, शिवदान सिंह चौहान, यशपाल, रांगेय राघव के प्रति उनमें नहीं थी। वह प्रगतिशील लेखक संघ के महामंत्री के नाते उनके भीतर झाँकना तक नहीं चाहते थे। लगातार उनके व्यक्तित्व से वह

अचेत रहते हैं।

'इतिहास दर्शन' पुस्तक में उनकी अचेत रहने की दृष्टि रूढ़ हो जाती है—वह राहुल सांकृत्यायन का विरोध करने के बहाने बौद्ध दर्शन, उसकी उपलब्धि, उसकी क्रान्तिकारी भूमिका को नकारते हैं। 'सर्वनाम' के 'इतिहास दर्शन' अंक में नागार्जुन के दर्शन पर एक विचारक ने यह टिप्पणी लिखी थी कि: "रामविलास शर्मा ने न बौद्ध दर्शन का कोई ग्रन्थ (मूल में) पढ़ा है न ही उनकी दर्शन में पैठ है।"

'सर्वनाम' मैं लगातार डॉ. शर्मा को भेजता था। यह अंक उन्होंने पढ़ा था। 'भारतीय संस्कृति और हिन्दी प्रदेश' पुस्तक में उन्होंने राहुल सांकृत्यायन को कोट किया था और बाद में एक वार्ता में यह भी स्वीकार किया था कि राहुल सांकृत्यायन का 'दर्शन-दिग्दर्शन', 'भागो नहीं दुनिया को बदलो' और 'मेरी जीवन यात्रा' का प्रथम खण्ड महत्वपूर्ण है। यहीं मुझे लगातार लेनिन से मैक्सिम गोर्की की डायरी का संवाद याद आ रहा है—शुरू में सोवियत क्रान्ति में खून-खराबे से गोर्की आहत हुए थे, लेनिन ने उन्हें धीरे-धीरे क्रान्ति की भूमिका और रूस की जनक्रान्ति के लिए तैयार किया था।

लम्बे समय तक डॉ. रामविलास शर्मा पूरनचन्द जोशी और रणदिवे से संवाद करते रहे। रणदिवे की स्थापना को रामविलास जी बिना भीतर से जांचे-परखे दुहराते हैं। मैंने 'स्वराज के मन्त्रदाता तिलक' पुस्तक लिखते समय 'केसरी' और मराठी की पुस्तकें देखी थीं और बताया था, क्रान्तिकारी जननेता रहे हैं तिलक।

शायद भारतीय संस्कृति का पुनर्मूल्यांकन करते समय रामविलास शर्मा ने अपनी गैर-क्रान्तिकारी समझ का संशोधन किया था। इस पर मैंने लिखा है इस पुस्तक में। यह दौर था जब वे कार्यकर्ता और कवि, घटिया प्रचारक और श्रेष्ठ काव्य जैसे मुद्दों पर (बिना स्वीकार किए शिवदान सिंह चौहान की स्थापनाओं-आलोचना के मान को) फिर से विचार करने लगे थे। त्रिलोचन का प्रगतिशील परम्परा में विश्लेषण और 'महाकुम्भ' को देश का लघुतम महाकाव्य माना था। इसी समय केदारनाथ अग्रवाल की आलोचना पुस्तक उन्होंने मुझे दी थी। पुस्तक पढ़कर मैंने पूछा था: "क्या आप निराला के बाद केदारनाथ अग्रवाल को दूसरा महाकवि मानते हैं?" वह हँसे थे और अपनी शैली में वह प्रश्न मेरी ओर मोड़ दिया था।

मैंने कहा था: "निराला के बाद कोई एक कवि न शिखर पुरुष है, न श्रेष्ठ कवि है। मेरी राय है निराला के बाद—एक बड़ा काव्य-संग्रह तैयार करना चाहिए। उसमें अज्ञेय, नरेन्द्र शर्मा, शमशेर, मुक्तिबोध, नागार्जुन, रामविलास शर्मा, त्रिलोचन आदि श्रेष्ठ कविताओं का संग्रह होना चाहिए; तभी हम निराला की श्रेष्ठ कविता के समानान्तर हिन्दी की श्रेष्ठ कविता को परख सकते हैं।" मेरी बात पर उन्होंने खुशी जाहिर की थी।

श्रेष्ठ कविताः यथार्थवादी कवि

श्रेष्ठ कविता यथार्थवादी कविता है, इसे इसी दौर में वह पहचान भी रहे थे। उनकी पहचान का आधार ऋग्वेद और तुलसीदास था। 'ऋग्वेद मे कवि और काव्यशिल्प' लेख में वह एक सूत्र देते हैं—मन्त्रबन्ध, सूक्तबन्ध। लिखा हैः "शब्दों या वाक्यों की आवृत्ति मूलतः वक्तृत्व कला को प्रभावशाली बनाने का साधन है। सामान्य शब्दावली के मन्त्रबन्ध में कवि की स्वतः स्फूर्त, आन्तरिक काव्य प्रेरणा के महत्व को उजागर किया गया है।"

जो जागार तमृचः कामयन्ते या जागार तुम समानि यान्ति।
जो जागार तमयं सोम आह तवामस्यिसख्ये न्योकाः।।

"जो हमेशा जागता रहता है उसी को ऋचाएँ चाहती हैं। जागता रहता है, उसी के पास सोम जाते हैं। जो जागता रहता है, उससे वह सोम कहता है, मैं तेरा हूँ तेरी ही मित्रता में मैंने अपना निवास बना लिया है।"

एक क्रान्तिकारी हमेशा जागता रहता है। क्रान्तिकारी कवि जागते हुए देश की ऋचाएँ (कविताएँ) लिखता है। लिखते हुए वह जनता में रहता है। वह जनता का मित्र होता है। आलोचक रामविलास शर्मा और कम्यूनिस्ट रामविलास शर्मा और कवि रामविलास शर्मा के विचारबोध और भावबोध की इसी जमीन पर पड़ताल मैंने पूरी पुस्तक में की है।

क्रान्ति के दोस्त

रामविलास शर्मा क्रान्ति के दोस्त थे। ख़तरा उठाकर उन्होंने भारतीय क्रान्ति का कोई सिद्धान्त स्थापित नहीं किया था। भारत में किसान क्रान्ति के वह राहुल, कार्यानन्द और सहजानन्द भी नहीं थे। किसान क्रान्ति के वह दोस्त जरूर थे। माओ ने दो बातें कही थीं—एक, किसी देश की क्रान्ति की नकल या कार्बन कॉपी दूसरे देश में सफल नहीं होती। रूसी क्रान्ति की कार्बन कॉपी चीनी क्रान्ति नहीं थी। भारत में 1925 से 2008 तक क्रान्तिकारी आन्दोलन हुए हैं—पर उससे आज की भारतीय क्रान्ति की कोई भूमिका तैयार नहीं होती। रामविलास शर्मा भारत के चेग्वेरा नहीं थे, जो अल्बर्टो कोर्डा की खींची तस्वीर के कारण दुनिया में लोकप्रिय हुए।

दूसरी बात माओ ने बताई थी—क्रान्ति के दोस्त हर वर्ग में होते हैं, होते रहेंगे। मुक्तिबोध, नागार्जुन खतरा उठाकर क्रान्ति के हिस्सेदार थे। रामविलास शर्मा और दूसरे लोग दोस्त थे। क्यूबा क्रान्ति में चेग्वेरा और फिदेल कास्त्रो ने पूरे लेटिन अमेरिका को—सोवियत विघटन और चीन के पूँजीवादी रास्ते पर भटकने के बाद मथ डाला है।

मैंने 'आलोचना की रचना प्रक्रियाः कुछ ठोस सवाल' लेख में डॉ. रामविलास

शर्मा को करीब से देखा है। 23.3.89 के खत में डॉ. रामविलास शर्मा जगदीश जी को बताते हैं:

"हम मार्क्सवादियों के साथ बड़ी मुसीबत यह है कि एक-दो को नहीं, सारी दुनिया को बदलने में विश्वास करते हैं। जब दुनिया हमारी इच्छाओं के अनुसार बदलने का नाम नहीं लेती या बदलकर बदतर हो जाती है तो हम बेहद परेशान होते हैं। सन्तों के जमाने में भक्तों की कमी नहीं थी। हमारे दुनिया-बदल युग में क्रान्तिकारियों (या ईमानदार अनुयायियों) की कमी है। यह स्वाभाविक है कि दुनिया को बदलने की परेशानी में हम खुद को बदलने में ज़रा कम ध्यान देते हैं। इसलिए सन्तों की अपेक्षा हम मानसिक अशान्ति से पीड़ित होते हैं। यदि हमें अपने काम से सन्तोष हो, मानसिक अशान्ति भी कम हो। आखिर व्यक्तिगत सम्पत्ति की दुनिया बहुत पुरानी है, दुनिया को बदलनेवालों को भी फँसा लेती है। ठगनी क्यों नैना झमकावे।" (पुस्तक-पकी आँखें, पृष्ठ 95)।

डॉ. शर्मा को भूमण्डलीकरण की 'माया' न फँसा सकी, न वह मानसिक अशान्ति से पीड़ित रहे। वह 'निराला की साहित्य साधना' के बाद लगातार काम करते रहे, वह भारतीय क्रान्ति के ईमानदार अनुयायी भी थे और उन्हें अपने काम से सन्तोष भी था। डॉ. शर्मा का 'खुद' भी कई तरह का था। लिखा था (7.2.89) खत में: "ऐसा खुद जो क्रान्ति की राह देखता रहा हो, पर क्रान्ति के बदले हर तरफ बिखराव देखे तो वह बड़ी मुश्किल में आता है। क्रान्ति करनेवालों पर आस्था उठ जाए, कोई बात नहीं। जनता और खुद अपने पर आस्था बनी रहे तो बड़ी बात है।" (वही, पृष्ठ 94)।

डॉ. शर्मा अन्त तक अपने पर आस्थाशील रहे। मैंने एक बार उनकी आस्था का आधार खोजते हुए उनके क्रान्तिकारी विचारों का कोश बनाने का प्रस्ताव रखा था। उन्होंने खुद छोटी पुस्तकें लिखना शुरू किया, बाद में वह ग्रन्थ का रूप लेता गया। उनका आधारबिन्दु बिखरा पड़ा है उनके ग्रन्थों में। डॉ. शर्मा मार्क्सवाद से मुड़े नहीं अन्त तक। उनकी बात है: "मुड़ना कई तरह का होता है। एक वह जिससे रीढ़ टेढ़ी हो जाए, दूसरा वह जिससे रीढ़ में ताकत आए।" सलाम बन्दगी के सहारे वह कभी नहीं जिए। सीधे खड़े रहकर टूटे कई बार।

कैसे तेज होंगे जनवादी आन्दोलन

मार्क्स और एंगेल्स ने जिस दृढ़ शक्ति और निरन्तर खोज के बाद मार्क्सवादी सिद्धान्तों की सम्पदा का विकास किया था, रामविलास शर्मा की पुस्तक 'मार्क्स और पिछड़े हुए समाज' उसी समाज चिन्तन का ऐतिहासिक ग्रन्थ है। मार्क्स की भावना और चरित्र की दार्शनिक पृष्ठभूमि एपिकुरुस और ईस्खूलस की प्रेरणा से निर्मित हुई थी। रामविलास शर्मा यूरोप में, इटली, इंग्लैंड और फ्रांस के साथ तुलनात्मक दृष्टि से भारत और एशिया में यूनानी रोमन समाज और उसकी संस्कृति की जड़ें खोजते हैं। इस पुस्तक में लेखक के वैज्ञानिक चिन्तन का सूत्र है, 'एशिया के योगदान के बिना यूरोप में पुनर्जागरण अथवा नवजागरण सम्भव न था।'

पीड़ित जनों ने अपने-अपने जातीय और अन्याय के विरुद्ध संघर्षों से यूरोप या एशिया में पुनर्जागरण अथवा नवजागरण किया था। इस जागरण की पृष्ठभूमि में जातीय आन्दोलनों, जैसे भारत में 1857 का राष्ट्रीय संघर्ष और औद्योगिक क्रान्ति के समय इंग्लैड में चार्टिस्ट आन्दोलन का ऐतिहासिक महत्व है। रामविलास शर्मा 18वीं सदी के इन आन्दालनों का अध्ययन करते समय सौदागरी पूँजी के सन्दर्भ में एंगेल्स की तरह व्यक्तिगत सम्पत्ति और परिवार व्यवस्था के विवेचन पर जोर देते हैं।

इतिहास के विवेचन के लिए कभी-कभी एक पुस्तक की युगांतरकारी भूमिका होती है। मध्यकालीन जर्मनी में ग्राम समाजों की क्या भूमिका रही है, उसने यूरोप के पुनर्जागरण को कैसे प्रभावित किया? रामविलास शर्मा ने लिखा है, "जर्मनी में 1948 के क्रान्तिकारी आन्दोलन को जमींदार वर्ग ने दबा दिया, चारों और शिथिलता दिखाई दे रही थी। समकालीन क्रान्तिकारियों की पस्ती दूर करने के लिए एंगेल्स ने 'जर्मनी में किसान युद्ध' पुस्तक लिखी।" भारत में 1857 के योद्धाओं के दिमाग में जातीय आजादी की कैसी योजनाएँ थीं, इसका अध्ययन, रामविलास शर्मा भारत और यूरोप के पुनर्जागरण की पृष्ठभूमि में करते रहे हैं। वह अपनी खोज से प्रतिभाशाली और वाकपटु कम्यूनिस्टों की पस्ती को कहाँ तक दूर कर सके हैं, यह समकालीन क्रान्तिकारियों को अभी देखना-परखना है।

रामविलास शर्मा ने लिखा है, "यूरोपियन भाषाविज्ञान के विकास में जिस पुस्तक ने युगान्तरकारी भूमिका निबाही, वह पाणिनी की अष्टाध्यायी है।" मार्क्स की 'पूँजी' की तरह भारत में कौटिल्य की 'अर्थशास्त्र' पुस्तक का भी युगान्तरकारी महत्व लेखक ने स्थापित किया है; रामविलास शर्मा, मार्क्स, एंगेल्स की तरह, भारत के लोकायत अर्थशास्त्री कौटिल्य के समाज चिन्तन की खोज करते हैं। भारत को विघटनवादी, एकांगी और संकीर्ण देश बताने वाले प्रतिगामी विचारकों का उन्होंने विरोध किया है। उन्होंने जोर दिया है, व्यक्तिगत सम्पत्ति और पगार देकर श्रम कराने की भूमिका पर लिखा है: "कौटिल्य के 'अर्थशास्त्र' में जोर पगार देकर श्रम कराने पर है। बलपूर्वक धर्म या रूढ़ि के नाम पर बेगार कराने पर नहीं। इसके सिवा उसमें तरह-तरह का सामान पैदा करने वाले कारखानों—कर्मांतकों—के प्रबन्ध और संचालन की व्यवस्था है, इन पर ध्यान केन्द्रित करते ही अंग्रेजी राज की प्रगतिशील भूमिका हवा हो जाती है। कौटिल्य की विधि व्यवस्था का ठोस, भौतिक आधार है व्यक्तिगत सम्पत्ति" (पृ. 225)

भारत तथा यूरोप में भौतिक आधार के व्याख्याकारों और धर्मभावना के एकांगी दार्शनिकों का लम्बा इतिहास है। धर्मभावना के संकीर्ण विचारक मनु और हैगल रहे हैं। यूरोप में यह नस्लवादी इतिहास-दर्शन फासिस्ट तानाशाही की स्थापना करता है। भारत, श्रीलंका, पाकिस्तान जैसे देशों में इस नस्लवादी इतिहास दर्शन के अधीन दंगे हो रहे हैं, रामविलास शर्मा इस विघटनकारी और नस्लवादी संकीर्ण विचारधारा के विरुद्ध तीन भारतीय दर्शन—सांख्य, योग और लोकायत के भौतिक इतिहास-दर्शन की व्याख्या करते हैं, उन्होंने लिखा है, "हेगेल का 'विवेक' संकीर्ण मतवाद है और जर्मन पूँजीपतियों, जमींदारों की आकांक्षा व्यक्त करता है,"। भारत और यूरोप में भोले भाले पाठकों को यह पुस्तक पढ़ कर अपने देश के नवजागरण और जनवाद के विरोधियों की आकांक्षा का पता लग जायेगा।

हेगेल के शून्यवाद के बहुतेरे भोले भाले समर्थक विशाल हिन्दी क्षेत्र में भी जमे हुए हैं। वह कभी चार्टिस्ट आन्दोलन के निष्कर्षों से मजदूर आन्दोलन को शिथिल करते हैं। कभी अपनी अवसरवादी राजनीति से मजदूरों, किसानों, बुद्धिजीवियों को भ्रष्ट आचरण की आधुनिकता का पाठ पढ़ाते हैं। ऐसे आधुनिकतावादी प्रगतिशील, 50 सालों से प्रगतिशील लेखक संघ में जमे हुए हैं। रामविलास शर्मा ने लिखा है: "हिन्दी साहित्य के बहुत से भोले भाले पाठक जिसें आधुनिकता समझते हैं। वह वास्तव में मध्यकालीनता है। सामन्तवादी यूरोप की धर्मभावना का प्रसार है। वह मनुष्य को बाहर की दुनिया से मुँह फेर लेने का मन्त्र देती है।"

यह जनता को सिर के बल खड़ा करने या दुनिया के जन-आन्दोलनों से मुँह फेर लेने की सलाह देने वाले वाम और दक्षिणपंथी विचारक दोनों परस्पर विरोधी

खेमों में विराजमान हैं। रामविलास शर्मा ने इस पुस्तक में उनके बने बनाये अवसरवादी समझ के चौखटे तोड़े हैं। भारत तथा रूस की कम्यूनिस्ट पार्टियों में जनविरोधी चिन्तन कैसे और कब आया, इसका भी विस्तृत अध्ययन लेखक ने इस पुस्तक में किया है।

यह पुस्तक रूसी क्रान्ति और उसके बाद के मानव विकास की समग्रता का अध्ययन करने पर जोर देती है। मानव विकास के लिए रामविलास शर्मा तीसरी दुनिया में जनवादी संघर्ष और सांस्कृतिक विकास के आयोजनों की वकालत करते हैं, किसानों, मजदूरों के साथ वह पूंजीपतियों की हिस्सेदारी को जातीय विकास की निर्णायक भूमिका मानते हैं।

भारत, निकारागुआ, श्रीलंका और ईरान में जनता के अनुभव से जनवादी आन्दोलन तेज होगा। यह इस पुस्तक का प्रेरणादायक सूत्र है। चेकोस्लोवाकिया और अफगानिस्तान में रूसी प्रभुत्व के टैंक उन देशो में कैसा जनवाद थोप रहे हैं। इस विषय पर रामविलास शर्मा सिर्फ रूसी लाइन के प्रचारक नजर आते हैं।

मार्क्स और पिछड़े समाज, रामविलास शर्मा, राजकमल प्रकाशन, नयी दिल्ली, पृष्ठ 535, मूल्य 120 रुपये।

वैदिक मानवतावाद की भूमिका

डॉ. रामविलास शर्मा ने 'भारतीय नवजागरण और ऋग्वेद' और 'उपनिषदों में दार्शनिक यथार्थ' दो अध्याय लिखकर भारत के नवजागरण के साथ अपने जागते हुए चिन्तन का सबूत दिया है। 'अहंश्लोक कृत'—मैं अपने यश का निर्माता हूँ, यह उक्ति ऋग्वेद के कवि की प्रतिध्वनि है, यह डॉ. शर्मा के मार्क्सवाद पर भी घटती है यानी डॉ. शर्मा में भौतिकवादी दार्शनिक और यथार्थवादी लेखक की प्रतिध्वनि है, भारत के उखड़े हुए, मार्क्सवादी जो काम नहीं कर सके, वह अधूरा काम 'भारतीय नवजागरण और यूरोप' पुस्तक लिखकर डॉ. शर्मा ने सम्पन्न किया है। वह एक साथ भारत में जनजागरण का इतिहास भी लिख रहे हैं। दूसरी ओर यूरोप के नवजागरण में भारत की भूमिका पर एक महत् कार्य भी कर रहे हैं।

पहली बात भारत का विकास है। वे लिखते हैं 'ऋग्वैदिक काल भारत का प्रथम नवजागरण है, उपनिषद काल उसका दूसरा नवजागरण है। दोनों के बीच आता है ब्राह्मण काल। इस मध्य काल में भू-स्वामी वर्ग सुदृढ़ हुआ, उसे सुदृढ़ करने में पुरोहित वर्ग ने कर्मकाण्ड का विस्तार किया।' (पृ. 115)

दूसरी बात है, विश्व दर्शन के इतिहास में भारत में क्रांतिकारी युग की पहल। डॉ. शर्मा यूरोप और भारत के विकास की समान्तर भूमिका पर भू-स्वामी वर्ग और पुरोहित वर्ग की तीखी आलोचना करते हैं और वैदिक मानवतावाद को इस पुस्तक से पुष्ट करते हैं जब वह कहते हैं, 'सृष्टि के मूल तत्व के रूप में वायु सम्बन्धी परिकल्पना ऋग्वेद से संशय उपनिषद तक चली आयी थी और वह यूनान में भी प्रचलित हुई थी।' (पृष्ठ 115)

यूरोप के नवजागरण में एक भूमिका यूनान की रही है, सांस्कृतिक केन्द्र का दूसरा नवजागरण इटली में नज़र आता है, दोनों नवजागरणों की कुँजी है मानवतावाद, उसका विरोधी तत्व है पुरोहितवाद, कर्मकाण्ड, पाखण्ड आदि। डॉ. शर्मा चाहे, अतिसूक्ष्म प्राण या आत्मा की बात करें या वैदिक युग के आदिम साम्यवाद से विकासवादी भौतिकवाद की मंजिलें बताएँ—वह एक द्वन्द्व कथा—ठहराव और विकास की—लगातार भारत और यूरोप में देखते रहते हैं। लिखा है "मनुष्य का चित्त प्राणशक्ति के बिना सोच नहीं सकता। यह सोचने

विचारने की भौतिक प्रक्रिया है। चित्त भौतिक है, प्राण भौतिक है, दोनों के संयोग से चिन्तन सम्भव होता है। यूरोप में चेतना को अभौतिक मानने की प्रवृत्ति रही है। इसके विपरीत यहाँ चेतना चित्त का गुण है, और यह चित्त भौतिक है। चित्त के विशुद्ध होने का अर्थ उसका निष्प्राण होना नहीं है। निष्प्राण होगा तो सोचने-विचारने की प्रक्रिया समाप्त हो जाएगी, विशुद्ध होने का अर्थ इतर विषयों से ध्यान हटाकर आत्मा पर ध्यान केंद्रित करना है' (पृ 123)।

भारतीय इतिहास में जब यह सोचने विचारने की प्रवृत्ति-मनुवाद-या पुरोहितवाद के नाते-समाप्त हुई या ठहर गयी, तभी (उपनिषद काल के बाद) भारत का नवजागरण का रथ रुक-सा गया। डॉ. शर्मा ने भौतिक चिन्तन के सभी स्रोतों को भारत और यूरोप में देखने के बाद जीवित रहने यानी जातियों के जागरण की यहाँ अद्भुत कहानी हमें सुनायी है। दर्शन या विज्ञान का एक पक्ष है, प्रश्न पूछना। 'कतरः सा आत्मा येन वा रूपं प्रश्यति' कौन वह आत्मा है, जिससे मनुष्य रूप देखता है, शब्द सुनता है, गंध सूँघता है, वाणी बोलता है, स्वाद ग्रहण करता है (पृ. 127) पश्न से स्प्ष्ट है, जिस आत्मा की बात कही जा रही है, वह इंद्रियों से सम्बद्ध है। मनुष्य में हृदय है, मन है, इनके साथ मेधा, मति, मनीषा, स्मृति, संकल्प, काम आदि चेतना के अनेक रूप हैं।' (पृ. 128) वैज्ञानिक चिन्तन इसी दार्शनिक सत्य का उद्घाटन करता है, पुरोहित वर्ग उसी दार्शनिक सत्य को ढकता है और जनता को गुमराह करता है। डॉ. शर्मा ने ऋग्वेद से उपनिषदों तक भारतीय दार्शनिक यथार्थवाद का उद्घाटन किया है। यह दिव्य दृष्टि का दावा नहीं है, जैसा पुराहित वर्ग करता है जैसे गाँधी को सत्य का 'इल्हाम' होता था। डॉ. शर्मा ने लिखा है 'कोई भी ऐसा प्रयोग कर सकता है, उपनिषदों के कुछ ऋषि अवश्य ही प्रयोगसिद्ध विज्ञान के पक्षधर हैं, यह विज्ञान सर्वात्मवाद के साथ चलता है' (पृ. 131)।

दर्शन और विज्ञान में जब प्रयोगसिद्ध विज्ञान का सोचने विचारने का सिलसिला टूट या लुप्त हो गया तभी नवजागरण का रास्ता भी बंद होता गया, डॉ. शर्मा एंगेल्स की परम्परा के समाज वैज्ञानिक हैं, एंगेल्स सिर्फ ड्यूहरिंग के भाववाद का खंडन ही नहीं करते वह नवजागरण की पुनर्व्याख्या भी करते हैं, 'वेदों के साथ इतिहास, पुराण, विद्याएँ, उपनिषद, श्लोक, सूत्र, व्याख्यान (भाव्य) और अनुव्याख्यान इन सबका उल्लेख भी है, सभृद्ध सांस्कृतिक परिवेश में उपनिषदों की रचना हुई है।' (पृष्ठ 135) डॉ. शर्मा के लिए यूरोप में नवजागरण भाववादी दर्शन का एक खेल कभी नहीं रहा। भारत में भौतिकवाद कैसे स्थापित होना है, यही डॉ. शर्मा की एक समृद्ध सांस्कृतिक परिवेश की भूमिका है। भारत के नवजागरण के मूल में ही है दार्शनिक यथार्थवाद. इस समृद्ध सांस्कृतिक परिवेश में द्वन्द्ववाद और तर्क पद्धति का विकास देखा है। डॉ. शर्मा ने लिखा है "सत्यात्मकता,

द्वन्द्वात्मकता ऋग्वैदिक कवियों की विश्व दृष्टि का अभिन्न अंग है। वास्तव में जैसे हर दर्शन की अपनी विश्व दृष्टि होती है, वैसे ही उसकी अपनी तर्क पद्धति होती है। तर्कशास्त्र का स्वतन्त्र अस्तित्व सापेक्ष रूप में अवश्य है। भारत में पुरोहितों ने ऋग्वेद और उपनिषदों के दार्शनिक काव्य को धर्मशास्त्र बना डालने में कुछ उठा नहीं रखा। कुछ अपवादों को छोड़कर अधिकांश पाश्चात्य विद्वान उन्हीं का अनुसरण करते हैं। दुर्भाग्य से भारत के अनेक मार्क्सवादी विवेचक ऋग्वेद को तो अपनी विचार परिधि के बाहर ही रखते हैं, उपनिषदों में भी भाववाद के अतिरिक्त और कुछ नहीं देखते। एंगेल्स के लिए सर्वात्मवाद की प्रगतिशील भूमिका स्पष्ट थी। वह इनकी आँखों से ओझल रहती है। इसमें आश्चर्य की कोई बात नहीं है. प्राचीन भारत में कई तरह के भौतिकवाद प्रचलित थे, वैसे ही वर्तमान भारत में कई तरह के मार्क्सवाद प्रचलित हैं" (प्रस्तावना पृष्ठ 21)।

वास्तव में 'भारतीय नवजागरण और यूरोप' पुस्तक दर्शन और इतिहास में भाववाद का खेल खेलने वालों की विचार परिधि की छानबीन करती है। आर्यों का देश सप्तसिन्धुओं' का प्रदेश था। ऋग्वेद का यह सकारात्मक पक्ष एशिया और यूरोप में नवजागरण का प्रेरक रहा। डॉ. शर्मा ने लिखा है, 'यूनानी साहित्य के अनेक आदिम साँचे ऋग्वेद में है, यूरोप के रूढ़िवादी धर्म ग्रन्थों में नहीं, (पृ. 27)।

वह पुरोहित यानी मनुवादी लोग हैं, जो 'वास्तव में अपना धर्मशास्त्रीय दृष्टिकोण ऋग्वेद पर आरोपित करते हैं,' उनके मुकाबले वैज्ञानिक डॉ. शर्मा भाषाविज्ञान, इतिहास, साहित्य और दर्शन में ज्ञाननेत्र खोलते हैं, अज्ञानी हैं जो वर्णधर्म की आड़ में ज्ञाननेत्र बंद करते हैं,

डॉ. शर्मा ने आईंस्टाइन के जरिये यह बताया है कि 'वैज्ञानिक आविष्कारों 'से अधिक महत्वपूर्ण दृष्टिकोण हैं' डॉ. शर्मा ने वैज्ञानिक मानसिकता से भारतीय नवजागरण का बुनियादी कार्य इस पुस्तक में सम्पन्न किया है। वह एशियाई यूनान में दार्शनिक जागरण और उपनिषद का स्रोत खोजते हैं और भारत और यूरोप में नवजागरण में आने वाली अवैज्ञानिक दृष्टि या मानसिकता जैसे, नियतिवाद, स्यादवाद के अंतर्विरोधों का ठोस आधार बताते हुए अपना विवेचन करते हैं, उनके विवेचन का एक पक्ष है, शैली और मार्क्स की नवजागरण के द्वितीय उत्थान में भूमिका बताना दूसरा पक्ष है, दर्शन विज्ञान का विकास और क्रांतिकारी जनवाद की भूमिका भाषा, इतिहास, देवकथा, सभ्यता के प्रसार में पहचानना, नीढम की धारणा चीनी विज्ञान को पुष्ट करती है. डॉ. शर्मा ने यूरोप और चीन के अध्ययन के साथ यह टिप्पणी जड़ी है, 'भारत के मार्क्सवादी यदि चीन के प्रति मार्क्स और एंगेल्स के दृष्टिकोण की सीमाएँ समझ लें तो आगे-पीछे वे भारत के प्रति वैसे ही दृष्टिकोण की सीमाएँ समझ लेंगे। (पृ. 342) डॉ. शर्मा की यह पुस्तक मार्क्सवादियों की बंद आँख को खोलने में भी पहल करती है।

प्रेमचन्द पर नये दृष्टिकोण की माँग

डॉ. रामविलास शर्मा ने 'प्रेमचन्द और उसका युग' पुस्तक कभी लिखी थी। वह आज तक प्रेमचन्द, निराला और रामचन्द्र शुक्ल के आलोचक हैं। वह उस पर नये दृष्टिकोण की माँग करते रहे हैं। अभी मैंने प्रेमचन्द्र रचनावली की उनकी भूमिका पढ़ी है। उस पर बहस करने से अच्छा है उन पर बात करे। जो प्रेमचन्द के उपन्यास और कहानी में कला या मनोविज्ञान का अभाव देख रहे हैं। यह मुद्दा पुराने 'कलावाद' का नया रूप हैं। विजयमोहन सिंह और राजेन्द्र यादव, इधर प्रेमचन्द की प्रासंगिकता पर ऐसी ही अटकले लगा रहे हैं। संगीत और कला पर बेहद सावधान रहे हैं शमशेर बहादुर सिंह और रामविलास शर्मा।

लिखा है शमशेर नेः "हमारे यहाँ प्रेमचंद के बाद, मुझे अब भी यही लगता है, उस अनुभूति को, उस विशिष्ट समझ और गहरी पकड़ को, बहुत उर्वर धरती तो नहीं ही मिल सकी। कम से कम हिन्दी के बारे में मेरा यह स्पष्ट मत है। हम अब भी अपनी दुनिया में तीनों लोक से न्यारे हैं, और उसी में खुश है।" (भाषा और साहित्य पर एक नये दृष्टिकोण की माँग लेख पृ. 159)

विजयमोहन सिंह सार्त्र के इस देश में विचारक और अनोखे बुद्धि-विलासी हैं।

'राहुल जी का आत्मसंघर्ष' लेख में मैंने लिखा थाः' 7 दिसम्बर को सबेरे दिल्ली से कलकत्ता की गाड़ी राहुल जी ने पकड़ी थी। दिल्ली में एक स्टेशन पर गाड़ी रुक गई थी। राहुल जी ने सपना देखा, "इंजन खराब हो गया है, और गाड़ी रस्सा बाँधकर खींची जा रही है। रस्सा खींचने वालों में आगे-आगे मैं हूँ। चढ़ाई और समतल भूमि में वैसे ही खींचता रहा पर, बिना पटरी के ही रेल चल रही है। कितने अक्लमन्द लोग कह रहे थे कि पृथ्वी की पटरी स्वभावतः अधिक कठोर होती है, इसलिए ऐसे चलने में कोई हर्ज नहीं है।" मेरा जीवन यात्रा खण्ड-4 में यह स्वप्न लिखने के बाद जो टिप्पणी राहुल जी ने दी थी, वह राहुल और प्रेमचन्द के मानस के तल को समझने का आधार बन सकती है। सवाल है प्रेमचन्द और राहुल के मानस का तल का अध्ययन करने वाला कौन है? प्रेमचन्द ने गोदान में कमलकल होरी के बिखरते हुए मन के सामाजिक मनोविज्ञान का अध्ययन किया

है, जिसे नये लेखक ने मनोविज्ञान के नाते गलत समझा है। राहुल ने स्वप्न लिखने के बाद समाजशास्त्री और सामाजिक मनोविज्ञान के ज्ञाता पर नोट लिखा है—"स्वप्न भी जागृति का ही अधिकतर प्रतिनिधित्व करता है। ट्रेन की चाल से ऊबे हुए मन ने यह दृश्य सामने रखा था।" (पृ. 385), (पृ. 118)

प्रेमचन्द से ऊबे हुए विजयमोहन सिंह, अज्ञेय और राजेन्द्र यादव हैं। वह कलावादी हैं। डॉ. शर्मा ने कभी किसान आन्दोलन में राहुल सांकृत्यायन और स्वामी सहज्ञानन्द की तरह हिस्सा नहीं लिया। प्रेमचन्द ने भी भगतसिंह या किसान क्रान्ति का कोई पक्ष अपनी रचनाओं में नहीं उभारा है। डॉ. शर्मा उनमें सोवियत क्रान्ति का एक संकेत 'प्रेमाश्रय' में खोजते जरूर हैं। 'गबन' में प्रेमचन्द सशक्त विद्रोह का संकेत देते हैं। फिर भी दो बातें साफ हैं, एक क्रान्ति में हिस्सेदार लेखक, दूसरा किसान जीवन का चित्रकार लेखक।

मैंने जनवरी 1989 में इसी द्वन्द्व पर दो काम किए थे। एक मध्यवर्ती कवि नरेक शर्मा और जन कवि रामकेर की पृष्ठभूमि बताई थी। मूल सुधार की प्रक्रिया में एक समय सोवियत संघ की लाइन पर भारत में क्रान्ति का एक नक्शा या दस्तावेज़ तैयार किया था। राहुल जी ने सोवियत संघ की कार्बन कापी न तैयार कर, किसानों में काम किया था, उनके भीतर से जन नेता तैयार किए थे, उनका संगठन बनाया था और दो पैसे का भोजपुर भाषा में दैनिक अखबार निकालने की योजना बनाई थी। प्रेमचन्द ने 1936 तक सोवियत लाइन की कम्यूनिस्ट पार्टी से अपना नाता नहीं कायम किया था। वह एक ऐसी कम्यूनिस्ट पार्टी की कल्पना करने लगे थे जो भारत के किसानों, लेखकों, पत्रकारों और मजदूरों के हक की लड़ाई लड़ना चाहती हो।

डॉ. रामविलास शर्मा की कविता पुस्तक 'सदियों से सोये जाग उठे' (1988) की समीक्षा मैने सर्वनाम के जनवरी 1989 अंक में की थी। उसका शीर्षक 'पराजयवाद के विरुद्ध जनकवि की भूमिका'। उसमें मैंने प्रेमचंद की प्रासंगिकता का सवाल उठाते हुए लिखा थाः "प्रेमचन्द के समय में किसान आन्दोलन का प्रायः अभाव था। जितना आन्दोलन था, उसमें वह शरीक नहीं हुए फिर भी वह किसान जीवन के बहुत बड़े चित्रकार थे।" यह स्थापना डॉ. रामविलास शर्मा ने अपने 4-7-88 के खत में मुझे लिखी थी। शर्मा जी कभी जन-आन्दोलनों में शरीक नहीं हुए थे। खतरा उठाकर किसान आन्दोलन में शरीक हुए थे रेणु और नागार्जुन। एक नेता था दूसरे लेखक थे। रेणु के बारे में नागार्जुन ने लिखा है वह 'दर्दी किसान' थे। होरी की ट्रेजेडी के बाद किसान आन्दोलनों में तेलंगाना से भोजपुर आन्दोलन तक जो प्रगति हुई है, उससे किसान जीवन में क्या परिवर्तन आया? प्रेमचन्द से बड़े चित्रकार, कवि और कथाकार आज कौन हैं? यह सवाल पक्षधर लेखन का ज्वलंत सवाल है। मैं सिर्फ इतना ही कह सकता हूँ कि त्रिलोचन की कविता का चरित्र

सामन्ती अवशेष की ही रक्षा करता है।” (सर्वनाम-13)

त्रिलोचन क्रान्तिकारी किसान के दोस्त कवि नहीं हैं। ‘कफन’ और ‘पूस की रात’ कहानियों का किसान भी आज तक ‘दर्दी किसान’ है। वह बदलते हुए यथार्थ के साथ बहुत कम बदला है। ‘कफन’ पर दो तरह की बहस सामने आई है : एक लेखक...। ‘कफन’ को प्रतिक्रियावादी कहानी मानते हैं। विचार के नाते वह प्रेमचन्द को प्रतिक्रियावादी बताते हैं। दूसरी बस ‘कफन’ को लेकर दलित आन्दोलन के दूसरे लेखक बुद्धजीवी हैं—वह ‘कफन’ से प्रेमचन्द को दलित चेतना का विरोधी लेखक मानते हैं। मैंने (सर्वनाम (जनवरी-फरवरी-मार्च 1990)-17) सम्पादकीय में लिखा थाः “बदलते हुए यथार्थ को परखने का एक ऐतिहासिक दर्शन भी होता है। आन्ध्र से बिहार तक आते हुए आज किसान चेतना का दर्शन है नक्सलवाद। नक्सलवादी चेतना की श्रेष्ठ कथा लेखिका है महाश्वेता देवी। ‘कफन’ ‘पूस की रात’ और ‘ईदगाह’ कहानियों के त्रासदीय यथार्थ को बदलने का यह साहसिक लेखन है।” यहाँ है प्रेमचन्द और आज के लेखक का द्वन्द। साहित्यिक लेखन और चित्रकार लेखन का यही मुख्य द्वन्द्व है। यहाँ राजनीति और कलात्मक सृजन को अलगाने वाला एक बुद्धिजीवी वर्ग है, जो आजाद भारत के आधुनिक लेखन पर ‘कलात्मक सघनता’ की बहस करते हुए प्रेमचन्द की राजनीतिक, आजादी की चेतना और उसके बाद के रेणु के ‘सृजन’ की मौलिकता पर अकसर एकांगी निर्णय जड़ता रहा है। विजय मोहन उनमें से एक हैं।

क्योंकि वह कलात्मक सघनता के बहाने निर्मल वर्मा की ‘लन्दन की एक रात’, जैनेन्द्र की ‘एक रात’ और अज्ञेय की ‘गैंगरीन’ पर बहस करते हुए मध्यवर्ग के यौन संकट पर ही अटके रहते हैं। मध्यवर्ग में न आलोचक प्रौढ़ होता है, न उसके ये लेखक। मैंने कभी लिखा था, यह लेखक मूलतः ‘शरद स्कूल के असफल प्रेमी हैं। रेणु ने प्रेमचन्द के बाद, न गाँव के सघन कलात्मक लेखन की तलाश छोड़ी, न वह जीवन भर कुँवारे कुन्ठित युवक लेखक रहे। मैंने, ‘फणीश्वर नाथ रेणु और नवजागरण’ लेख में इन सवालों पर फिर से विचार किया था। इसीलिए जैनेन्द्र, अज्ञेय, निर्मल वर्मा भारतीय नवजागरण के लेखक नहीं है। मैंने लिखा थाः “भारतेन्दु मण्डल की परम्परा में दूसरा नवजागरण विशाल हिन्दी क्षेत्र में शुरू हुआ था। यह यथार्थवादी सोच और कार्यक्षेत्र में जनता से हिस्सेदारी का दौर था। आचार्य नरेन्द्रदेव, महामण्डित राहुल सांकृत्यायन, स्वामी सहजानन्द, जयप्रकाश, पूरनचन्द जोशी ने इस नवजागरण की लड़ाई तेज की थी।...रेणु का कवि, पत्रकार, राजनीति कार्यकर्ता और उपन्यासकार इसी नवजागरण में हाथ बँटाते हैं। यह समय दूसरे महायुद्ध का था। दो महायुद्धों ने कई लेखकों जैसे उपन्यासकार हेमिंग्वे, आलोचक काडवेल, कवि लोर्का को स्पेन के मुक्ति-युद्ध का संवाददाता बना दिया था। रेणु अपने रिपोर्ताज और उपन्यास से गहरी निष्ठा के साथ भारत

के नवजागरण का अधूरा स्वप्न पूरा करते हैं।...यह कागज पर उतरी फिल्में हैं, जिसके संगीतज्ञ, कथा लेखक, कवि और डायरेक्टर सभी भूमिकाओं में रेणु हमारे सामने आते हैं। क्योंकि आजादी के स्वप्नभंग की प्रक्रिया है रेणु का लेखन। 'यह कैसा स्वप्नभंग है?...वह सुराज का सुराज नहीं। महाभारत छिड़ा हुआ है, जनता का संघर्ष अभी जारी है।" यह उस रेणु का दुःख है जो भारत में समाजवाद लाने के लिए संघर्षरत रहा है।" (सर्वनाम-18)

आजादी के बाद सत्ता संघर्ष में जो महाभारत छिड़ा हुआ है, उसमें जनता के संघर्ष पर सोचने वालों के लिए प्रेमचन्द, रेणु, महाश्वेता देवी, विद्यासागर नौटियाल बार-बार याद किए जाऐगे। यहीं जनता की 'स्वदेशी' सोच यानी लोकतन्त्र पर बहस करते हुए डॉ. शर्मा की भूमिका का एक ऐतिहासिक महत्व है।

पहली बात लिखी है डॉ. शर्मा ने कि "प्रेमचन्द हिन्दी प्रदेश के सबसे लोकप्रिय कथाकार थे।" प्रेमचन्द की लोकप्रियता के पीछे है किसान और आजाद भारत की विशिष्ट समझ। क्यों प्रेमचन्द उर्दू से आने के बाद आजाद की 'आजाद कथा' से हट कर एक नयी भाषा की तलाश करते हैं? डॉ. शर्मा ने इसकी पहल करते हुए बालमुकुन्द गुप्त, बंकिमचन्द्र का सन्दर्भ देते हुए प्रेमचन्द की भाषा पर जरूरी नोट जड़ा है। लिखा हैः 'हिन्दी और उर्दू एक ही क्षेत्र की भाषाएँ हैं, दोनों के क्रियापद एक हैं यह उनकी बुनियावादी एकता का बड़ा प्रमाण है। दुनिया में ऐसी कोई दो भाषाएँ नहीं हैं जिनके क्रियापद एक हों, फिर भी वे अलग-अलग हों। फारसी, अरबी शब्दों के अधिक व्यवहार के अलावा उर्दू साहित्य जितना पुराने सामन्तवाद से जुड़ा हुआ था, उतना हिन्दी साहित्य नहीं जुड़ा था। उर्दू में 'अवध अखबार' नाम का पत्र निकलता था। खतरनाक सम्पादक इसके सम्पादक हुए। इसमें उन्होंने 'फसाना-ए-आज़ाद' नाम का उपन्यास धारावाहिक रूप से छापा। प्रेमचन्द को वह पसन्द आया, उन्होंने इसका हिन्दी रूपान्तर भी किया था।" (पृ. 14)

यहाँ दो बातें हैं। एक, सामाजिक मूल्य की बात है कि प्रेमचन्द पुराने सामन्तवाद से नहीं जुड़े दूसरी बात है, वह सोज़ेवतन की देशभक्ति की कहानियों से अपनी पसन्द का विकास करते रहें। उसी के अनुसार वह तुकबन्दी कला का उर्दू गद्य व लिखकर भारतेन्दु की शैली का नया गद्य विकसित करते हैं। इस विकास में मुख्य बात थी प्रेमचन्द की तीसरी सामाजिक आलोचना का स्वर।

डॉ. शर्मा ने लिखाः "यह दृष्टि उन्हें रतननाथ सरसार जैसे लेखकों की परम्परा से अलग करती है लेकिन वह उन्हें भारतेन्दु की परम्परा से जोड़ती भी है।" कलावादी आलोचक अकसर प्रेमचन्द पर बात करते हुए न उनकी भाषा की परम्परा की तलाश करते हैं, न अज्ञेय, निर्मल वर्मा की वोझिल शैली से प्रेमचन्द की तीखी सामाजिक आलोचना करने वाली भाषा का मूल्यांकन करते हैं। डॉ. शर्मा 15 करोड़ हिन्दी की जातीय भाषा का सर्वेक्षण प्रेमचन्द की सामाजिक आलोचना

वाली भाषा से करते हैं। वह बताते हैं, 'हिन्दी उर्दू पढ़ने वालों का अनुपात जितना महत्वपूर्ण प्रेमचन्द के समय में था, उससे ज्यादा महत्वपूर्ण आज है।"

और प्रेमचन्द के बाद लेखकों की रचनावलियाँ सरकारी अनुदान से छपी थी। प्रेमचन्द रचनावली उनके पाठकों की माँग के नाते एक चालाक प्रकाशक ने छापी है। लोकप्रियता का दूसरा सबूत है, कम-से-कम हर बड़ा, छोटा प्रकाशक आज प्रेमचन्द की चर्चित कहानियाँ, छाप कर पैसे बना रहा है। पाठक की मानसिकता प्रेमचन्द के साहित्य से पहचानी जा सकती है।

रवीन्द्रनाथ ठाकुर जब जापान गए थे, तो उनसे प्रेमचन्द पर सवाल पूछे गए थे। इसी समय प्रेमचन्द की दो कहानियों का जापानी भाषा में अनुवाद हुआ था। रवीन्द्रनाथ के सांस्कृतिक प्रभाव के बाहर, वहाँ के पाठकों ने प्रेमचन्द की सामाजिक संस्कृत को, अपनी संस्कृत के अधिक निकट महसूस किया था।

प्रेमचन्द हिन्दी संस्कृति के लेखक हैं। वह न रेणु और नागार्जुन की तरह मैथिल जनपदीय भाषा के लेखक थे। प्रेमचन्द और राहुल सांकृत्यायन इस बात पर पूरे तवज्जों देते हैं कि 'गँवारु समझ' का बहुसंख्यक हिन्दुस्तानी किस साझा भाषा को आसानी से समझता है।' भागो नहीं (दुनिया को) बदलों की भाषा इस देश की साझा संस्कृत की भाषा है। राहुल जी ने जहाँ जनपदी भाषाओं के विकास पर जोर दिया था, वहीं देश की सरल व्यावहारिक साझा संस्कृति की भाषा भी विकसित की थी।

प्रेमचन्द आज भी साहित्य भाषा की क्यों कसौटी दे, इस पर डॉ. शर्मा ने लिखा है :

"साहित्य की भाषा का विकास जनपदीय उपभाषाओं से दूर जा रही है या उनके पास आ रही है, यह कसौटी होनी चाहिए। हिन्दी प्रदेश के जनपदों में किसान जिन भाषाओं का व्यवहार शताब्दियों से करते आए हैं, वे उर्दू के ज्यादा पास हैं या हिन्दी के, यह चीज़ परखनी चाहिए।" शमशेर 'दोआब' की परम्परा के ऐसे ही लेखक थे। रामविलास जी जितने भारतेन्दु मण्डल की परम्परा के लेखक हैं, उतने ही वह मीर, गालिब की परम्परा से दूर हटते गए। राहुल जी ने इस बात की वकालत की थी कि पंत की भाषा का पाठक, इकबाल की भाषा को नहीं समझ सकता है, उसे दोनों की साहित्य की सांस्कृतिक विरासत को जानना चाहिए।

प्रेमचन्द सामन्ती परम्परा को तोड़ते हुए एक अखिल भारतीय पैमाने की हिन्दी चेतना को विकसित भी करते हैं। डॉ. शर्मा का प्रश्न हैः 'अखिल भारतीय पैमाने पर प्रेमचन्द की उर्दू ने नहीं, उनकी हिन्दी ने उन्हें लोकप्रिय बनाया है। ऐसा क्यों हुआ है? हमारे समाज में बहुत से वर्गों और स्तरों के लोग हैं। एक ही भाषा का व्यवहार वे अलग-अलग तरह से करते हैं। प्रेमचन्द के साहित्य में और सभी वर्गों और स्तरों की तुलना में किसान सबसे ज्यादा हैं। प्रेमचन्द की रचनाओं में आमतौर से किसान अपनी जनपदीय भाषा नहीं बोलते।' "रेणु की भाषा में जो

एकात्मकता या मैनरिज्म मिलता है वह नागार्जुन की भाषा में नहीं है। रेणु की ध्वनि चित्रमय भाषा है। यह भाषा चमत्कार पैदा करती है। अवधी में त्रिलोचन अमोला में ऐसा चमत्कार पैदा नहीं करते। 'नगई महरा' की अवधी 'रमई महरा' की अवधी है उनके कथन में यानी संवाद में त्रिलोचन सोचते हैं, अवधी में और लिखते हैं। शमशेर सोचते थे उर्दू में और लिखते थे व्यावहारिक हिन्दी में। यह द्वैत भारतेन्दु के समय से आज तक हिन्दी में बना हुआ है। प्रसाद ब्रज, भोजपुरी में सोचते या सुनते थे और शिष्ट हिन्दी में उसे रचते थे। एक समय हिन्दी के पहले ब्रज जातीय भाषा थी, कविता भारतेन्दु, रत्नाकर ब्रज में लिखते थे और गद्य हिन्दी में लिखते थे। भारतेन्दु और कबीर की हिन्दी में भोजपुरी का गहरा असतर है। यहाँ उपबोलियों यानी जनपदीय बोलियों का हिन्दी पर असर देखा जा सकता है। प्रेमचन्द और आज के कथाकार किस भाषा में सोचते हैं, किस भाषा की प्रकृति को, पहचानते हुए अपनी रचना में यथार्थवाद का विकास करते हैं, यह देखना आज जरूरी है।"

प्रेमचन्द और जैनेन्द्र की हिन्दी में यही फर्क है। भाषा की प्रकृति की पहचान से दोनों के विचार और कलानुभव की कसौटी बनाई जा सकती है। डॉ. शर्मा ने लिखा है: "कहानियों और उपन्यासों में प्रेमचन्द जब खुद बोलते हैं, तब उनकी भाषा किसानों से बहुत अलग नहीं होती। पढ़कर ऐसा लगता है, किसान अगर हिन्दी बोलते तो इसी ढंग की भाषा बोलते। प्रेमचन्द की सफलता और लोकप्रियता का यही रहस्य है कि अपनी हिन्दी को किसानों की भाषा के बहुत नज़दीक ले आए हैं इतना नजदीक कि दोनों एक मालूम होती है। उर्दू में जितना ही यथार्थवाद का विकास होगा, जितना ही उसमें किसानों के जीवन का चित्रण होगा, उतना ही लेखक देखेंगे कि वे अरबी-फारसी मिश्रित भाषा बुलवाकर किसानों की बातचीत को यथार्थवादी नहीं बना सकते।" (पृ. 19)

किसानों से बहुत करीब होने पर लेखक यथार्थवाद का विकास करेगा, यह कसौटी आज विद्यासागर नौटियाल के साहित्य के लिए सम्भव है। यथार्थवाद के विकास के लिए उर्दू और हिन्दी का ऐसा विभाजन बहुत सार्थक होगा। यशपाल, उग्र, अमृतलाल नागर तो किसानों के करीब के लेखक नहीं थे। वह प्रेमचन्द के बाद के यथार्थवाद को विकसित करने वाले सार्थक लेखक हैं। फिर हिन्दी में उत्तराखण्ड का किसान अपनी भाषा जिस तरह बोलता है, विद्यासागर नौटियाल उसी ढंग की हिन्दी अपनी कहानी और उपन्यास में रचते हैं। जो भी 'साझा संस्कृति' में साथ-साथ काम करने के लिए जरूरी होता है, वे आपस में बातचीत करें। अमरकान्त, शेखर जोशी और रमाकान्त बातचीत के लिए दुभाषिया नहीं रखते। यही हमारी समाज की बुनियादी एकता है जिस पर साहित्य का भवन निर्मित होता है। (पृ. 20) मैं मणिपुर, कश्मीर, गंगासागर, भूटान और नेपाल जहाँ

भी घूमा हूँ मुझे कहीं दुभाषिया की जरूरत नहीं महसूस हुई। दक्षिण के कुछ मित्र अज्ञेय और रेणु को जब पढ़ते थे, तो अकसर प्रश्न पूछते थे। अज्ञेय की जानकारी और रेणु के स्थानीय प्रयोग को जाने बिना आप उनके साहित्य में डूब नहीं सकते हैं।

पूरिकन ने अपने समय में रुसी भाषा पर फ्रांसीसी भाषा के दबाव का विरोध किया था। शुक्ल जी ने हिन्दी के स्वरुप पर संस्कृत और अंग्रेजी के दबाव की आलोचना की थी। अज्ञेय, निर्मल वर्मा की हिंदी एक गढ़ी हुई भाषा है। डॉ. शर्मा ने आजादी के पच्चास साल बाद देखा हैः 'भारत के स्वाधीन होने के बाद अंग्रेजी का वर्णन बढ़ा है।...भारतीय भाषाओं और अंग्रेजी का अन्तर्विरोध प्रेमचन्द के जमाने में भी था।...अंग्रेजी प्रेमी भारतवासियों को सम्बोधित करते हुए उन्होंने कहा था—"विदेशी भाषा सीखकर अपने ग़रीब भाइयों पर रोब जमाने के दिन बड़ी तेज़ी से विदा होते जा रहे हैं। प्रतिभा का और बुद्धिबल का जो दुरुपयोग हम सदियों से करते आए हैं, जिसके बल पर हमने अपनी एक अमीरशाही स्थापित कर ली है और अपने को साधारण जनता से अलग कर लिया है। आज शिक्षित समुदाय से जनता का विश्वास उठ गया है। वह उसे अधिक विदेशी समझती है, जितनी विदेशियों को हिन्दी में तथा कोई आश्चर्य है कि यह समुदाय आज दोनों तरफ से ठोकरें खा रहा है।" (पृ. 183)

एक है मध्यवर्ग की अनुयायी गाँधी की भाषा जिसे न वंकिमत ने लिखी, न प्रेमचन्द ने। महाश्वेता देवी हिन्दी में लोकप्रिय होती है विशाल हिन्दी क्षेत्र की, आदिवासी, मेहनतकश जनता के बीच। डॉ. शर्मा ने लिखाः 'बंकिमचन्द्र यशस्वी उपन्यासकार थे परन्तु गाँवों के यथार्थ को उन्होंने अपने उपन्यासों का प्रधान विषय नहीं बनाया। यह काम प्रेमचन्द ने किया। इससे उनके व्यापक राष्ट्रीय महल का बोध होता है।" (पृ. 24)

'कफ़न', 'पूस की रात' जैसी कहानियाँ न अंग्रेजी में टॉमस हार्डी ने लिखी। वह अपनी 'व्यापक राष्ट्रीय' चेतना में अपने-अंपने वर्ग के विवरण विख्यात लेखक है। "प्रेमचन्द ने पुराने काव्यों और उपन्यासों का रास्ता छोड़कर, नई तरह के नायक चुने, जिनका जीवन देश और समाज के लिए महत्वपूर्ण था।" (पृ. 25) यह फर्क आज के लेखकों में भी डॉ. शर्मा ने देखा है। आज वामपंथी लेखकों का एक मध्यवर्गी तबका नगरी क्रान्ति, दलित क्रान्ति का जितनी तेजी से बखान करता है, उतना ही वह जीवन के चित्रण और विकास की चेतना में दिमागहीन लेखक, नज़र आते हैं। दलित लेखकों के 'कफन' और 'पूस की रात' जैसी कहानियाँ, न मराठी में लिखी, न हिन्दी में। डॉ. शर्मा ने बुनियादी बात कही थी, "प्रेमचन्द ने कहीं यह संकेत नहीं किया कि नीच जातियों के लोग मिलकर बड़ी जातियों का विरोध करें तो समाज में क्रान्ति हो जाएगी।" (पृ. 25) जनता-बहुसंख्यक जनता—क्रान्ति करती है, एक दो रचनाकार नहीं।

इधर बड़ी तेजी से पुराने काव्यों से दलित चेतना, नगरी चेतना की आड़ लेकर 'मीडिया' में सामाजिक न्याय की घोषणा की जा रही है। यह क्या वाकई समाज को बदलने वाले लेखक हैं? डॉ. शर्मा ने जोर देकर लिखा हैः "प्रेमचन्द ने पुराने काव्यों और उपन्यासों का रास्ता छोड़कर नई तरह के नायक चुने, जिनका जीवन देश और समाज के लिए महत्वपूर्ण था। ऊपर से देखने पर लगता है यहाँ तो कोई बड़ी क्रान्तिकारी लड़ाई नहीं होती। किसान चुपचाप अत्याचार सहते रहते हैं। यहाँ ऐसी कौन-सी बड़ी बात है जिससे हम इन्हें बड़ा लेखक मानें! जिस भारत को बदलना है, उसका जैसा अनुभव प्रेमचन्द कराते हैं, वैसा अनुभव कोई दूसरा लेखक नहीं कराता।" (पृ. 25)

उदय प्रकाश ने एक कहानी में 'गोरख पाण्डे' का काफी मजाक उड़ाया। इसी जगह संजय ने इसी तरह कॉमरेड का कोट' कहानी लिख कर वाम विचारधारा का उपहास उड़ाया। क्या यह कहानियाँ 'कफन' और 'पूस की रात' से आगे की कहानियाँ कही जाएँगी। नहीं! यह लेखक न तो प्रेमचन्द से महान लेखक है, न इनकी दृष्टि व्यापक राष्ट्रीय महत्व का बोध कराती हैं। डॉ. शर्मा 'सोज़े वतन' की कहानियों से प्रेमचन्द की विकास की दिशा का वैज्ञानिक अध्ययन करते हैं। उनका कहना, उदय प्रकाश, ज्ञानरंजन, रमाकान्त, विद्यासागर नौटियाल, अमरकान्त आदि के लिए चुनौती है, और राजेन्द्र यादव, विजय मोहन, नामवर सिंह के लिए है हँसी का एक प्रहसन। डॉ. शर्मा ने बड़ा लेखक बनने की पृष्ठभूमि सामने रखने के बाद लिखाः 'जिस भारत' को बदलना है, उसका जैसा अनुभव प्रेमचन्द कराते हैं, वैसा अनुभव कोई दूसरा लेखक नहीं कराता। क्रान्ति का नाम लिए बिना सामन्त विरोधी क्रान्ति के वे सबसे बड़े प्रेरक हैं। जमींदार, महाजन, पुरोहित में तीन किसान के सबसे बड़े शोषक हैं।" (पृ. 25)

शुक्ल जी की समीक्षा में लोकपक्ष की मान्यता

साहित्यिक संगोष्ठी में डाक्टर रामविलास शर्मा का भाषण[1]

कल सायंकाल बजड़ेपर श्री वैजनाथ सिंह 'विनोद' की अध्यक्षता में 'आचार्य शुक्ल की समीक्षा पद्धति' पर विचारगोष्ठी का आयोजन हुआ। इस अवसर पर आगरा के प्रगतिशील समालोचक डॉक्टर रामविलास शर्मा ने विषय की स्थापना करते हुए कहा कि आलोचना के क्षेत्र में शुक्ल जी का वही स्थान है, जो उपन्यासों में प्रेमचंद का, कविता और नाटक में प्रसाद का। शुक्ल जी रीतिकालीन साहित्य के विरोधी थे। इस पर भी एक ओर जहाँ वे केशव और बिहारी का विरोध करते थे, दूसरी ओर गतिराम, देव, जायसी आदि कवियों को उन्होंने ऊँचा बतलाया। प्रेम की कविताओं के विरोधी होते हुए उन्होंने प्रेममार्गी जायसी और सूर की प्रशंसा की। तुलसी की उन्होंने जी भर प्रशंसा की। इसका कारण यह है कि शुक्ल जी की दृष्टि एकांगी न थी। इन कवियों पर विचार करते समय वह न भूलते थे कि ये कैसे आगे बढ़ते हैं? सामन्तवादी साहित्य के वे विरोधी थे। जहाँ साहित्य, कविताएँ केवल सामन्तों के विलास के लिए है, उनके वे विरोधी रहे हैं। जहाँ प्रेम व्यक्ति विशेष तक सीमित न रहकर सामाज के लिए है वहाँ शुक्ल जी उसकी प्रशंसा करते हैं। स्पष्ट है कि शुक्ल जी जनवादी विचारधारा के समर्थक थे, सामाजिक दृष्टि में स्वस्थ साहित्य का मूल्यांकन करते थे। आजकल के लेखकों और आलोचकों की भाँति वे शुद्ध मार्क्सवादी न थे। लोग कहते हैं शुक्ल जी ने अंग्रेजी की नकल की हैं उन्हें आलोचना शास्त्र का ज्ञान नहीं था। शुक्ल जी विनम्र थे। उन्होंने कभी नहीं कहा कि हम मौलिक लिखते हैं। यह अहम् उनमें कभी नहीं जागा। शुक्ल जी अक्खड़ थे। तुलसी आदि कुछ कवियों के प्रति उनके मन में आग्रह था, हठधर्मी थी। जहाँ-जहाँ ऐसा आग्रह है वहीं शुक्ल जी कमजोर पड़ गये हैं। फिर उन्होंने पुराने साहित्य पर जिस दृष्टिकोण से विचार किया है, वह एक स्वस्थ दृष्टिकोण रहा है जो एकांकी नहीं था। शुक्ल जी छायावाद के कट्टर विरोधी होते हुए भी छायावाद के निकट हैं और छायावाद पर विचार करते हुए हमें शुक्ल जी को सामने ही रखना पड़ता है। यह एक आश्चर्य की बात है। शुक्ल जी ने

1. स्व. गोविन्द सिंह ने यह पूरा भाषण लिखा था जो दैनिक आज में छपा भी।

छायावाद को रहस्यवाद का एक पर्याय माना है। शुक्लजी द्विवेदी युग से अलगाव रखते हैं। द्विवेदी युग की इतिवृत्तात्मकता, तथ्यात्मकता, थोथे ढंग से बहने की प्रवृत्ति का। वे विरोध करते हैं। छायावादियों को शुक्ल जी से मान्यता भी मिलती है। जहाँ स्वछन्दता नहीं है, ऐसे छायावादी कवियों की प्रशंसा की है। निराला जी आज छायावादी प्रवृत्तियों के नेता हैं। उन पर शुक्ल जी ने लिखा—निराला का प्रारम्भिक साहित्य छायावाद से बहुत परे हैं। बात बड़ी ही अटपटी है।' हिन्दी में छायावाद सन् '20 से चला। सामन्ती साहित्य के विरुद्ध राष्ट्रीय साहित्य की धारा थी बही उस समय छायावादियों पर आरोप था कि छन्द शास्त्र, अलंकार शास्त्र का उन्हें ज्ञान नहीं है। इन लोगों ने नियम तोड़ दिये हैं। इसका कारण छायावाद को रहस्यवाद का पर्याय मान लेना रहा है। इस पर दार्शनिक ढंग से विचार करते हुए शुक्ल जी ने देखा कि अनदेखे के प्रति प्रीति कैसी? जिसे देखा ही नहीं उससे प्रेम कैसा?

अंग्रेजी में सन् 1900 से लेकर 1936-40 तक रहस्यवाद एक विशेष धारा रूप में रहा। इसे खूब बल मिला। कहा गया कि हिन्दी में रहस्यवाद बंगला से पहले अंग्रेजी में आया है। स्वयं छायावादी कवि उस समय ऐसा मानते थे। छायावाद को रहस्यवाद का एक पर्याय मानकर जब कि तमाम यूरोप और बंगला उसका डंका पीट रहा हो, उसका विरोध कर शुक्ल जी ने बड़े साहस का काम किया है। मैं इससे सहमत नहीं कि हमारे यहाँ रहस्यवाद विदेश से आया। यह शुक्ल जी की कमजोरी थी। रहस्यवाद यहीं का है। शुक्ल जी ने छायावाद के जिस पक्ष का विरोध किया है वह रहस्यवाद ही है। शुक्ल जी की इस मान्यता को सामने रखते हुए यदि हम छायावाद पर विचार करते हैं, शुक्ल जी छायावाद के काफी निकट पड़ते हैं। यही कारण है कि छायावाद पर विचार करते समय शुक्ल जी को सामने रखना पड़ता है। पन्त जी की आलोचना करते हुए स्वस्थ स्वच्छन्दता की उन्होंने प्रशंसा की है। प्रसाद जी 'कामायनी' की प्रशंसा की है। इसलिए कि इन सबसे लोकमंगल की आशा है।

सन् 1920 से 1940 तक के साहित्य का विकास जनवादी धारा का विकास रहा है। साहित्य पर विचार करते समय शुक्ल जी लोकपक्ष पर पहले ध्यान रखते थे। यही कारण है कि उन्होंने सचेत रहस्यवाद की धारा का विरोध किया है। जिस साहित्य में लोकमंगल की भावना रही है उसका समर्थन शुक्ल जी ने किया है। शुक्ल जी जनवादी आलोचक थे। अंग्रेजी के 'अमिव्यंजनावाद' पर निबन्ध लिखते हुए शुक्ल जी ने लिखा कि टी. एस. इलीयट तथा अन्य लोग इसे कैसे विकृत कर रहे हैं? इसका समन्वय उन्होंने यूरोप के सामाजिक जीवन के साथ किया। शुक्ल जी समाजशास्त्री भी थे। रेनैन्से के साथ व्यक्तिवाद की धारा को कुण्ठित बताते हुए शुक्ल जी ने सामाजिक स्वास्थ्य का अनुरंजन करने वाले व्यक्ति की प्रशंसा

की। शुक्ल जी ने जिस ढंग से क्रोंचेके 'अभिव्यजनावाद' का खंडन किया है वैसा स्वतः अंग्रेजी साहित्य में भी नहीं हुआ है। अंग्रेजी में एडीसन ने कल्पना का सिद्धान्त रखा। कहा कि इसके बिना काव्य का रूप सुन्दर नहीं हो सकता। कॉलरिज ने कल्पना पर जोर देते हुए मूर्तियों से ही सौन्दर्य की सृष्टि मानी। इस पर विचार होने लगा कि कौन-सी मूर्तियाँ हैं, जिनसे काव्य सुन्दर हो सकता है? कल्पना की विशेषता है कि वह कल्पना को सत्य की मूर्ति का रूप देती है। कालरिज की, व्याख्या में इसका कोई उत्तर नहीं कि कैसी मूर्तिगत्त् से, कैसे इमेजीनेशन से सौन्दर्य सृष्टि होती है? शुक्ल जी ने इस पर दूसरे मौलिक ढंग से विचार किया। कहा—भाव के बिना सशक्त मूर्ति कैसी? बिना सशक्त मूर्ति के सौन्दर्य सृष्टि कैसी? मूर्ति जब तक भाव से अनुप्राणित नहीं होगी वह रसानुभूति उत्पन्न ही नहीं कर सकती है। इस प्रकार शुक्ल जी ने भावपक्ष पर ही जोर दिया और अपने सशक्त तर्कों के बल पर अंग्रेजी का उक्त सिद्धान्त हवा में उड़ा दिया। हम शुक्ल जी की इस स्थापना के आगे नहीं बढ़ पाये हैं।

बीसवीं सदी में सौन्दर्यशास्त्र प्रसिद्ध हुआ। कला, कला के लिए पुकार मची। शुक्ल जी ने छान बीन कर कहा यह कोई नयी चीज़ नहीं। क्रोचेकी छानबीन कर आपने लिखा कि 'कला कला के लिए', यह सिद्धान्त मर चुका है। आपने इमेजेज और भाव का सिद्धान्त ऐसा लिया है कि जिससे हमारा विरोध नहीं है। शुक्ल जी ने नये और मौलिक विचार दिये। साहित्य जब केवल आनन्द देता है तो करुण हृदय से दुःख क्यों नहीं उत्पन्न होता। उसमें भी हमें सुख क्यों मिलता है? दुःखमें यह सुखानुभव कैसा? शुक्ल जी ने इस सम्बन्ध में जो विचार दिये हैं उनसे हम सहमत हैं। शुक्ल जी ने कहा कि दुःख जब व्यक्ति विशेष का न होकर लोकपक्ष से रागात्मक सम्बन्ध स्थापित कर लेता है तब दुःख में भी सुख की अनुभूति होती है। लोकहृदय में लीन होने की दशा ही साहित्य में रसदर्शन है।

शुक्ल जी ने व्यक्ति की अभिव्यक्ति की एकता रखी है। उनकी आलोचना पद्धति में दोनों पक्ष देखे गये हैं। व्यक्ति से उद्बुध होते हुए भी सामाजिक अभिव्यक्ति के साथ जो रसानुभूति होती है ऐसे साहित्यकी शुक्ल जी ने प्रशंसा की है। निसंदेह यह एक श्रेष्ठ आलोचक का मापदण्ड है।

शुक्ल जी ने अपनी समीक्षा पद्धति से जनसाहित्य को पहचाना है। उन्होंने ही सूर और तुलसी को सबसे पहले जनवादी कहा है। भक्ति साहित्य की आलोचना करते हुए उन्होंने उस साहित्य की प्रशंसा की है जो संसार से वैराग्य लेकर कार्यक्षेत्र से दूर नहीं भागता है। तुलसी के राम उन्हें इसी लिए प्रिय हैं।

निराशा का वातावरण उत्पन्न करनेवाला भोगविलास में लीन करनेवाला साहित्य शुक्ल जी ने कभी नहीं माना। भक्ति की उन्होंने भारतीय दर्शन के आधार पर जो आलोचना की है वह अनूठी है। निर्गुण और सगुण में उन्होंने एकता

स्थापित कर एक नये मार्ग का ही निर्माण किया। अग्नि और देवदास में छिपी अग्नि को सगुण और निगुर्ण की भाँति एक ही माना है।

आगे डॉक्टर शर्मा ने कहा, 'शुक्ल जी की अपनी कमजोरियाँ उनके अपने आग्रहों के कारण हैं। उनके आग्रहों पर हम विचार करें तो शुक्ल जी की यह कमजोरियाँ क्षम्य हैं। शुक्ल जी की समीक्षा पद्धति में लोकपक्ष का सदा ही ध्यान रखा गया है, जो आज भी अनुकरणीय है। शुक्ल जी ने साहित्य में जायसी जैसे नये रत्न जोड़े। जायसी की भूमिका में उन्होंने अवधी पर भी विचार किया है। इससे स्पष्ट है शुक्ल जी भाषाशास्त्री भी थे।' अन्त में आपने शुक्ल जी को जनवादी आलोचक के रूप में मानकर उनकी समीक्षा पद्धति की प्रशंसा करते हुए उसे अनुकरणीय बतलाया।

डॉक्टर शर्मा के भाषण के बाद सर्वश्री बच्चन सिंह, शम्भूनाथ सिंह, त्रिलोचन शास्त्री, विजयशंकर मल्ल, चन्द्रबली सिंह ने अपने विचार प्रकट किये।

❖❖❖